心理学新编

- ◆ 主 编 刘 红
- ◆ 副主编 刘 婧
- ◆ 编 者 吴俊华 骆 婧 张金勇 王中华
  陈方超 金欢欢 罗 凯 乔君堂
  陈泽婧 倪 磊 赵羚竹 黄 蓉

华东师范大学出版社
·上海·

图书在版编目(CIP)数据

心理学新编/刘红主编.—上海:华东师范大学出版
社,2016
ISBN 978-7-5675-5550-1

Ⅰ.①心… Ⅱ.①刘… Ⅲ.①心理学-高等学校-教
材 Ⅳ.①B84

中国版本图书馆 CIP 数据核字(2016)第 175854 号

心理学新编

主 编 刘 红
责任编辑 皮瑞光
装帧设计 俞 越

出版发行 华东师范大学出版社
社 址 上海市中山北路 3663 号 邮编 200062
网 址 www.ecnupress.com.cn
电 话 021-60821666 行政传真 021-62572105
客服电话 021-62865537 门市(邮购)电话 021-62869887
地 址 上海市中山北路 3663 号华东师范大学校内先锋路口
网 店 http://hdsdcbs.tmall.com

印 刷 者 昆山市亭林印刷有限责任公司
开 本 787×1092 16 开
印 张 13.75
字 数 310 千字
版 次 2016 年 8 月第 1 版
印 次 2022 年 1 月第 8 次
书 号 ISBN 978-7-5675-5550-1/G·9720
定 价 28.50 元

出 版 人 王 焰

(如发现本版图书有印订质量问题,请寄回本社客服中心调换或电话 021-62865537 联系)

目录

目

录

第一章　绪　论

 **学习目标**

1. 掌握心理学的研究对象、心理现象及其分类;
2. 了解科学心理学关于心理实质的基本认识;
3. 了解心理学的主要分支。

也许你听说过心理学,但你知道什么是心理学吗? 你知道心理学是研究什么的科学吗?

日常生活中为什么有些人会抱怨别人、抱怨社会? 为什么有些人时不时地就会悲观、生气? 为什么有些人总是显得很浮躁、焦虑?

为什么有些人会内向而又孤僻? 为什么有些人会自负而又懒惰? 为什么另一些会自卑而又有偏执的倾向?

为什么一些人在通往成功的路上会心存侥幸? 为什么一些人会发牢骚又爱嫉妒别人的成功?

这些现象都是心理学研究的对象吗?

那么,到底什么是心理学? 心理学研究什么? 这些问题,将是本章讨论的主要问题。

心理学是一门主要研究人类的心理现象和行为的科学,既是一门理论学科,也是一门应用学科,它包括基础心理学与应用心理学两大领域。

心理学研究不仅涉及心理的生理基础、感觉和知觉、记忆、注意、思维、情绪与情感、意志、人格、能力等许多领域,也与日常生活的许多领域——中学生学习心理、心理辅导、教师心理等发生关联。心理学一方面尝试用大脑运作来解释个体基本的行为与心理机能,另一方面也尝试解释个体心理机能在社会行为与社会动力中的角色;同时,它也与神经科学、医学、生物学等科学有关,因为这些科学所探讨的生理作用也与个体心理密切相关。

心理学家们从事基础研究的目的是描述、解释、预测和影响行为。而应用心理学家还有第五个目的——提高人类生活的质量。这些目标共同构成了心理学事业的基础。

第一节　心理学的研究对象

心理学是研究什么的? 这就是心理学的研究对象问题,也是我们学习心理学首先要了解的一个问题。各门科学都有自己的研究对象,每一门科学都以自己特有的研究对象而与其他科学相区别,心理学与专门研究化学、物理等现象的自然科学不同,也与专门研究社会、历史等现象的社会科学不同。

一、什么是心理学

自 19 世纪 70 年代末期心理学成为一门独立科学以后,其研究内容和研究重点几经演变,直到 20 世纪中期后才相对统一,可将其定义为:"心理学是研究人的心理现象及其一般规律的科学。"这一定义明确了心理学的研究对象是人的心理这一特殊的现象。"心理现象"这个概念的含义很广,可以说,凡是具有生命活动和一定神经组织的动物都有心理现象,只是简单或复杂程度有所不同。心理学既研究动物的心理现象,也研究人的心理现象,我们研究动物的心理现象,除了有它的生物学意义之外,更主要的目的是在于从发生、发展上来考察以比较说明人的心理现象,因此心理学主要还是研究人的心理现象。

人的心理现象是人头脑内部的活动,别人直接看不见、听不到、摸不着。俗话说:"知人知面不知心。"那么,我们又怎样去研究它呢? 其实,心理现象和其他化学、物理现象一样,它们的产生、变化和发展都是有规律的。因为各种事物或现象之间都会存在某种必然的联系,都遵循一定的因果关系。根据因果关系,我们可以由看见的东西推断出看不见的东西。譬如说,地下有没有石油我们直接看不见,但有石油的地方,地层表面上会有什么情况是可以知道的。因为地下情况和地表情况有因果关系,所以,由地表情况可以推知地下有石油。这不是揣测,而是科学推断。

人的心理也是可以了解的,因为心理现象的产生和变化也是有规律可寻的。心理现象尽管是人头脑内部的活动,但它总是和人体内外的许多事件存在着因果关系,受到许多主客观因素的制约。

二、心理学的研究对象

相对于其他现象,人心理现象的内容丰富,表现形式多种多样,一般将人的心理现象分为心理过程和个性两个方面。

(一) 心理过程

心理过程是人脑对客观现实的反映过程。它是心理活动的动态过程,包括认识过程、情绪情感过程和意志过程。

认识过程是认识客观事物的过程,是人最基本的心理过程,包括感觉、知觉、记忆、思维和想象等心理过程。例如,见到一位新同学,我们会用眼观察他的衣着、长相、身材、表情及行为,用耳朵感受他的言语、声调,从而获得对他的第一印象;在与他接触的过程中,我们会运用我们的思维,判断他的个性特点、人品等内在的心理特征,最终得到对他的整体印象。这样一个认识活动是感觉、知觉、记忆、思维和想象等心理活动共同参与的结果。

在我们认识客观事物的过程中,并不是无动于衷、冷漠无情的,常常会产生满意或不满意、愉快或不愉快、喜欢或讨厌等态度的体验,这就是情绪情感。人有喜怒哀乐、七情六欲,正因如此我们的生活才变得丰富多彩。

我们不仅能够认识世界,而且可以能动地改造世界。在改造世界的过程中,人能够根据自己的实际情况,确定行动的目标,并自觉调整自己的行为,克服困难实现目标,这就是意志过程,意志活动是人所特有的心理活动。

另外,注意也是一种心理现象,但注意不是一个独立的心理过程,它是伴随着我们心理过程出现的一种心理状态,是保证心理过程顺利进行的条件。在认识过程中,当人注意什么的时候,同时也在感知着什么,记忆着什么,或者思考着什么。如果没有注意,人的情感就不能准确表达,也不会有采取行动和克服困难的意志力量。

认识过程、情绪情感过程和意志过程既有区别,又相互联系、相互制约。认识过程是情绪情感过程和意志过程的基础,所谓"知之深,爱之切"就说明了爱的情感是在了解的基础上产生的;而意志行动的目标也是在了解自己和客观实际的基础上制定的。反之,情绪情感和意志是认识的动力,对于认识活动具有推动作用。

(二) 个性

心理过程体现了心理的共性特点,但不同个体又具有个别的差异性,即个性。个性是个体在活动中表现出来的较为稳定的带有倾向性的各种心理特征的总和,它包括三方面:个性倾向性、个性心理特征和自我意识。

个性倾向性主要指心理的倾向性特征,包括需要、动机、理想、信念和世界观等。不同的个体,由于需要的不同,其内在的倾向性也表现出差异性。对于物质有更多需求的人,会对物质方面更加关注;而对于精神有更多需求的人,则会更加关注自己的内心世界,关注精神生活。个性心理特征是个性特征的具体体现,主要包括能力、气质和性格。能力是在活动中表现出来的直接影响活动效率的个性心理特征。能力强的人,活动的效率高,做事又快又好;而能力差的人,活动效率低,速度慢,效果差。同时能力又有不同方面的体现,体现出能力的差异性。有人记忆能力强,有人思维能力强;有人善于动脑,有人善于动手;有人偏向抽象逻辑思维,有人偏向具体形象思维;有人长于音乐,有人长于美术。俗话说"江山易改,秉性难移"就是指人的气质。气质是表现在心理活动的强度、速度、灵活性与指向性的一种稳定的个性心理特征。一般将人的气质分成四大类:多血质、胆汁质、黏液质和抑郁质,气质类型不同,其心理活动的强度、速度、灵活性与指向性也不同。因此,有人活泼好动,反应敏捷;有人沉默安静,反应迟钝。了解自己和他人的气质类型,不仅有利于职业的选择,而且有利于良好人际关系的建立。性格是在一个人身上表现出来的对现实稳定的态度和习惯化了的行为方式方面的个性心理特征。性格有内外向之别,性格外向的人,乐于表达自己的思想和情绪,好动,热情;而性格内向的人,沉着冷静,不善于表达自己的思想和情绪。能力、气质和性格是体现个性的三个主要方面。

在个性中自我调节和控制系统是自我意识。自我意识是个体对自己存在的觉察,即对自己所有身心状态的认识。自我意识包括自我认识、自我体验、自我评价、自我监督、自我调控、自尊等成分,是一个多维度、多层次的心理系统。

个体的心理现象既包括心理过程,又包括个性,两者共同构成了人的心理活动的整体。

心理学不仅研究人的心理现象,而且还要研究人的行为,因为心理和行为是紧密联系的。

一方面，人的心理现象看不见、摸不着，这种内隐的现象是通过外显的行为表现出来的。高兴时的眉开眼笑、手舞足蹈，悲伤时的步履沉重、失声痛哭，都是内在情绪的行为表现。另一方面，外显的行为受到内隐心理活动的支配。有什么样的心理就有什么样的行为，外向个性的人行动迅速，思维敏捷；内向个性的人行动迟缓，思维周密。特别是作为心理现象重要内容的自我意识，对个体的行为具有调节和支配作用，能够及时调整个体行为，使之指向行为目标。

总之，心理学是研究心理和行为规律的科学。

拓展阅读 .... >>>>>

心理健康：重新审视心中那个真实的自己

心理健康的人是不会畏惧困难和挫折的，只有那些心理不健康的人才会在困难与挫折面前采取极端的方式。

如果有人问你，你健康吗？你会怎么回答？

也许你会说，我什么病也没有，生龙活虎，是最健康的人。可是这只是一种身体健康，你的心理健康吗？

这就会难倒一大片人了。健康还有身体健康和心理健康之别吗？

是的，确实有。

1. 2005 年 10 月，广州某大学一名入学仅一周的新生，因学校食堂饭菜不合胃口，衣服也不会洗，不太适应大学生活而从学校的 7 楼纵身跳下，当场殒命。

2. 梁鹏是电影学院导演系的研究生，个子高高的，长得也很帅，但几年下来他有一个很悲观的想法：做导演需要出名，而真正出名的导演又有几个呢。而且自己家是外地的，从本科到研究生一路走来实在太累了，要协调各方面的关系，这种压力压得他喘不过气来。最终，他办理了退学手续。

3. 小林以当地第一名的成绩考入北京某重点高校。第一学期期末，本来踌躇满志准备获取奖学金的她未能如愿。她的情绪从此一落千丈，变得郁郁寡欢，无心学习，也无法处理好与同学之间的人际关系，还整夜失眠，最后不得不去医院精神科检查，结果诊断她是患了抑郁症。

我们不禁要问，现代人怎么了？心理为什么会如此脆弱？这样的心理状况离心理健康还有一段遥远的距离。

在科学并不发达的年代，人们对他人和自己的心理毫无兴趣，对其也没有具体的概念。人们只知道如果自己的身体健康没有问题，也没有其他比较明显的精神疾病，那么自己就是个健健康康的人。可是，随着时代的进步以及人们文化、生活水平的提高，心理健康这个问题逐渐摆上了"台面"，人们知道了心理健康和身体健康同等重要。而且，也有越来越多的人认识到，那些没有明显的精神疾病的人，并不意味着他们的心理就是健康的，就是没有问题的。

第二节 人的心理的实质

随着神经生理学和脑科学的发展,人们对心理的生理机制进行了科学的研究,发现心理现象的产生与人脑、神经系统有着密切的关系,心理活动是脑器官及其机能活动的产物。同时,从心理的内容和来源来看,心理是对客观现实的反映。

一、心理是人脑的机能

在中国古代,人们一直把心脏当作心理产生的物质器官,认为心理活动是心脏的功能,因为人们在日常生活中感到心脏跳动,心理才能活动,人的情绪状态不同,心脏的跳动也不一样。但后来人们在实践中却发现这种看法不能解释一些现象:当长时间思考问题导致用脑过度时,我们感到的是头痛而不是心痛。随着解剖学和神经生理学的不断发展,人们认识到心理的物质器官并不是心脏,而是脑,心理活动是脑的机能。19世纪以来,在临床方面积累了越来越多的知识。1861年,法国医生布洛卡首先发现了大脑左半球额下回损伤,使人失去说话的能力,并将该病症称为"运动性失语症"。此后,人们又陆续发现,大脑额中回后部损伤,导致"失写症",大脑角回损伤,导致"失读症",即看不懂文字。这些临床的实践都说明,心理是脑的机能。

从动物的演化发展史来看,心理是神经系统发展到一定阶段的产物,心理活动与神经系统、大脑有着直接的关系。从单细胞动物到人类,神经系统的进化从无到有,从简单到复杂,心理发展的水平也从低级到高级。单细胞动物没有神经系统,因而只能对与生存具有直接意义的事物产生有限的感应。无脊椎动物开始出现了神经系统,但由于没有脑,所以不能对刺激物的属性进行分析,其心理也只能停留在极其原始、简单的感觉阶段。脊椎动物的神经系统进一步发展,原始的脑开始形成。到了爬行动物有了大脑皮层,就具备了心理活动的最高调节机构,因而有了稳定的知觉。灵长类动物的大脑接近人脑,所以对事物有了原始的概括能力,能进行简单地思维。到了人类,大脑结构更加复杂,其心理现象也比任何动物要复杂和高级。就人类个体的发育而言,随着年龄的增长,大脑不断发育成熟,人的心理发展水平也随着年龄的增长而不断提高。

苏联生理学家谢切诺夫和巴甫洛夫对于反射的研究为科学阐明心理产生的生理机制奠定了基础。谢切诺夫认为,有意识和无意识的一切活动,就其发生而言,都是反射。他认为脑的反射活动经历这样的过程:外界刺激作用于我们的感受器产生神经冲动,由传入神经传到大脑中枢,通过大脑的分析、综合,再由传出神经传向效应器,从而产生相应的反应。例如,蚊虫叮咬时我们会举手拍打就是一个反射的过程。后来的研究进一步表明,反射弧并不是单向的神经通路,其终末环节并不意味着终止。效应器的活动会作为新的刺激产生神经冲动,再传向神经中枢,中枢对其给予评价,这一返回传递过程称为反馈。正是反馈的作用,才使人们对刺激的反应更加完整、更加精确。之后,著名生理学家巴甫洛夫提出的高级神经活动学说,进一步科学地揭示了心理活动的脑机制。

二、心理是客观现实的反映

脑是心理产生的物质器官,心理是脑的机能。但是有了人脑是不是就能产生人的心理呢? 俗话说"巧妇难为无米之炊",大脑不能凭空产生心理现象,心理的来源和内容来自于客观世界,心理又是对客观现实的反映。

人的一切心理活动,都是以客观现实中的事物为源泉的,没有客观现实,人的心理就会成为无源之水、无本之木。最简单的心理现象如感知觉的产生离不开客观事物:视觉是不同波长的光作用于视觉分析器的结果,声音的感觉是物体振动作用于听觉分析器的结果,味觉是溶于水的物质分子作用于味觉分析器的结果。离开这些物质,感知觉不可能产生。复杂的心理现象——创造活动也是对客观现实的反映:鲁班从茅草割破手当中得到启发而发明了锯子,瓦特看见水蒸气冲开锅盖受到启发而发明蒸汽机。即使是人脑中的鬼神等迷信观念,初看起来与客观现实没有任何联系,其实它是对自然现象和社会现象变幻和歪曲的反映。

总之,不论是简单的心理现象,还是复杂的心理现象,其内容都来自于客观现实,心理是对客观现实的反映。值得注意的是,人是有主观能动性的个体,人的心理是对客观现实主观、能动的反映。

拓展阅读 >>>>>

用生活的钥匙,开启脑之门

虽然人的大脑结构是大致相同的,但是人的生活经验会对大脑产生影响。随着经历和学习新的事物,你的大脑正在悄然发生变化。罗森茨韦格和他的同事历时十余年,进行了一项经典实验研究。他们将大白鼠分别饲养在不同的环境中来观察它们脑部发育和化学物质等方面是否存在差异。环境分成三种,即标准环境、贫乏环境和丰富环境。标准环境是指有几只老鼠生活在足够大的空间里,笼子里有适量的水和食物。贫乏环境是指一只老鼠单独放置在一个小小笼子里,有适量的水和食物。丰富环境是指6—8只老鼠生活在一个大笼子里,除了适量的水和食物外,有25种玩具轮流放入笼中供老鼠们一起玩耍。在不同时期,从几天到几个月后,研究者解剖鼠的脑部,观察生活在丰富环境下的与生活在贫乏环境下的老鼠脑部的差异。结果发现,二者脑部很多方面都有区别。在丰富环境中生活的老鼠其大脑皮层更重、更厚,乙酰胆碱更具活性,大脑神经元、神经突触更大,RNA和DNA的比率相对更高。

罗森茨韦格的研究对象是大白鼠,但他们相信这一结论同样适用于人类被试,丰富优越的生活环境对脑的发育和脑功能会有好的影响。因此,不少年轻父母尽力为宝宝提供各种玩具,创设令他们兴奋的环境,激发好奇心,以促进儿童智力和大脑最大限度地发展。现存的一些证据表明,经验确实改变了人类大脑的发展。研究者发现当一个人具有更多的技术和能力时,他的大脑确实变得更复杂也更重。脑成像技术扫描发现,钢琴演奏家左手指的皮层代表区明显增大,这是由于演奏钢琴时需要双手协调,比常人对左手指感觉作用的要求高些。

当然，个人生活经验并不单指学习方面的经验，肖（Schore）的研究表明，婴儿早期与照看者之间的情绪经验可能影响大脑中某种化学物质的产生，从而影响大脑皮层的生理发泄。婴儿期的消极环境因素引发的大脑不正常发展，将导致此人以后出现各种心理障碍的可能性大增。这提示我们早期依恋关系的重要性。

第三节　心理学的主要分支

在心理学的学科体系里包含了多个心理学的分支，可以大致将其分为两大领域：基础领域和应用领域。

一、基础领域

诚如上述，心理学是一门主要研究人类的心理现象和行为的科学。由此可见，心理学既涉及人脑的高级功能，又涉及人所广泛参与的社会生活与实践。在如此截然不同的两种范畴里所发生的心理现象，是自然现象与社会现象的结合点，是人类的自然方面与社会方面相互作用中所发生的一种最普遍、最基本的现象。因此，心理学首先要研究人脑这一高度发展的物质的运动——为什么在人的活动中，它能产生感觉与思维、动机与情绪、意志与人格等心理活动与行为方式。同时，人的心理又是在社会实践中发生的，人脑对现实的反映为什么能影响人的行为，是什么服务于人的社会适应，心理与社会的联系有什么规律。

从上述意义说，心理学是一门基础学科。对它的研究既要从心理本身方面进行，又要从脑的机制方面进行，还要从社会方面进行。由此形成了心理学基础研究的多个分支，包括普通心理学、实验心理学、生理心理学、比较心理学、发展心理学和社会心理学等。

（一）普通心理学

在心理学中，它处于基础学科的地位。普通心理学研究心理现象产生和发展的最一般的规律，如感知觉、记忆、思维的一般规律，人的需要、动机及各种心理特性最一般的规律等。普通心理学还研究心理学最一般的理论，如心理与客观现实的关系、心理与脑的关系、各种心理现象间的相互联系及其在人的整个心理结构中的地位与作用，研究心理现象的最一般的方法等。普通心理学的内容概括了各分支学科的研究成果，同时又为各分支学科提供理论基础。在这个意义上，普通心理学是学习心理学的入门学科。

（二）实验心理学

实验心理学是以实验方法来研究心理和行为规律的科学。它研究心理学领域中进行实验研究的原理、设计、方法、仪器、技术和资料处理等问题。

（三）生理心理学

生理心理学研究心理现象的生理机制，主要指各种感官的机制、神经系统，特别是脑的机制、内分泌腺对行为的调节机制、遗传在行为中的作用等。生理心理学以脑的形态和功能参数为自变量，观察在不同生理状态下，行为或心理活动的变化。例如，海马损伤会引起遗忘，刺激额叶会使人回忆起童年的事情等。生理心理学研究由心理活动引起的生理功能的变化。例如看一个单词和说一个单词将引起大脑皮层不同区域的激活。这些研究对揭示心理现象和它的物质本体——神经系统的关系，科学地解释各种心理现象，进而指导临床实践，都有重要的意义。

（四）发展心理学

发展心理学是研究心理种系发展和人心理个体发展的科学。其研究对象是描述心理发展现象，提示心理发展规律。心理发展有广义的和狭义的两方面：广义的心理发展是指包含心理的种系发展、心理的种族发展和个体心理发展；狭义的心理发展仅指个体心理发展。个体心理发展的研究对象是人生全过程各个年龄阶段的心理发展特点，这些年龄阶段包含婴儿期、幼儿期、儿童期、少年期、青年期、中年期、老年期等时期。

（五）社会心理学

社会心理学是系统研究社会心理与社会行为的科学。它研究大群体中的社会心理现象，如社会情绪、阶级和民族心理、宗教心理、社会交往与人际关系等；研究小群体中的社会心理现象，如群体内的人际关系、心理相容、群体气氛、领导与被领导、群体的价值定向等；还研究群体心理与个体心理的关系及群体对个体的影响，如从众、服从等。社会心理学的应用范围很广泛，它的研究不仅有助于群体的管理、良好人际关系的建立，而且对于人们处理恋爱、婚姻、家庭等方面的问题也有帮助。

二、应用领域

心理学不仅是一门基础学科，同时又是一门应用学科。人的社会实践范围很广，不同的工作领域、生活方式以及人际关系等，对人的心理反映有着不同的影响。它们各自对心理活动的不同方面，形成心理活动具体的、独特的规律。对这些规律的揭示，可让人们了解从事这些活动的心理依据和对心理的影响，使人既有效地从事这些活动，又有益于心理和能力的发展。

社会实践的多样性对心理活动的不同影响，由此可分出心理学研究的多种应用分支，包括教育心理学、管理心理学、劳动心理学、医学心理学、商业心理学、军事心理学、司法心理学和运动心理学等。

（一）教育心理学

教育心理学是心理学的一个重要分支。它研究学校情境中学与教的基本心理规律，即研究如何学、如何教以及学与教之间的相互作用，主要包括：学习的基本理论、学习心理、教学心理、学生心理和教师心理等。具体而言，教育心理学旨在理解学生的学习心理（如学习的实质、动机、过程等），并据此创设有效的教学情境，从而促进学生的学习。

（二）管理心理学

管理心理学是研究各种管理工作中，管理者和被管理者的心理活动规律的科学。它包括行政管理心理学、企业管理心理学、学校管理心理学等。

（三）劳动心理学

劳动心理学是在与劳动对象、工具和环境的相互联系中研究劳动者的心理规律的科学。

它包括职业心理学、工程心理学、航空心理学、宇航心理学等。

（四）医学心理学

医学心理学研究心理因素在疾病的发生、诊断、治疗及预防中的作用，是心理学与医学相结合的产物。在疾病的诊断与治疗方面，医学心理学强调建立医生与病人间的和谐、互相尊重、互相信任的关系。医学心理学还主张运用心理学的知识，研究维护人的心理健康的各种手段，达到顶防疾病的目的。医学心理学有时还包括临床心理学。

（五）商业心理学

商业心理学是研究商品销售过程中，商品经营者与购买者心理活动规律的科学。它研究商业人员的选择、培训和职业指导，以及消费者的动机、知觉和决策等。它包括销售心理学、旅游心理学、广告心理学等。

（六）军事心理学

军事心理学是研究军事活动中人的心理活动规律的科学。它主要研究战斗时人的行动、指挥员与下属的相互关系、士气、心理战，以及掌握军事技术等方面的心理学问题，为提高部队战斗力服务。它包括指挥心理学、战士心理学、军事工程心理学等。

（七）司法心理学

司法心理学也叫法治心理学，它研究人们在法治活动中的心理现象，主要包括在立法、刑事犯罪与诉讼活动、民事法律、社会治安管理、法制宣传及实现其他法律活动过程中的心理学问题。它包括犯罪心理学（刑事心理学）、罪犯心理学、诉讼心理学、侦缉心理学、审判心理学等。

（八）运动心理学

运动心理学也叫体育心理学。它研究人在体育运动、训练、竞赛活动中的心理特点和规律。要提高体育运动成绩，运动心理学的成果对于教练员与运动员是极为重要的。

除了上述分支外，基础领域还包括人格心理学、认知心理学等，应用领域也包含其他的一些分支学科，如创造心理学、文艺心理学。同时，基础学科与应用学科不是截然分开的。前已指出，发展心理学与社会心理学均属于基础学科，它们对于形成心理学的基本概念体系，具有重要的理论意义。但同时，在指导人的成长与教育、心理保健与医疗、人的社会化与人际关系处理等方面又有很大的应用价值。因此，这两个领域的心理学分支是相互联系、相互渗透的。在心理学的研究选题上，有的可侧重于基础研究，有的可侧重于应用研究，有的还可归属于有双重意义的应用性基础研究。

思考与训练

1. 学习心理学之前，你是怎样认识心理学的？
2. 通过网络搜集有关近十年来中国心理学的发展大事。

参考文献

[1] 张道祥.当代普通心理学[M].长春：吉林大学出版社,2006.

［2］许静.心理王国自由行：普通心理学通俗读本［M］.北京：北京大学出版社,2008.

［3］张丽.我最需要的心理学［M］.北京：九州出版社,2011.

［4］王萍.现代心理学［M］.济南：山东教育出版社,2012.

［5］陈文华,吴卫东.现代心理学教程［M］.北京：中国科学技术出版社,2008.

第二章　心理的生理基础

学习目标

1. 了解神经系统的结构和功能，大脑皮层分区及机能，内分泌系统的机能，心理与遗传及环境的关系等；

2. 理解人的心理产生机制；

3. 能够综合运用神经系统和大脑功能及内分泌系统的相关知识去分析解释人的心理与行为现象。

1848 年 9 月 13 日，25 岁的铁路工人盖奇（Phineas P. Gage）在美国佛蒙特州铁路建设工地上工作，他负责爆破岩石。正当盖奇用一根铁撬把甘油炸药填塞到孔中的时候，一颗火星意外地点燃了炸药。当时他的头正歪向一边，提前引爆的甘油炸药将他手中的铁撬从他的左颧骨下方穿入头部，然后从眉骨上方出去，在空中飞行 100 多英尺后落在他身后二十几米远的地方。这根铁撬长约 1.1 米，重 5.04 千克，一端直径为 3.18 厘米，另一端的直径为 0.64 厘米。当他被铁撬击倒后，尽管颅骨的左前部几乎完全被损毁了，但他并未失去知觉。在一位年轻的外科医生哈罗的精心治疗下，盖奇在 10 周后出院了。此后，他的体力逐渐恢复，又可以工作了。然而工友发现他虽然头上有个洞，但话语如常，思维清晰，而且没有疼痛的感觉。他活下来了，但行为和性格发生了巨大改变。

盖奇的幸存是一个奇迹，他仍然可以说话、走路，严重的脑损伤似乎对他没有什么影响。但不久以后，人们发现盖奇的脾气与从前大不相同了。他本是一个非常有能力、有效率的领班，思维机敏、灵活，对人和气、彬彬有礼。但这次事故以后，他变得粗俗无礼，对事情缺乏耐心，既顽固、任性，又反复无常、优柔寡断。他似乎总是无法计划和安排自己将要做的事情。正如他的朋友们所说："他不再是盖奇了。"

出院后的盖奇已无法胜任领班的职位。他后来在一家出租马车行工作，负责赶马车和管理马匹。几年以后，他的健康状况开始恶化，1860 年 2 月癫痫发作，同年 5 月 21 日去世。在他生前和死后，医学和心理学权威人士对他进行了广泛研究。去世几年后，在一位专家的劝说和坚持下，经他姐姐的同意，人们打开他的墓穴，取出他的头骨，供研究用。他的头骨保存在哈佛大学的医学博物馆。

第一节　神　经　元

一、神经元的概念

神经系统是人类心理活动的物质基础。神经系统由大量的神经元（neuron，也叫神经细胞）和神经胶质细胞组成。神经元是神经系统最基本的结构和功能单位，具有接收、整合和传递信息的功能。1891 年，德国解剖学家威尔海姆·瓦尔岱耶（Wilhelm Waldeyer）提出神经元这一名称。其后，西班牙神经组织学家卡加尔（Santiago Ramón y Cajal）于 19 世纪后期发展并创立了神经元学说（neuron doctrine）。

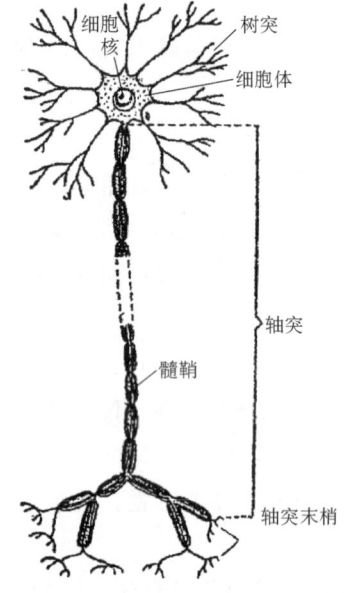

图 2-1　神经元结构

二、神经元的基本结构

人脑是由大约 10^{11}（1 000 亿）个神经元组成的高度组织化的器官。神经元由细胞体（cell body）、树突（dendrite）和轴突（axon）组成（见图 2-1）。

细胞体形状各异，有圆形、锤形、梭形和星形等，大小不一，直径在 4—150 微米之间。胞体最外是细胞膜，内含细胞核和细胞质。细胞体整合从树突传入的信息，然后通过轴突纤维将信息传递出去。树突一般较短，只有几百微米长，形状有如树枝，作用是将外界刺激的物理、化学等能量转化为神经冲动，或者接收前一个神经元传来的神经冲动，再将神经冲动传向细胞体。神经元的轴突一般比较长，周围有髓鞘。轴突主干由许多并行神经元纤维组成，末端分成许多小枝，叫轴突末梢。

三、神经元的功能分类

神经元具有接受、储存、传递和整合信息的功能。它通过树突和胞体接受从其他神经元传来的信息，胞体对信息整合，然后通过轴突将信息传递给另一个神经元或效应器，成为神经系统活动的物质基础。

神经元之间的信息传递是通过突触来完成的。突触是指一个神经元的突起与另一个神经元（或肌肉细胞、腺体细胞）发生接触并进行信息传递的结构，它把众多的神经元联结成一个极其复杂的神经网络。

四、神经元的分类

根据不同的标准，我们可以将神经元分为不同的类型。

（一）根据神经元突起的数目分类

按照神经元的形态和突触数目，可以分成：单极细胞、双极细胞和多极细胞。

（二）根据神经元的功能分类

按照神经元的机能，可分成：感觉神经元（传入神经元）、运动神经元（传出神经元）和联络神经元（中间神经元）。感觉神经元接受来自身体组织和感觉器官的刺激后将所产生的神经冲动传到脊髓和大脑；在中枢神经系统中进行内部联络的大量中间神经元将这些信息进行加工后，由运动神经元把指令传达给身体各个器官组织。中间神经元既联系感觉神经元和运动神经元，还在脑中形成中枢神经系统的微循环，对信息进行加工。人的许多有特殊功能的脑结构，就由这种微回路组成。

（三）根据神经元所释放的神经递质的作用分类

按照神经元释放的神经递质对突触后膜的作用不同，可分为兴奋性神经元和抑制性神经元。前者释放兴奋性神经递质，如乙酰胆碱，对突触后膜的作用是引起除极化电紧张电位，即兴奋性突触后电位，使突触后神经元产生兴奋；后者释放抑制性神经递质，如5-羟色胺、谷氨酸和γ-氨基酸等，对突触后膜的作用是引起超级极化电紧张电位，即抑制性突触后电位，使突触后神经元产生抑制。

第二节　神经系统

神经系统是由神经元构成的一个复杂的机能系统。人体内大量的神经元，其胞体集中在脊髓或脑中，其轴突聚集成束，伸到身体的各个部分。按照部位和功能的不同，它们分别构成了中枢神经系统（central nervous system）和周围神经系统（peripheral nervous system）（见图2-2）。中枢神经系统包括脑和脊髓，周围神经系统包括脑神经、脊神经和植物性神经。周围神经系统分布于全身，把脑和脊髓与全身其他器官联系起来。

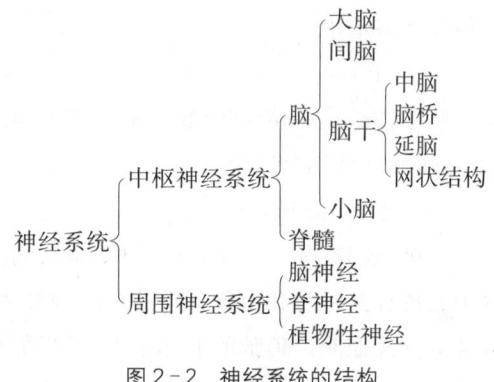

图2-2　神经系统的结构

一、中枢神经系统

中枢神经系统是人体的"司令部"，由脊髓和脑构成。脑位于人的颅腔内，脊髓则位于人的脊柱中。其作用为整合和协调全身的功能，加工全部传入的神经冲动，向身体不同部分发出指令。

由于神经系统各部分的机能不同，一般来说，处于有机体部位越高的部分，其机能也越高级；处于机体部位越低的部分，其机能也越简单。大脑部位最高，其机能最高级；脊髓的部位最低，其机能最简单。同时，低级部位的活动要受高级部位活动的控制和调节。这样，中枢神经系统可以分为低级中枢神经系统（脑干、小脑）和高级中枢神经系统（大脑）。

(一) 脊髓

脊髓(spinal cord)是中枢神经系统的最低级部位。它位于脊椎管内,略呈圆柱形,前后稍扁,长度只有脊柱的 2/3,它上接延髓,下端仅达第一腰椎的节段,以下的脊椎中完全是脊神经根,称为马尾。脊髓是躯体和内脏反射的低级中枢。

脊髓由神经细胞聚集的灰质和由神经纤维组成的白质构成。白质中的纤维大部分是上行和下行的有髓鞘的轴突,分布在灰质外围。中心的 H 形部分是灰质。

脊髓主要具有两个作用:一是连接脑和周围神经系统,成为脑神经传入与传出的中间站。它收集躯体的感觉信息传向大脑,同时根据大脑的指令通过运动神经控制身体肌肉的活动。脊髓灰质的前角中含有大型运动细胞,它们的轴突组成脊髓前根,可以直接支配骨骼肌;灰质的后角中含有小型的感觉细胞,它接受进入脊髓后根的纤维,将外界信息传递给脑。二是可对一部分躯体运动进行调节,是简单的反射中枢,可以完成膝跳反射、肘反射和跟腱反射等简单的反射活动。当然,它的活动受到高级神经中枢的调节。

(二) 脑

脑是神经系统中最重要的部分。人脑重量占全部中枢神经系统的 98%。人脑包括延脑、脑桥、中脑、间脑、小脑和大脑六部分。通常把前三部分合称为脑干。脑干既是大脑、小脑与脊髓相联系的重要通路,又是许多重要内脏器官的神经中枢,例如呼吸、心跳等重要的生理活动中枢就在脑干中。

1. 脑干

脑干(brain stem)在脊髓和脑主体之间传递信息,它包括若干神经核团,可以分成延脑、脑桥、中脑和网状结构四个部分。

(1) 延脑(medulla)

延脑(延髓)是一个狭长的结构,全长约 4 厘米,上端与脑桥相连,下端与脊髓相连。由脊髓上行的神经纤维和由脑下行的神经纤维大部分都在延脑交叉,从而实现大脑左右两半球对身体的交叉控制。延脑的上部膨大,下半部与脊髓外形相似。在腹侧面两侧各有一纵的隆起,叫椎体,它由大脑皮质发出的椎体束构成。在椎体下端是椎体交叉。延脑内有各种神经核团及网状结构。

延脑和有机体的基本生命活动密切相关,它具有调节呼吸、心跳、消化、吞咽、肠胃、血液循环等功能,因而又叫"生命中枢"。它是重要的皮下中枢。

(2) 脑桥(pons)

脑桥位于延脑与中脑之间,联系小脑两半球,是中枢神经系统与周围神经系统之间信息传递的必经之地。脑桥内部多为一些纵行与横行的纤维,另外还有一些神经核。脑桥对人的睡眠具有一定的调节和控制作用。

(3) 中脑(midbrain)

中脑位于丘脑底部,小脑和脑桥之间。它的形体较小,结构也较简单。从横切面看,中脑可分成三个部分:①中央灰质:指环绕大脑导水管的灰质。腹侧有动眼神经核和滑车神经核,两侧有三叉神经中脑核,分别支配眼球、面部肌肉的活动。②中脑四叠体:在中央灰质背面。其中上丘是视觉反射中枢，下丘是听觉反射中枢。③大脑脚：其中有黑质与红核，与调节身体姿势和随意运动有关。如黑质损伤，手脚的动作协调将会受到破坏，面部表情将显得呆板。如红核损伤，病人将出现舞蹈症等。

（4）网状结构（reticular structure）

在脑干内，除边界明显的神经核团和各种传导束外，还存在一种特殊神经结构，叫作网状结构。它位于脑干的中央区域，由纵横交错的神经纤维交错成网，近百万个类型不同、大小不等的神经细胞散落在其中。网状结构同中枢神经系统的各部分都有广泛的双向联系。网状结构的功能十分复杂，具有广泛的整合作用，除参与调控躯体运动和内脏活动外，还维持大脑皮层的觉醒和意识，有十分重要的意义。

网状结构在脑干中占有很大的比例。在脑干各段的广大区域，有一种由白质与灰质交织混杂的结构，叫网状结构或网状系统。主要包括延脑的中央部位、脑桥的被盖和中脑部分。它和中枢神经系统的各个部分都有双向的联系，所以影响范围很广，功能也很复杂。它对躯体运动和内脏活动起调节作用，与睡眠、觉醒等活动有密切关系。网状结构按功能可分为上行系统和下行系统两部分。上行网状结构也叫上行激活系统，它控制着机体的觉醒或意识状态，与保持大脑皮层的兴奋性、维持注意状态有密切的关系。如果上行网状结构受到破坏，动物将陷入持续的昏迷状态，不能对刺激作出反应。下行网状结构也叫下行激活系统，它对肌肉紧张有易化和抑制两种作用，即加强或减弱肌肉的活动状态。

2. 小脑（cerebellum）

人的小脑位于大脑的后下方和脑桥的背侧，分左右两半球。小脑表面的灰质叫小脑皮层，其表面积约100平方厘米。内部是由白质构成的髓质。小脑与延脑、脑桥、中脑均有复杂的纤维联系。它有维持身体平衡、调节肌肉紧张和协调人的随意运动的机能。一些复杂的运动，如签名、走路、舞蹈等，一旦学会，似乎就编入小脑，并能自动进行。小脑损伤或发生病变就可导致运动性共济失调和意向性震颤，前者表现为随意运动的力量、速度、方向和稳定性方面有缺陷，如动作达到目标前停止或超过距离，后者表现为精细动作的终了时出现震颤，静止时震颤消失。近年来的研究表明，小脑也具有一定的认知功能，在人的触觉认知中有重要作用。

3. 间脑（betweenbrain）

间脑位于中脑上方，中脑和大脑半球之间。人类由于大脑的高度发展，间脑几乎全部被覆盖，被称为"在脑的中间"。间脑主要包括丘脑和下丘脑。丘脑是两个鸡蛋形的神经核团，下丘脑是丘脑下方的一个更小的组织。丘脑（thalamus）是人体传入神经冲动的转换站。丘脑后部有内、外侧膝状体，分别接受听神经与视神经传入的信息。除嗅觉外，所有来自外界感官的输入信息，都通过这里再导向大脑皮层，从而产生视、听、触、味等感觉。丘脑对传入的神经冲动进行粗糙的加工选择，故又称低级感觉中枢。丘脑中还存在一些非特异神经核，如中线核等，它们接受脑干网状结构传来的神经纤维再转达到大脑皮层的广泛区域，其作用是普遍地提高大脑皮层的兴奋水平。下丘脑（hypothalamus）是调节交感神经和副交感神经的主要皮下中枢，调节内脏活动，也是调节内分泌活动的主要环节。下丘脑有些部位具有分泌激素的功能，另一些部位与觉醒和睡眠的节律有关。下丘脑对情绪也起重要作用。用微电极刺激下丘脑某些部位,人和动物会感到快乐;而刺激相邻另一区域,会产生痛苦和不快。下丘脑、丘脑和大脑皮层之间形成很多回路,它们同大脑成为一个整体,互相促进、互相抑制,共同调节着各种心理活动。

4. 边缘系统(limbic systern)

在大脑半球内侧面有一个穹窿形的脑回,因其位于大脑与间脑交替处的边缘故称为边缘叶,边缘叶与附近皮层及有关皮下结构形成一个统一的机能系统,称边缘系统。这些结构包括扣带回、海马回、海马沟、附近的大脑皮层,以及丘脑、丘脑下部、中脑内侧被盖等。它的功能是:(1)个体保存和种族保存;(2)调节内脏活动和情绪活动;(3)参与记忆活动;(4)感觉的整合。

从进化的观点看,边缘系统比脑干、间脑和小脑出现得晚,但比大脑皮层出现得早。哺乳动物以下的动物没有边缘系统。边缘系统主要与个体生存和种族繁衍的本能活动有关。动物的喂食、攻击、逃避危险和配偶活动,要受边缘系统支配。边缘系统对植物性神经系统的活动也有重要调节作用,从而影响内脏活动,故有"内脏脑"之称。

边缘系统还与记忆有关。海马在记忆中具有重要功能,是信息由短时记忆转入长时记忆的重要的生理基础。边缘系统受损伤的病人不能完成有目的的序列动作,任何细小的干扰都会使他们忘记要做的事。边缘系统和情绪也有密切关系。边缘系统某些区域受损伤的猴子,对轻微挑衅也会作出过度的愤怒反应;而另一些区域受损伤的猴子,则会丧失攻击能力,只会消极躲避,没有敌视的表情。

二、周围神经系统

周围神经系统包括脑神经、脊神经和植物性神经。周围神经系统分布于全身,连接中枢神经系统和感觉器官、肌肉和腺体。周围神经系统的主要功能是将刺激引起的神经冲动传给中枢神经系统从而产生感觉;同时,将中枢的动作指令传递给效应器官从而产生运动。

(一)脑神经

脑神经大多由脑干发出,分布在面部。脑神经共有 12 对:其中 3 对是感觉神经,即嗅神经、视神经、听神经;5 对是运动神经,即动眼神经、滑车神经、外展神经、副神经和舌下神经,负责支配眼球、颈部、面部和舌的肌肉运动;其余 4 对是混合神经,即三叉神经、面神经、舌咽神经、迷走神经。其中三叉神经负责面部感觉和咀嚼肌活动,面神经负责支配面部表情,舌下腺、泪腺及鼻黏膜腺分泌,舌咽神经负责味觉和唾液分泌,迷走神经负责支配颈部和脏体活动。

(二)脊神经

脊神经发自脊髓,穿椎间孔外出,共 31 对,它们是:颈神经 8 对,胸神经 12 对,腰神经 5 对,骶神经 5 对,尾神经 1 对。脊神经由脊髓前根和脊髓后根的神经纤维混合组成。脊髓后根的纤维负责感觉,前根的纤维负责运动。因此,脊神经兼有运动和感觉两种属性。按照脊神经的功能,脊神经由 4 种不同神经纤维构成:(1)躯体感觉纤维,分布于皮肤、骨骼肌、腱体和关节上,负责躯体感觉信号传递;(2)内脏感觉纤维,分布于内脏、心血管和腺体,负责内脏感觉信号传递;(3)躯体运动纤维,负责支配骨骼肌运动;(4)一般内脏运动纤维,负责支配平滑肌、心肌和腺体活动。

（三）植物性神经系统

植物性神经系统（vegetative nervous system）由分布于心肌、平滑肌和腺体等内脏器官的运动神经元构成。由于它主要控制内脏活动的功能，所以也叫内脏神经。另外，这种神经系统所控制的活动如心跳、呼吸等一般是不受个体意志支配的，所以又被称为"自主神经系统"。但是，生物反馈研究表明，通过特殊训练，人可以控制自己内脏的活动，如体温升降、血压高低和心跳快慢等。所以，将植物性神经称为"自主神经"并不确切。

根据中枢部位和形态特点，植物性神经系统可以分为交感神经系统（sympathetic nervous system）和副交感神经系统（parasympathetic nervous system）。二者在机能上具有拮抗作用。交感神经的细胞体在脊髓的胸和腰节段的灰质中，这些神经元的轴突从脊髓前根透出，进入脊交感神经节。脊交感神经节连接起来，形成交感链（sympathetic chain），然后由交感链发出节后纤维，以支配胸腹部脏器和血管的活动。副交感神经系统从脑部某些神经核和脊髓骶部出发，在副交感神经节中交换神经元，然后到平滑肌和腺体。副交感的神经节在靶器官附近，它的节前纤维长，节后纤维短。

交感神经和副交感神经是一个双向系统。其中交感神经系统负责唤醒有机体的防御行为，一旦出现应激事件或情境，交感神经系统就会使心跳加快、消化减慢、血糖升高、血压上升等，使人处于警觉状态，以调动有机体的能量来应对危机事件或情境。而危险或应激一旦消除，副交感神经系统就开始发挥主要功能，减慢心率、降低血糖、增强消化活动，使有机体回复或维持平静状态，以储备能量，维持机体平衡。但它们工作时也是协作的。如在酷暑季节，吃饭时副交感神经的活动使胃和食道蠕动增加，使消化液分泌增加，有利于能量吸收和贮存，但与此同时，交感神经的活动则使汗腺分泌，消耗能量，使体温降低。在夏天，吃饭固然重要，但降低体温也重要。两个系统的配合工作使有机体能够正常生存。如果两个部分配合不好，就会出现植物性神经功能紊乱。

第三节　大脑的结构与功能

大脑的结构和功能相当复杂，需要通过一定方法来探讨它与行为的关系。迄今为止，脑科学研究已经产生了一系列研究成果，简单介绍如下。

一、大脑的结构

人之所以为"万物之灵"，在于人有发达的大脑。大脑有复杂的结构和机能。

大脑又称端脑，位于脑的最前部分，是人脑中最重要、最发达的结构。由左、右两个对称的半球组成，状如合拳，由胼胝体连接，其深部为大量的神经纤维和脑浆。其体积占中枢神经系统的一半以上，成人大脑两半球的平均重量为 1 400 克，占整个神经系统重量的 98%，约为脑总重量的 70%，是身体重量的 1/50。大脑是中枢神经系统的最高级部位，是心理活动最重要的物质器官。从进化角度看，大脑出现得比脑干晚，它是人的各种高级心理活动的中枢。

大脑半球的内面由大量神经纤维的髓质构成，叫白质。大脑表面覆盖着 3—4 毫米厚，呈灰色的物质，叫灰质（gray matter），即大脑皮层（cerebral cortex）。大脑皮层是人类心理最直接、最高级的物质基础，是控制整个机体活动的最高管理者和调节者。大脑皮层是一个巨大的自动化的信息加工系统和信息储存区。大脑皮层从外到内分为六层，厚度不一，中央前回最厚，约 4.5 毫米，大脑后端的距状裂最薄，约 1.5 毫米，平均为 2.5 毫米。皮层表面凹凸不平，形成沟回，挺像核桃仁，如果把它展开，面积约为 2 200 平方厘米，相当于一张报纸的大小，其中 1/3 在表面，2/3 在皮层沟裂的侧壁和底壁上。体积约 600 立方厘米。

大脑半球的表面布满深浅不同的沟和裂。皮质有很多凹进和凸起的部分，分别称为沟和回，皮质以这种方式使得表面面积大大增加。其中有三条大的沟裂，即中央沟、外侧裂和顶枕裂。这些沟裂将大脑半球分成额叶、顶叶、枕叶、颞叶四个部分，这四个脑叶上分布着许多心理活动的高级中枢。其中额叶是进化过程中新发展起来的部位。人的额叶得到了充分发展，占皮层表面积的 29%（类人猿只占 16%，狗占 1%）。而岛叶深藏在大脑外侧裂里，在每一叶内，一些细小的沟裂又将大脑表面分成许多回，如额叶的额上回、额中回、额下回、中央前回等，颞叶的颞上回、颞中回和颞下回，顶叶的中央后回等。各叶的位置：额叶在中央沟的前方，顶叶在中央沟和顶枕裂之间，枕叶位于顶枕裂后方，颞叶处于外侧裂下方（见图 2-3）。

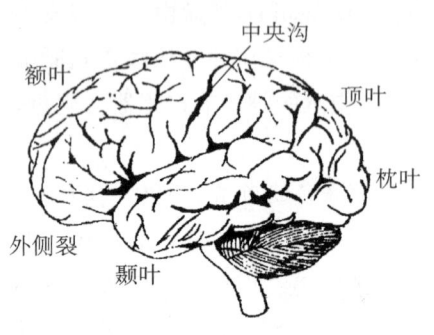

图 2-3　大脑左半球的分区功能

从功能上讲，大脑的主要机能是接受、分析、综合、贮藏和发布各种信息。机体的所有感觉器官都把刺激信息由神经传入大脑，经过皮层的加工、整理，作出决策，然后发出信息，控制各器官和各系统的活动。各器官和各系统的活动状况又会通过信息环路报告给大脑，以便进一步调节。

二、大脑皮层的分区及机能

人脑是一个极其复杂的机能系统。人类的一切心理活动都是脑的机能。人脑是怎样产生心理活动的？

大脑各部位互相配合形成一个整体，且各部分在功能上又有不同的分工，形成了重要的中枢；但这些中枢只是执行这种功能的核心部分，皮层其他区域也分散有类似的功能。因此，皮层上重要的中枢在功能上是相对的，而不是绝对的。大脑皮层不同区域有不同的功能，分布着大量神经中枢，产生不同的心理功能，这种现象被称为大脑皮层的机能定位。根据不同的功能可以将皮层分为几个区，主要有感觉区、运动区和联合区。

1909 年布鲁德曼（K. Brodmann）根据皮层细胞的形态、类型以及纤维的疏密（即组织差异）将大脑分成 52 个区并用数字予以表示。布鲁德曼的分区，影响最大，最为常用。随着人们对皮层功能组织的了解，或许更有意义的分区方法是根据结构和功能两个方面来进行的，但在本书中我们仍沿用布鲁德曼的分区。

（一）感觉区及其机能

感觉区包括躯体感觉区、视觉感觉区、听觉感觉区、嗅觉感觉区和味觉感觉区。感觉区接受来自各种感觉器官的神经冲动,并对这些信息进行整合加工。

1. 躯体感觉区

躯体感觉区位于中央后回,布鲁德曼 3 区,负责接受和加工由皮肤、肌肉和内脏器官传入的感觉信号,产生触压觉、温度觉和痛觉等。躯体感觉区有 3 个特点:(1)感觉传入的投射是左右交叉的,即身体一侧的躯体感觉投射到对侧的大脑皮层的相应区域。但是,头、面部皮肤的传入神经在脑干内非完全交叉,在皮层产生的感觉是双侧性的。(2)投射区的空间分布是上下倒置的,即下肢的感觉投射在这一区域的顶部,上肢的感觉投射在这一区域的中部,头颈部的感觉投射在这一区域的下部。但是头面部在感觉区的投射是正立分布。(3)身体各部位投射面积的大小与它们的感觉灵敏度和重要程度有关,由于手、舌和唇在人类感觉中有重要作用,因此在机体感觉区的投射面积也大。感觉不灵敏的部位,如躯体的投射区就很小。这种结构特点有利于个体进行精细的感觉分析,它是人类长期进化的结果。

2. 视觉感觉区

视觉感觉区位于枕叶距状裂二侧,布鲁德曼 17 区,负责接受在光刺激作用下由眼睛输入的神经冲动,产生初级视觉,如对光的觉察。视神经在视交叉处并非完全交叉,使视觉具有双侧性。如果视觉中枢受到损伤,即使眼睛功能正常,亦将失去视力。

刺激视觉感觉区,可以使患者产生简单的主观光感觉,但不能引起完善的视觉形象。因为起源于鼻侧视网膜的传入纤维在视交叉处越至对侧,实行交叉,投射到对侧枕叶,而起源于颞侧的传入纤维并不交叉,直接投射到同侧枕叶。这样,一侧枕叶皮质主要与两眼同侧的视网膜相联系,因而与两眼的对侧视野有关,即右侧枕叶主要与两眼的左侧视野有关,而左侧枕叶主要与两眼的右侧视野有关。临床实践证明,一侧枕叶皮质受损害造成对侧偏盲,双侧枕叶皮质受损害造成全盲。

3. 听觉感觉区

听觉感觉区在颞叶的颞横回,布鲁德曼 41 区和 42 区,负责接受耳朵在声音作用下产生的神经冲动,产生初级听觉,如对声音的觉察。电刺激该区可以使患者产生铃声样或风吹样的主观音觉。听觉冲动的投射是双侧性的,即一侧皮质代表区与两侧耳的感受器都有关。因此,一侧颞叶皮质受损害并不影响听觉,只有左右两侧听觉代表区同时受损害,才产生完全的耳聋。

4. 嗅觉和味觉感觉区

尚未取得一致意见。一般认为,嗅觉冲动主要投射于海马回沟和海马回前部一带。味觉冲动投射于中央后回的头面部感觉投射区的下侧(布鲁德曼 50 区)。

（二）运动感觉区及其机能

运动感觉区位于中央前回,布鲁德曼 4 区,是躯干和四肢中各肌肉运动单位在皮层的投射区。另外还有位于中央前回下部的第二运动区。运动感觉区的主要功能是支配、调节身体的姿势、位置及躯体各部位的运动。这些区域如受损会有显著的运动障碍。运动感觉区的机能具有 4 个特征:(1)对侧支配,即一侧运动区主要支配对侧躯体肌肉,但对少数肌肉(如头面部肌肉等)是双侧支配的。(2)具有精细的定位和上下倒置分布调节,一定的区域支配身体一定部位的肌肉。支配下肢的区域位于中央前回的顶部,支配头面部的区域分布于接近外侧裂部分,支配上肢的区域则位于以上两部位之间。总的说来,近似倒立分布调节。(3)身体不同部位在大脑皮质的代表区的大小和运动的精细复杂程度有关。运动精细复杂的部位,所占的皮质代表区大。例如,手所占的区域相当于整个下肢所占的区域。(4)刺激该区引起的肌肉运动,主要是少数个别肌肉的收缩,甚至只引起某块肌肉的一部分发生收缩,不发生肌肉群的协同收缩。

(三) 言语区及其机能

人类由于劳动和交往,产生了语言和思维。因此,在大脑皮层上,存在着言语区。对绝大多数人来说,言语区定位于大脑左半球。言语区由许多脑区组成,损坏这些区域将引起各种失语症。

言语中枢是负责接受、处理和储存言语信息的中枢。只有人类才独有言语中枢这种高级的心理活动中枢。人只因有了言语中枢,才能进行较复杂的抽象思维活动,也才有了人的心理意识。言语中枢由言语运动中枢、书写中枢、听话中枢、阅读中枢组成。

说话中枢,也叫言语运动中枢,位于左半球额叶后下方,靠近外侧裂处,即布鲁德曼44、45区,亦称布洛卡区,它负责控制说话时舌和面肌的运动。此处损伤的病人吐字十分困难,勉强说出的话也常有句法错误,但这种病人还能写字,能听懂别人的话,能阅读。用电流刺激这一区域可使正在说话的病人立即停止说话。若说话中枢受到损伤,尽管发音器官正常,也不能说话,或说不出完整的话,严重的可导致失语症。

书写中枢在额叶,是负责手写字或绘画的部位。该中枢受到损伤,就不能用手写字或绘画,导致失写症。

听话中枢,位于颞上回的后方,接连角回的部位,称为威尔尼克区,它与口头语言的理解有关。这个区域损伤将导致听觉性失语症,病人说话无困难,但言语杂乱无章,没有任何意思。这种人听不懂别人的话,也不能重复他刚听到的句子。

阅读中枢,也叫视觉性言语中枢,在顶、枕叶交界处。若这个区域损坏,视力虽正常,但将出现书面语言理解障碍,病人看不懂文字材料,产生视觉失语症或失读症。

(四) 联合区及其机能

在人的大脑皮层上,属于投射区的面积很小,大约只占1/5,除此之外,还有范围广大、具有整合作用的一些脑区,称为联合区。联合区不接受任何感受系统的直接输入,也很少直接支配身体各部分运动,但在人的心理生活中却具有极重要的功能。研究表明,皮层的投射区虽然能产生感觉和运动,但还比较低级、粗糙。例如,刺激病人的视觉投射区,病人能看到闪光、无形状的颜色和条纹,但搞不清楚形状的意义;刺激病人的听觉投射区,病人只能听到无意义的混乱声音。这表明,皮层投射区只是产生感知和运动的初级部位,仅凭此还不足以产生心理现象。要产生复杂的心理现象,还需联合区的作用。

联合区出现较晚。动物进化的水平越高,联合区在皮层上所占的面积就越大。低等哺乳动物(如老鼠)的联合区在皮层总面积中所占比例很小,而人类大脑皮层的联合区却占4/5左右,主要包括顶叶、颞叶和额叶的广大区域。联合区和各种高级心理机能有密切关系。它的主要功能是认知。研究表明,顶叶主要注意内外环境中的复杂刺激,颞叶主要鉴定这些刺激,而额叶计划执行合适的行为反应。人的语言中枢也分布在联合区上。

依据在皮层上的分布和功能，可将联合区分为感觉联合区、运动联合区和前额联合区。

1. 感觉联合区

各感觉投射区的神经元严格保持着模式特异性，其邻近区域有大量的短轴突联络神经元。它们与各感觉区的特异神经元有着广泛的联系，其功能是组织进入感觉区的神经冲动，以便获得更精确的信息。这些区域称为感觉联合区。因此，感觉投射区只是一个"入口"，它所承担的工作仅是接收信息。例如，红色灯光刺激所引起的冲动，经视神经传至大脑的视区产生视觉。但红色除单纯的物理特性外，常含有一定的意义，可以表示"危险"，也可以表示"停止"。"危险"和"停止"的意义是后天习得的经验。以后同样的刺激再出现时，这种习得的经验即可帮助人对刺激意义的识别。人习得的经验以及必要时唤起经验等，都不是视觉区本身的机能，而是视觉区邻近的视觉联合区的机能。如果视觉联络区受损害，虽然患者不会全盲，却影响对物体意义的认知和远近距离的判断，产生视而不见的现象。

在听觉区附近是听觉联合区。它负责听觉刺激意义的学习、习得经验的储存以及唤起经验赋予听觉刺激以意义等。如果听觉联合区受损伤，就失去对外部声音刺激的理解和判断。这时虽有声音刺激感觉，但不能判断是一种什么样的声音，会产生听而不闻的现象。

躯体感觉区附近是体表感觉联合区。其功能为辅助体表感觉区，以获得对外界刺激所产生的触觉、温觉、痛觉和动觉等的更精确的理解。如果躯体感觉联合区受损坏，人就不能理解体表感觉的意义。

2. 运动联合区

在运动区附近是运动联合区。运动区是运动指令下达的"出口"。它虽能直接支配某一部分肌肉的收缩，但人的运动是有意义的。运动的组织与意义性，则是在"出口"之前经由运动前区赋予的。例如，写字时所需要的手指和手臂肌肉的运动，是人对这种运动方式和程序经过多次练习而习得的。这种经验包括手指和手臂运动的方式与文字意义的关系。学习、保持及运用这种经验等，是与控制手指和手臂运动区有关的运动联合区的功能。如果这一运动联合区受损坏，病人虽仍能握笔做书写状运动，但不能写出他以前所熟悉的文字。

3. 前额联合区

在每一大脑半球额叶的最前端，各有一广大区域，称为前额联合区。前额联合区在人形成意向、运筹规划、调节和监督自己的行动使之与目的和计划相适应起决定性的作用。正常的动物为实现某一目的，能抑制对不重要的、附加刺激物的反应，而该区损坏的动物，对任何无关刺激都作出反应。例如，偶尔看到一片落叶，它便去捕捉它，咀嚼后又吐出来，有目的指向的行为遭到严重破坏。有人用猴子做实验。正常猴子能学习解决延迟反应之类的问题，但将前额区破坏后，此类能力即丧失。实验的方法是，在猴子的注视下，摆两个不同的盘子，在一个盘子中放置食物，另一个不放置，然后用同样的两个器皿把杯子盖上，并用布遮挡。经过一定的时间后将布拉开，允许猴子凭记忆去选择有食物的杯子。正常猴子都能在数分钟后凭记忆正确解决问题，但前额区破坏后即丧失此种能力。此类实验固然不能用于人类，但在病例中曾有学者发现，前额区受伤害者虽仍能表现简单的智能活动，但不能从事综合性与推理性的思考活动，其情形与破坏前额区的猴子相似。

（五）大脑两半球的功能分工

人的大脑分左右两半球，中间由两亿多条神经纤维组成的胼胝体联系，信息相互传递，协同调节人的活动。科学研究证明，两半球的功能并不相同，有一定的分工。一般习惯用右手劳动的，左半球执行着言语、计算和抽象思维的功能，右半球执行着具体形象的认识、空间位置的识别及情绪的表达等功能。右半球损伤的病人，往往不能说话或记不住事物的名称；左半球损伤的病人，往往认不出过去熟悉的东西，或不能进行空间方向定位，出门后常常找不到自己的住所。

大脑两半球机能不对称性，在对"裂脑人"的研究中得到充分证明。所谓"裂脑人"就是对某些癫痫病人，为了控制癫痫病的发作，手术切断大脑两半球的联合纤维——胼胝体，使大脑两半球各自成为一个独立的整体，显示了各自的功能。美国心理生理学家斯佩里对"裂脑人"的研究取得显著成绩，因而于1981年获得诺贝尔奖。手术后的病人一般智力无明显变化，但大脑两半球的功能显示出明显差异。在测试病人用触觉再认物体的能力中，当物体握在右手时，感觉信息从右手传送到左半球，这时病人能叫出物体的名称并描述物体；当物体握在左手时，感觉信息主要从左手传送到右半球，病人不能应用言语描述物体，但能够在一堆物品中找出同样的物体。在视觉的实验中，一般右边视野投射到左半球，而左边视野却投射到右半球。当物体呈现在右边视野投射到左半球时，病人能用口头或书面言语命名并描述它；当物体呈现在左边视野投射到右半球时，病人不能说出物体的名称，但能用左手在一堆各种各样的物体中触摸（排除视觉）并选择出同样的物体。例如，将"钥匙"和"戒指"两个词分别呈现在左、右视野，"钥匙"呈现在左边视野投射到右半球，"戒指"呈现在右边视野投射到左半球。病人能说出"戒指"，而不能说出"钥匙"，但能用左手在一堆东西中选择出一把"钥匙"。这充分说明言语活动主要是左半球的功能，而右半球则长于具体形象的认知。当然这种分工也是相对的，右半球也有一定程度的言语理解能力。例如，病人能根据投射到右半球的"钥匙"一词的指令，从一些物品中选择出同样的钥匙。同时，大脑皮层也有一定的补偿作用，脑的一部分遭到破坏，其缺陷可以由其他部分补偿。例如著名学者路易·巴士德（Louis Pasteur），他以预防狂犬病的研究闻名于世，在46岁时脑溢血损伤了他的右半球的皮层，他用左半球进行创造性工作，直到73岁才去世。

总之，皮层机能有一定的分工，但不是绝对的。狭隘的机能定位观念是不正确的，特别是思维、记忆、想象等一些高级心理机能，都是脑的一些区域联合活动实现的，大脑皮层是一个完整的机能系统。

拓展阅读 >>>>>

优势手——你是左利手还是右利手？

优势手或称利手（handedness）是指一个人使用右手或左手的偏向。习俗上人们普遍认为，以右手为利手是正确的，而习惯使用左手则是错误的。英语单词"right"可以翻译为"右"或"正确"。左撇子的右手不像多数人的右手那样灵活，所以被认为"笨拙"。如果他们拒绝改用右手为利手，则又被指责为"固执"。拉丁语中表示左利手的词汇同时还有不吉祥之意。而相反，右利手似乎被塑造成了美德的典范。拉丁语中表示右利手的词汇有幸运之意，并且右利手的人通常被形容为幸运、合作、娴熟以及公正的。这些态度是否有所偏颇呢？

那么,是什么因素造成了优势手现象,即一个人更偏向使用左手或右手呢?为什么人群中右利手比左利手多?左利手与右利手的不同之处在哪里?左利手有何利弊?

优势手测试

现在请你准备一张纸,先用右手在上面写你的名字,然后用左手写你的名字。你会发现自己的"优势手"写起来更为自如。这一现象十分有趣,因为其实两只手本身在力量或灵活性方面没有本质差异。优势手现象只是因为大脑其中一侧的运动控制能力强于另一侧。

如果你是右利手,那么你的左侧大脑上负责控制右手的区域就更大;如果你是左利手,情况则相反。

上述的简单测验只能得出绝对意义上的左利手或右利手,而优势手其实是一个程度上的问题。为了测量你的优势手,请用勾选的方式完成以下修改自滑铁卢(Waterloo)优势手量表的问题(Brown et al.,2006)。你勾选的"右手"选项越多,你的右利手程度越高。

你是右利手还是左利手?

	右手	左手	都有
1. 你一般用哪只手写字?	_____	_____	_____
2. 你会用哪只手刷墙?	_____	_____	_____
3. 你会用哪只手拿书?	_____	_____	_____
4. 喝汤时你用哪只手握勺?	_____	_____	_____
5. 你用哪只手翻薄饼?	_____	_____	_____
6. 你用哪只手捡起一张纸?	_____	_____	_____
7. 你用哪只手画画?	_____	_____	_____
8. 你开锁时用哪只手插入钥匙?	_____	_____	_____
9. 你用哪只手插电源插头?	_____	_____	_____
10. 你用哪只手投球?	_____	_____	_____

约90%的人属于右利手,其余10%是左利手。大部分人(约75%)是强左利手或右利手者,其余的人在不同活动中有不同的优势手。你属于哪一种?

存在左利足吗?这是一个非常棒的问题。优势侧测量通常考察手、足、眼、耳的使用偏好(Greenwood et al.,2006)。事实上优势侧无处不在,我们连呼吸时都会偏好使用一侧鼻孔,甚至接吻时也偏好将头向某一边倾斜(Barrett, Greenwood & McCullagh, 2006)无论如何,优势手仍是优势侧最重要的行为指标。

如果一个人是一个彻头彻尾的"左撇子"。那么,这是否说明他的大脑右半球占据着主导?不一定。大脑右半球的确控制着左手,但是控制左利手人士言语生成的优势半球可能还是在大脑的另一侧。

资料来源:(美)库恩等.心理学导论——思想与行为的认识之路(第13版)[M].郑钢等,译.北京:中国轻工业出版社,2014.

第四节　内分泌系统

一、概述

对心理活动起重要调节作用的两大系统，一是神经系统，另一个就是内分泌系统（endocrine system）。内分泌腺由许多腺体组成，腺体把一些化学物质直接释放到血管或淋巴系统中。内分泌腺生成并分泌的生理活性物质（化学物质）叫激素或荷尔蒙（hormone）。激素会影响有机体的内部活动和外部行为。内分泌系统可能影响个体的新陈代谢、心理发展、第二性征和性心理的发展以及情绪和行为。

内分泌系统对身体的调节与神经系统的调节有所不同，它作用范围广、见效慢，但效果持久；而神经系统的作用范围局限定位清晰，作用快而精确。在作用方式上，神经系统一般是通过神经纤维上传导的去极化波来实现其调节功能，而内分泌系统则是通过血液运输使激素作用于某些细胞组织来实现其调节功能的。这两个调节系统在结构和机能上是密切联系的。一方面，几乎所有的内分泌腺都直接或间接地受到神经系统的控制。研究表明，所有内分泌腺的分泌均受脑垂体的影响，而脑垂体是受下丘脑控制的；下丘脑是脑的一部分，它又受其他神经中枢的控制。另一方面，激素也影响着神经系统的功能，因为激素是经过血管传布到全身各处，脑中也有血管，因而它也能传布到脑中对神经细胞产生兴奋和抑制作用。神经系统一方面直接调节各种器官活动，另一方面又通过内分泌腺分泌的激素，影响各种器官活动，形成神经—体液调节。总之，神经系统控制内分泌系统，而内分泌系统也控制许多生理现象和行为。

二、内分泌腺的分类和机能

迄今为止，科学家已经发现 27 种内分泌腺。但是，与人的心理和行为直接有关的内分泌腺主要有脑垂体、甲状腺、副甲状腺、胸腺、胰腺、肾上腺（包括皮质和髓质）和性腺（睾丸和卵巢）等。它们在人体中的位置如图 2-4 所示。

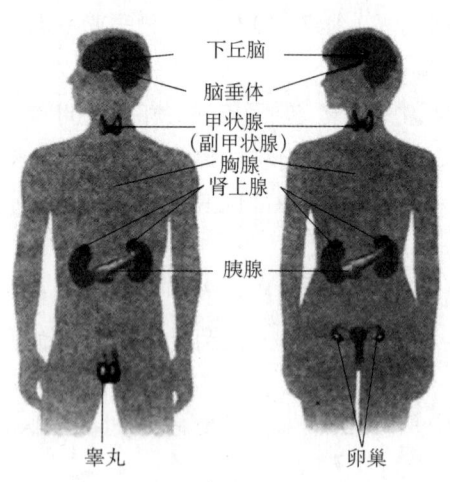

下丘脑
脑垂体
甲状腺
（副甲状腺）
胸腺
肾上腺
胰腺
睾丸
卵巢

图 2-4　内分泌系统

（一）脑垂体

在人的内分泌系统中，脑垂体（pituitary gland）是最重要的内分泌腺，位于下丘脑之下。成人的脑垂体约重 0.6 克，只有一粒豌豆大小。

脑垂体一般分为前后两部分，前部称为腺垂体，后部称为神经垂体。腺垂体分泌生长激素、促性腺激素、促甲状腺激素、促肾上腺皮质激素、催乳素、黑色素细胞刺激素等。神经垂体不分泌激素，但可以储存子宫收缩素、抗利尿素（加压素）。摘除脑垂体会使幼小动物的生长停滞，甲状腺及肾上腺萎缩，性腺萎缩,性功能衰退,极度消瘦,排尿量明显增加等。由于脑垂体分泌的激素较多,并能控制多种内分泌腺的分泌,因而有"内分泌之首"之称。

(二) 甲状腺

甲状腺(thyroid gland)位于颈前部正中,甲状软骨下方,呈 H 形,分左右两侧叶。它分泌的激素称甲状腺素。甲状腺素是一种碘化合物,其主要功能是促进新陈代谢,维持正常的生长发育,主要影响骨骼和神经系统的生长发育。

甲状腺功能亢进时,患者吃的多、喝的多,但体重不增反减。他们变得容易激动,情绪烦躁,容易发怒,多语、失眠、多梦。相反,甲状腺素分泌不足,则使人大脑的兴奋性降低,表现为精神迟钝,对周围的事情漠不关心,记忆力减退、嗜睡,容易疲劳。如果儿童的甲状腺素分泌不足,则会出现发育停滞,尤其是骨骼和神经系统发育迟缓,表现为呆小症,患者身材矮小,智力低下,记忆和思维不及正常的儿童,症状严重者将成为白痴。

(三) 副甲状腺

副甲状腺(parathyroid gland)也叫甲状旁腺,位于甲状腺之后方,共有四颗,大小犹如豌豆。其所分泌的激素,称为副甲状腺素(parathormone),可以调节血液中钙与磷的浓度,以维持神经系统与肌肉的正常兴奋性。副甲状腺素分泌过多时,将使血液中钙量增多,磷量减少,而易患骨质疏松症,甚至造成肾结石的疾病。副甲状腺素分泌不足时,将使血液中钙量减少,磷量增多,因而易于导致神经与肌肉的兴奋性增高,以致引起痉挛,严重时可因喉部肌肉痉挛而窒息死亡。同时,分泌不足还会使人反应迟钝,肢体的随意运动不协调。

(四) 胸腺

胸腺(thymus)位于胸骨后面,紧靠心脏,呈灰赤色,扁平椭圆形,分左右两叶,由淋巴组织构成。胸腺是机体的重要淋巴器官,与机体免疫机能和衰老有关。胸腺是人体最早开始衰老的器官。

(五) 肾上腺

肾上腺(adrenal gland)位于肾脏顶端,左右各一,分内、外两层。内层是肾上腺髓质,分泌肾上腺素和去甲肾上腺素。它们的主要作用是兴奋交感神经,促使血压升高、心率加快、胃肠蠕动减慢、瞳孔放大等,提高机体应付突发事件的能力。肾上腺素分泌与恐惧有关,去甲肾上腺素分泌与愤怒有关。如人体缺少肾上腺皮质激素,会出现精神萎靡、肌肉无力等症状。因而肾上腺与情绪变化有密切的关系。外层是肾上腺皮质,分泌葡萄糖皮质素、雌性激素和雄性激素等。其功能为维持体内水、盐平衡,调节蛋白质、脂肪和糖的代谢。

(六) 胰腺

胰腺(pancreas)位于胃与十二指肠之间的肠系膜上,在性质上它兼具有外分泌与内分泌两种腺体的特征。胰岛是胰腺内具有内分泌机能的细胞,分泌胰岛素。胰岛素调节体内糖、蛋白质和脂肪代谢,维持体内血糖正常水平。胰岛素分泌不足易导致糖尿病,表现出口渴、饥饿、尿频等症状。

(七) 性腺

男性性腺为睾丸,分泌睾丸酮素,能促进男性成熟、生殖发育、性冲动和促进第二性征发育等。女性性腺为卵巢，分泌动情激素，可促进生殖器成熟、子宫黏膜周期性变化和女性第二性征发育等。

拓展阅读 ━━━━━━━━━━━━━━━━━━━━━━━━━━━━━ >>>>>

药 物 增 高

一些人因为个子长得矮而被嘲笑和轻视，并可能因此而产生永久性的心理创伤。个子过矮的一个普遍原因，是生长激素分泌不足。如果不加以治疗，生长激素分泌不足的儿童会比同龄儿童的个子矮 15～30 厘米。一些成年人虽然身体各部位的比例很匀称，但个子很矮，这是脑垂体功能减退造成的。

多年来，临床上都是靠注射人类生长激素对侏儒症进行治疗的，激素的来源是人类遗体的脑垂体，取出难度大，费用极高，且 20 世纪中叶到 80 年代发现它可引起克雅病（亚急性海绵状脑病）。现在普遍使用的合成生长激素的纯度要比天然激素高得多，而且费用相对便宜许多。但是，激素药物增高的治疗过程通常需要持续 3～7 年，且通常只能使脑垂体功能退化症患儿的身高多长几厘米，最终还是比正常儿童个子矮。那么，这种药物治疗方法到底是否可取呢？

生长激素治疗通常是很安全的。但是，这引起了一个有关伦理的问题。有些学者认为，把个子矮作为"疾病"来治疗根本就是一种错误的观念。一些副作用也不可忽视。治疗后，一旦该儿童最终仍不能长到所期望的高度，父母和儿童自己都会产生失望感。此外，当一些矮个儿童的个子"突然"长高之后，会因为没有同伴而产生孤独感，因为他们既不能再像过去一样和"小小孩"一起玩，也不能马上被同龄儿童接受。

一些儿童的个子是正常的，但父母认为他们显得矮了点儿，因此要求医生使用药物帮他们再长高点儿。然而，对于一个发育正常的矮个子儿童来说，其自身分泌的生长激素量是正常的，注射更多的生长激素只能使儿童长得更快，但个子并不会长得更高，而且是有诸多风险的。滥用生长激素会造成严重恶果，常常会使人体各部分发育比例失调，并引发疾病。例如，据英国癌症研究所流行病学报告，人垂体生长激素有可能增加结直肠癌发病危险；与普通人群相比，曾使用人垂体生长激素治疗的病人，总癌症死亡危险增加 2 倍，结直肠癌和霍奇金病死亡危险增加 10 倍。英国科学家呼吁对生长激素的影响进行深入研究。

目前，有不少正常的矮个子儿童正在接受生长激素的注射治疗。1994 年 3 月《华盛顿邮报》报道，美国在实验室合成人体生长激素，用于体内不能自行合成生长激素的儿童。然而这种药正越来越多地用于实际上并不需要的儿童身上。据估计，美国大约有 7 000 名儿童患有生长激素缺乏症，但实际上在美国目前用这种生长激素的至少有 2 万～2.5 万名儿童。也就是说，生长激素已经在发育正常的矮个子儿童中大量应用，这就大大增加了人们对滥用这种药物的担心。此外，由于销售商的过分促销，市面上有不少学生和专业运动员将生长激素作为健身药物，这也容易引发严重恶果。

资料来源：黄希庭. 心理学导论（第 2 版）[M]. 北京：人民教育出版社，2010.

第五节　心理与遗传

心理遗传学(psycho-genetics)，又称行为遗传学(behavior-genetics)，是把心理学和遗传学两方面的知识与方法综合起来，研究行为特征遗传的一门科学。它主要探讨能力、气质和情绪稳定性等方面在多大程度上是遗传的。个体的身心发展与变化是受到遗传和环境等因素相互影响的。一般来说，个体的生理特征受遗传因素影响较大，个体的行为与心理特征受环境因素影响较大。

一、遗传的物质基础

遗传是决定个体体表特征和生理特征的主要因素，而遗传的基本生理运作单位是染色体(chromosome)。染色体是体细胞中的一种复杂构造，它是由遗传物质去氧核糖核酸(deoxyribonucleic acid，简称DNA)及蛋白质所构成。去氧核糖核酸是所有生物基本的遗传物质，决定个体生理特征的基因(gene)就是位于去氧核糖核酸分子上的单位。

在绝大多数的人体细胞之内，都含有23对(46条)染色体。其中有22对是男女相同的，只有第23对男女各异，称为性染色体(sex chromosome)。性染色体是决定性别的遗传物质，故其形状与性质男女有所不同。女性身体细胞内的两个性染色体，体积相等，性质相同，遗传学家称之为XX。男性身体细胞内的两个性染色体，体积大小不同，性质各异，遗传学家称大者为X，称小者为Y，合而为XY。

正常人的染色体是46条(23对)，但也有人性染色体数目和结构异常，从而导致性别畸形。常见的染色体数目异常导致的畸形有：

先天性睾丸发育不全综合征(Klinefelter综合征)：患者有X对常染色体和3个性染色体，即XXY，比一般男性多了1个X染色体。由于有Y染色体，所以外貌是男性，有阴茎、睾丸，但睾丸小而不发育，不能生成精子。第二性征不明显，可能有女性的特征如较小的乳房。智能一般较差。

先天性卵巢发育不全综合征(Turner综合征)：患者有22对常染色体，但性染色体只有1个X染色体，缺少1个Y染色体。由于没有Y染色体，其外貌为女性，但第二性征发育不良，卵巢、子宫发育不全而出现原发性闭经，无生育能力。患者身材矮小，有颈蹼、盾胸、肘外翻等，对人特别是对异性比较淡漠，部分患者伴有先天性心脏病。

XYY综合征：此类患者多了一个Y染色体，其外形是男性，有生殖能力。智力正常，身材比较高大，但有暴力倾向如好斗、凶暴。其发病率占男性的1/750—1/1 500，具有随身高增加而发病率增高的趋势。如身高在181—189厘米的男性中，发病率约1/2 000；身高在190—199厘米的男性中，发病率约1/30；身高在200厘米以上的男性中，其发病率则在1/10以上。

XXX综合征：此类患者多了一个X染色体，其外形是女性，有生殖能力，但智力低下，甚至精神失常。其发病率占女性的1/1 000，在精神失常的女性患者中，发病率约4/1 000。

基因是含有不同遗传信息(或称密码)的 DNA 分子片段,存在于染色体上,是控制生物性状的基本遗传单位。它决定了人的各种遗传特征,如身高、体重、肤色、细胞的数目与形状等。存在于 DNA 分子的每个基因都有其固定的位置,称为"位点"。人类的一些特征如头发的曲直和一些异常现象如超短的手指和脚趾、白化病、镰状细胞性贫血症、苯丙酮尿症是单基因遗传的;但人类的大多数特征及发育异常是多基因共同作用的结果,如血压、身高、肤色、唇裂、腭裂、脊柱裂、无脑畸形等。

基因组(genome)是一个细胞或者生物体所携带的一套完整的单倍体序列,包括全套基因和间隔序列。可是基因组测序的结果发现基因编码序列只占整个基因组序列的很小一部分。因此,基因组应该指单倍体细胞中包括编码序列和非编码序列在内的全部 DNA 分子。说得更确切些,核基因组是单倍体细胞核内的全部 DNA 分子。线粒体基因组则是一个线粒体所包含的全部 DNA 分子。叶绿体基因组则是一个叶绿体所包含的全部 DNA 分子。

二、遗传与心理的研究方法

就个体的心理特征而言,无论是对人或对物,学习能力或智力可以作为心理特征的代表。为了解释智力的高低与遗传之间的关系,心理学家们多采用了以下的方法:

(一)选择性交配

选择性交配(selective-breeding)是对动物特性遗传的一种研究方法,即让具有某种高水平特性的动物和低水平特性的动物分栏交配以考察其行为特性的遗传。1954 年汤普森(Thompson)就让小白鼠学习走迷津,以考察其学习能力。实验时,将动物置于入口处,然后观察记录其如何逐渐舍弃盲路与迂径,最后正确选择捷径到达食物箱,而获取食物。迷津试验的记分标准有两个:一为时间,二为误入盲路的错误次数。让走迷津快的小白鼠(聪明组)和走迷津慢的小白鼠(愚笨组)分栏交配繁殖了 6 代,结果两组间的学习能力随着选择性交配代数的增加,差异越来越大。在实验设计上,为了避免环境的影响,研究者给两组提供了相同的居住环境和食物营养,两组的幼鼠有的还交换了母亲,以避免家庭环境的影响。尽管这种研究方法只适用于动物而不能用于人类,但这些研究表明遗传确实是影响学习能力的重要因素之一。

(二)双生子研究

心理遗传学在研究人类行为的遗传因素时,一向是从家族的血缘关系与双生子之间的关系入手的。因为只有排除环境因素,才能确知遗传因素究竟发生了多大的作用,而血缘关系相近的人多生活于同一环境中。因此,通过研究同卵双生子与异卵双生子的心理特质,并与其他不同血缘关系的人比较,即可以推测遗传对心理特质的影响程度。这类研究有两个共同点:(1)均以智力为心理特质的代表,而智力高低的界定,则全部依据智力测验所测定的分值;(2)均采取不同遗传关系相对比较法,并均以相关程度的高低,作为遗传因素影响心理特质大小的依据。

(三)其他方法

1. 家谱分析法

研究者选出具有欲研究的特征或异常行为的指标,然后调查该个体家族中的直系亲属和旁系亲属,确定其遗传情况。亲属相关法就是用亲属之间(如亲子、兄妹)特征上的相关程度来分析遗传力的方法。

2. 群体调查分析法

调查某种异常现象在一般群体中的出现率和在患者亲属中的出现率,测验其显著性,以确定这种异常现象是否与遗传有关。

遗传对人的心理和行为发展的影响是无可否认的,但不能过分夸大遗传的作用。遗传只能提供儿童发展的自然前提和可能性,而环境和教育才能决定儿童心理发展的现实性。

三、心理与遗传及环境

心理学家们试图探究,在个体的心理特征上,遗传和环境因素究竟能产生多大的决定作用。

(一)遗传因素对智力的影响

遗传为个体心理发展提供了物质前提和发展的可能性,尤其是遗传中人脑的结构和机能对个体心理发展具有极为重要的影响。由遗传决定的脑的结构和功能,是个体心理产生的物质前提,没有这种遗传的可能性,就不可能产生心理活动。但是,要把这种可能性转变成现实性,仅仅靠遗传是不行的。此外,与遗传一样,生理发育或成熟也是心理发展的物质基础,它直接影响和制约着个体心理的发展水平和速度。总之,我们既要承认遗传素质在个体心理发展中的重要作用,它是个体心理发展的前提条件,同时,也不能盲目夸大它的作用,而忽视后天的环境影响和教育的作用。比如,一个遗传素质健全的孩子,如果没有与人类社会的正常接触和交往,他就不可能学会人类的基本社会技能,也不可能学会语言。实际上,在以往的研究中,这样的孩子因为缺少环境的影响往往会在很小的时候就夭折,他们不是因为遗传的缺陷,而是因为环境刺激的缺少。

(二)遗传因素对人格的影响

在个体发展过程中,人格是遗传与环境交互作用的结果,尤其在智力、气质这些与生物因素相关较大的方面,遗传因素更为重要。

双生子的研究被许多心理学家认为是研究人格遗传因素的最好方法,进而产生了双生子的研究原则:同卵双生子具有相同的基因形态,他们之间的任何差异都可归于环境因素差异;异卵双生子的基因虽然不同,但在环境上有许多相似性,如出生顺序、母亲年龄等,因此也提供了环境控制的可能性。结合这两种就可以看出,不同环境对相同基因的影响,或者是相同环境下不同基因的表现。

(三)遗传因素与心理异常

许多精神疾病在发病原因上,遗传因素确定有着明显的作用,基因的变异构成了心理异常的基础,如遗传对孤独症存在相当大的影响,ADHD(注意缺陷/多动障碍)是行为领域中最早被测定出具体基因的疾病之一。近年的分子生物学和遗传学研究也揭示,老年痴呆也可能是由先天性基因变化造成的。也就是说,某个关键基因损坏之后,所引致的并非早年痴呆,而是中老年才发作的痴呆症。此外,精神疾病也被发现可能由遗传因素造成,如精神分裂症患者的一级亲属同患精神分裂症的终生危险性达 6%—48%。

（四）环境对心理的普遍制约作用

人的心理与行为必须具备两个基础：一是生物基础，一是环境基础。心理的生物基础是生而具有的，并且在环境的作用下发挥其功能。

环境（environment）是指与有机体发生联系的外部世界。与有机体没有联系的外部世界，对有机体来说，无所谓环境。个体生命的起源，从受精的那一刻开始，通过合子、胚胎和胎儿的发展，有机体就被置于母体的特定环境——子宫。这种环境对有机体身体和出生后行为的发展会产生深刻的影响。例如，如果怀孕的头三个月母亲感染风疹常会使婴儿智力落后并且造成身体上的缺陷，如白内障或耳聋；母亲的疲劳或吸烟会刺激胎儿活动；母亲长期的情绪激动，还会影响出生后子女的情绪特征。出生后，人所处的环境更是纷繁复杂，人与环境之间的相互作用也从不间断。没有环境基础，人的心理就不可能产生。有机体必须与其相应的生活环境保持平衡，这叫生态平衡。如果有机体生活的环境超出其适应范围，就会危及生存。

日常的生活环境和社会环境，对个体心理的发展起着重要的作用。个体先天的遗传素质仅仅为个体提供了心理发展的可能性，个体只有在后天的环境和教育的影响下，才能够使先天的素质得以正常发展。先天因素与后天因素、遗传因素与环境因素是在相辅相成中发生作用的。

环境对人的心理与行为具有普遍制约作用，首先表现在心理机能是对环境适应的结果。人类生存在地球上，地球哺育了人类，人类的生理和心理机能就是对赖以生存的地球这个环境长期适应的结果。人的心理与行为不仅取决于当前的刺激和人格特征，而且也取决于整个环境及其特征。

其次，环境对心理与行为的普遍制约作用还表现在自然环境与人的交互作用方面。以能源和污染为例，在环境中获得能源的可能性决定了人们耗能的行为方式，而这种行为方式又反过来决定着会造成什么样的环境污染。能源的不断消耗和对环境的污染，反过来又将会改变着人们的耗能行为方式。人类与其生存环境总是相互联系、相互制约的。如果人类的行为使得自己赖以生存的生态系统失去了平衡，那就会严重影响人们的心理与行为，甚至会危及生命。

最后，环境对心理与行为的普遍制约作用还表现在社会环境和人的相互作用方面。每个人都处在一定的社会关系中。社会关系不是存在于具体人之外的某种东西，而是每个人都把自己的活动和交往包括在这一关系之中。社会环境，包括社会规范（政治的、法律的、道德的等）对心理与行为产生影响。巴克提出的行为环境的概念很能说明这个问题。所谓行为环境（behavioral environment）是文化上与固定的行为相匹配的物理环境。这种行为包括群体行为和个体行为。了解行为环境可以使我们能较肯定地预见哪些行为将会发生；行为环境改变，行为也会随之而改变。总之，环境制约着行为，行为又会导致环境的改变。我们是不能离开环境来研究心理与行为的。

思考与训练

1. 脑是心理的机能,是心理活动的物质载体,那为什么不叫"脑理学"而叫"心理学"?
2. 心理与脑的关系是什么?

参考文献

[1] 静进.神经心理学[M].北京:中国医药科技出版社,2005.

[2] 汤慈美.神经病学(第7卷):神经心理学[M].北京:人民军医出版社,2001.

[3] 沈政,林庶芝.生理心理学[M].北京:北京大学出版社,2014.

[4] (美)詹姆斯·卡拉特.生物心理学[M].苏彦捷等,译.北京:人民邮电出版社,2011.

[5] Robert Plomin,John C. Defries,Gerald E. McClearn.行为遗传学(第4版)[M].温暖等,译.上海:华东师范大学出版社,2008.

第二章 心理的生理基础

第三章　感　觉　与　知　觉

学习目标

1. 理解感觉、知觉的概念；
2. 掌握感觉、知觉的基本规律；
3. 认识培养感知能力的重要性；
4. 能够根据感知规律有效地组织教学，提高学生的感知能力。

　　四个盲人很想知道大象是什么样子，可他们看不见，只好用手摸。胖盲人先摸到了大象的牙齿，他就说："我知道了，大象就像一个又大、又粗、又光滑的大萝卜。"高个子盲人摸到的是大象的耳朵，"不对，不对，大象明明是一把大蒲扇嘛!"矮个子盲人大叫起来，"你们净瞎说，大象只是根大柱子。"原来他摸到了大象的腿。而那位年老的盲人呢，却嘟囔着："唉，大象哪有那么大，它只不过是一根草绳。"四个盲人争吵不休，都说自己摸到的才是大象真正的样子。而实际上呢？他们一个也没说对。

　　在这个故事中，每个盲人说的都对，但实际上，他们对大象的认知又都是错误的。为什么既对又错呢？这是一个感觉与知觉的问题，对的是感觉，错的是知觉。什么是感觉与知觉呢？感觉与知觉有哪些具体内容？在教学中如何有效地利用感知规律呢？

第一节　感觉与知觉概述

一、感觉

　　感觉，是其他一切心理现象的基础，没有感觉就没有其他一切心理现象。感觉诞生了，其他心理现象就在感觉的基础上发展起来。感觉是其他一切心理现象的源头和"胚芽"，其他心理现象是在感觉的基础上发展、壮大和成熟起来的。感觉是其他心理现象大厦的"地基"，其他心理现象都是建立在感觉的基础上的。

（一）感觉的定义

　　感觉是客观刺激作用于感觉器官所产生的对事物个别属性的反映。

　　人对客观事物的认识是从感觉开始的，它是最简单的认识形式。例如，当菠萝作用于我们的感觉器官时，我们通过视觉可以反映它的颜色，通过味觉可以反映它的酸甜味，通过嗅觉可以反映它的清香气味，同时通过触觉可以反映它的粗糙的凸起。人类通过对客观事物的各种

感觉认识事物的各种属性。

感觉不仅反映客观事物的个别属性,而且也反映我们身体各部分的运动和状态。例如,我们可以感觉到双手在举起,感觉到身体的倾斜,以及感觉到肠胃的剧烈收缩等。

感觉虽然是一种极简单的心理过程,可是它在我们的生活实践中具有重要的意义。有了感觉,我们就可以分辨外界各种事物的属性,因此才能分辨颜色、声音、软硬、粗细、重量、温度、味道、气味等;有了感觉,我们才能了解自身各部分的位置、运动、姿势、饥饿、心跳;有了感觉,我们才能进行其他复杂的认识过程。失去感觉,就不能分辨客观事物的属性和自身状态。因此,感觉是各种复杂的心理过程(如知觉、记忆、思维)的基础,就这个意义来说,感觉是人关于世界的一切知识的源泉。

感觉器是脑的工具,脑是借助于感觉器来反映外部世界的。

感觉是指人脑对直接作用于感官的客观事物个别属性的反映。主要表现在两个方面:

首先,感觉是一种直接反映,它要求客观事物直接作用于人的感官。从空间上看,感觉所反映的事物,是人的感官直接触及的范围;从时间上看,感觉所反映的对象是此时此刻正作用于感官的事物,而不是过去或将来的事物。

其次,感觉所反映的是客观事物的个别属性,且任何一种感觉都是脑对事物个别属性的反映。

(二)感觉的意义

1954年,加拿大麦克吉尔大学的心理学家首先进行了"感觉剥夺"实验:实验中给被试者戴上半透明的护目镜,使其难以产生视觉;用空气调节器发出的单调声音限制其听觉;手臂戴上纸筒套袖和手套,腿脚用夹板固定,限制其触觉。被试单独呆在实验室里,几小时后开始感到恐慌,进而产生幻觉……在实验室连续呆了三四天后,被试者会产生许多病理心理现象:出现错觉幻觉;注意力涣散,思维迟钝;紧张、焦虑、恐惧等。实验后需数日方能恢复正常。这个实验表明:大脑的发育及人的成长成熟是建立在与外界环境广泛接触基础之上的。只有通过社会化的接触,更多地感受到和外界的联系,人才可能更多地拥有力量,更好地发展。

另外,美国心理学者的"感觉剥夺试验",也说明一个人在被剥夺感觉后,会产生难以忍受的痛苦,各种心理功能将受到不同程度的损伤,经过一天以上的时间才能逐渐恢复正常。

这说明人们日常生活中,漫不经心地接受各种刺激,以及由此而形成的各种感觉是很重要的。

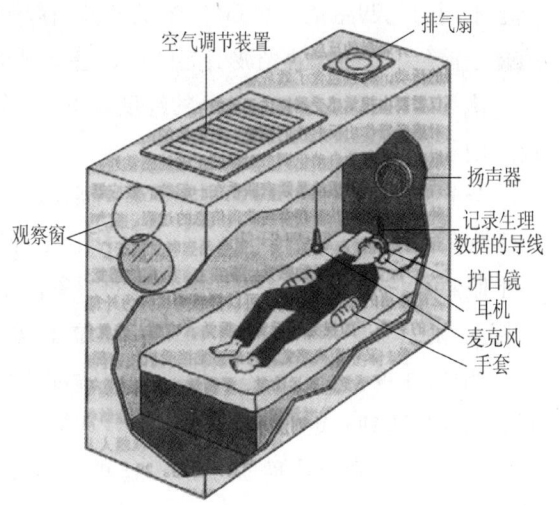

图3-1 感觉剥夺实验

空气调节装置
排气扇
扬声器
记录生理数据的导线
护目镜
耳机
麦克风
手套
观察窗

(三)感觉的分类

据刺激的来源不同,我们可以把感觉分为外部感觉和内部感觉。外部感觉是由机体以外的客观刺激引起、反映外界事物个别属性的感觉。外部感觉包括视觉、听觉、嗅觉、味觉和肤觉。内部感觉是由机体内部的客观刺激引起、反映机体自身状态的感觉。内部感觉包括运动觉、平衡觉和机体觉。

1. 外部感觉

（1）视觉

以眼睛为感觉器官，辨别外界物体明暗、颜色等特性的感觉叫作视觉。

产生视觉的适宜刺激是可见光。光是具有一定频率和波长的电磁波。宇宙中存在各种电磁波，而其中只有一小部分才是可见光。产生视觉的适宜刺激是波长为380—780纳米的电磁波，即可见光。

接受光波刺激的感受器是眼睛视网膜上的感光细胞。视网膜上的感光细胞有两种：视锥细胞和视杆细胞。视锥细胞大多集中于视网膜的中央窝及其附近，大约有六百万个，能分辨颜色和物体的细节。视杆细胞主要分布在视网膜的边缘，大约有1.2亿个，主要感受物体的明暗，但不能分辨颜色和物体的细节。当适宜的光刺激透过眼睛到达视网膜，引起视网膜中的感光细胞产生神经冲动，神经冲动沿视神经传导到大脑皮质的视觉中枢时，视觉就产生了。

光波的基本特性表现在三个方面，即强度、波长、纯度。与物理属性相对应，人对光波的感知也有三种特性：明度、色调、饱和度。

与光的强度对应的视觉现象是明度。明度指由光线强弱决定的视觉经验，是对光源和物体表面的明暗程度的感觉。如果我们看到的光线来源于光源，那么明度决定于光源的强度。如果我们看到的是来源于物体表面反射的光线，那么明度决定于照明的光源的强度和物体表面的反射系数。

与光的波长对应的视觉现象是色调。色调指物体的不同色彩。不同波长的光作用于人眼引起不同的色调感觉，如700纳米的光波引起的色调感觉是红色，620纳米的光波引起的色调感觉是橙色，70纳米的光波引起的色调感觉是蓝色。

饱和度反映的是光的成分的纯度。例如，浅绿色、墨绿色等是饱和度较小的颜色，而鲜绿色是饱和度较大的颜色。

与光的时间特性对应的视觉现象是后像和闪光融合。视觉刺激对感受器的作用停止后，感觉现象并不消失，还能保留短暂的时间，这种现象叫后像。例如，注视亮着的电灯几秒钟后，闭上眼睛，眼前会出现一个亮着的灯的形象位于暗的背景上，这是正后像，后像的品质与刺激物相同；随后可能看到一个黑色的形象位于亮的背景上，这是负后像。彩色视觉常常有负后像。例如，注视一个红色正方形一分钟后，再看白墙，在白墙上将看到一个绿色的正方形。当断续的闪光达到一定的频率，人们不会觉得是闪光，会得到融合的感觉，这种现象叫闪光融合。例如，日光灯的光线其实是闪动的，每秒钟闪动100次，但我们看到的却不是闪动的，而是融合的光。

（2）听觉

声波振动鼓膜产生的感觉就是听觉。引起听觉的适宜刺激是频率（发声物体每秒钟振动的次数）为20—20 000赫兹的声波。低于20赫兹的振动是次声波，高于20 000赫兹的振动是超声波,都是人耳不能接受的。接受声波刺激的感受器是内耳的柯蒂氏器官内的毛细胞。当声音刺激经过耳朵传达到内耳的柯蒂氏器官内的毛细胞后,引起毛细胞兴奋,毛细胞的兴奋沿听神经传达到脑的听觉中枢,这就产生了听觉。

听觉器官对声波的反映表现为音高、响度和音色。

音高指声音的高低。音高主要决定于声音的频率。一般地,声波振动频率越大,听起来音调越高;反之,音调越低。通常成年男性说话的音调要低于成年女性的音调。言语声的音高一般在85—1 100赫兹。音高还受声音的持续时间等因素的影响。声音刺激都至少要持续一定的时间(低频声音的持续时间比高频声音的持续时间要长),才能让人体验到音高。疾病、年龄等因素也会使人对音高的感觉产生影响。

响度指声音的强弱程度,主要由声波的振幅决定。振幅越大,声音的响度也就越大;振幅越小,响度越小。测量响度的单位是分贝。生活中,耳语声的响度是20分贝,普通谈话的响度是60分贝,繁忙的街道的响度是80分贝,响雷的响度是120分贝。长时间处于85分贝以上环境中的人会产生听力损失。

音色指声音的特色,由声波的波形决定。例如,即使胡琴和小提琴发出的音高、响度相同的声音,但听起来还是两种不同的声音,这种差别就是音色的差别。由于声音具有各种不同的特色,我们才可能辨别不同的发声体。

(3)嗅觉

某些物质的气体分子作用于鼻腔黏膜时产生的感觉叫作嗅觉。

引起嗅觉的适宜刺激是有气味的挥发性物质,接受嗅觉刺激的感受器是鼻腔黏膜的嗅细胞。有气味的气体物质作用于嗅细胞,细胞产生兴奋,经嗅束传至嗅觉的皮层部位(位于颞叶区),因而产生嗅觉。

许多动物要借助嗅觉来寻找食物、躲避危险、寻求异性。人的嗅觉已退居较次要的地位。例如,德国牧羊犬的嗅觉比人类的嗅觉敏锐一百万倍。但即使这样,人的嗅觉仍为我们的生存提供重要的信息。例如,有毒的、腐烂的物质常伴有难闻的气味,这对于想食用它们的人来说是一种警告。人的嗅觉受多种因素的影响,如刺激物的作用时间、机体生理状态、空气的温度和湿度等。温度太高、太低,空气湿度太低,机体感冒等,都会降低嗅觉的敏感性。

研究表明,嗅觉刺激可以唤起人们的记忆和情绪。做词汇练习时闻着巧克力香味的学生,第二天回忆词汇时,再次提供巧克力香味回忆的词汇比不提供时要多。芳香的气味可以使人心情好,增强自信,提高工作效率。

(4)味觉

可溶性物质作用于味蕾产生的感觉叫作味觉。如果用干净的手帕将舌头擦干,然后将冰糖或盐块在舌头上摩擦,这时你感觉不到任何味道,甚至可以把奎宁撒在干舌头上,只要唾液不溶解它,就不会感觉到苦味。引起味觉的适宜刺激是可溶于水或液体的物质,接受味觉刺激的感受器是位于舌表面、咽后部和腭上的味蕾。

味蕾的再生能力很强,所以即使因吃热的食物烫伤了舌头,也不会对味觉有太大影响。但是,随着年龄的增长,味蕾的数量会逐渐减少,因此人的味觉敏感性会逐渐降低。吸烟、喝酒会加速味蕾的减少，因而会加速味觉敏感性的降低。基本的味觉有酸、甜、苦、咸四种，其他味觉都是由这四种味觉混合而来的。舌尖对甜味最敏感，舌中对咸味最敏感，舌的两侧对酸味最敏感，舌后对苦味最敏感。食物的温度对味觉敏感性有影响。一般来说，食物的温度在20℃—30℃时，味觉敏感性最高。机体状态也会影响味觉敏感性。饥饿的人对甜、咸的较敏感，对酸、苦不太敏感。

巴特舒克(Linda Bartoshuk, 1993)研究发现，人类因味觉引起的情绪反应是固定的。把甜的或苦的食物放在新生儿的舌头上时，新生儿舌头和面部的反应与成人一致。没有舌头的人仍有味觉，味觉感受器在嘴的后部和顶部。如果舌头的一边失去味觉，我们不会注意到，因为舌头的另一边对味觉会非常敏感。大脑难以对味觉定位，虽然舌头中间的味蕾较少，但我们体验到的味觉来自整个舌头。某些有营养的物质不能引起味觉，如脂肪、蛋白质、淀粉及维生素。

（5）肤觉

刺激作用于皮肤引起的各种各样的感觉叫作肤觉。

引起肤觉的适宜刺激是物体机械的、温度的作用或伤害性刺激，接受肤觉刺激的感受器位于皮肤、口腔黏膜、鼻黏膜和眼角膜上（如皮肤内的游离神经末梢、触觉小体、触盘、环层小体、棱形末梢等），呈点状分布。

肤觉的基本形态包括触压觉、温度觉、痛觉。其他各种肤觉是由这几种基本形态构成的复合体。

由非均匀的压力在皮肤上引起的感觉叫作触压觉。触压觉包括触觉和压觉。当外界刺激作用于皮肤表面而未引起皮肤变形时产生的感觉是触觉；当外界刺激使皮肤表面变形但未达到疼痛时产生的感觉是压觉。相同的外界刺激在皮肤的不同部位引起的触压觉的敏感性是不同的，额头、眼皮、舌尖、指尖较敏感，手臂、腿次之，胸腹部、躯干的敏感性较低。

温度觉指皮肤对冷、温刺激的感觉。温度觉包括冷觉和温觉两种。冷觉和温觉的划分以生理零度为界限。生理零度指皮肤的温度，随温度的变化而变化。温度刺激高于生理零度，引起温觉；温度刺激低于生理零度，引起冷觉；温度刺激与生理零度相同，则不能引起冷觉和温觉。人体不同部位的生理零度不同，面部为33℃，舌下为37℃，前额为35℃。当温度刺激超过45℃时，会使人产生热甚至烫的感觉。这种感觉是温觉和痛觉的复合。

痛觉是对伤害有机体的刺激所产生的感觉。引起痛觉的刺激很多，包括机械的、物理的、化学的、温度的以及电的刺激。痛觉对有机体具有保护作用。天生无痛觉的人常常寿命不长，因为他们体会不到因机体受伤或不适而产生的痛觉，因而不会主动去为医治自己的身体而努力。不仅仅是皮肤，全身各处的损伤或不适都会产生痛觉。因此，痛觉既可以是外部感觉，也可以是内部感觉。痛觉常伴有生理变化和情绪反应。皮肤痛定位准确，肌肉、关节痛定位不准确，内脏痛定位不准且具有弥散的特点。影响痛觉的因素很多，我们可以通过药物、电刺激、按摩、催眠、放松训练、分散注意力等方法减轻痛觉。我国学者研究表明，人体皮肤对痛觉的敏感性一年中经历两次周期性的变化，春、秋两季比夏、冬两季要迟钝。

2．内部感觉

（1）运动觉

反映身体各部分运动和位置的感觉叫运动觉。引起运动觉的适宜刺激是身体运动和姿势的变化,接受运动觉刺激的感受器位于肌肉、韧带、关节等的神经末梢。凭借运动觉,我们可以行走、劳动,还可以进行各种体育活动,完成各种复杂的运动技能;凭借运动觉与触觉、压觉等的结合,我们可以认识物体的软硬、弹性、远近、大小、滑涩等特性。

(2) 平衡觉

反映头部位置和身体平衡状态的感觉叫平衡觉。引起平衡觉的适宜刺激是身体运动时速度和方向的变化,以及旋转、震颤等,接受平衡觉刺激的感受器位于内耳的前庭器官,即椭圆囊、球囊和三个半规管。平衡觉的作用在于调节机体运动、维持身体的平衡。平衡觉与视觉、机体觉有联系,当前庭器官受到刺激时,视野中的物体仿佛在移动,我们会产生眩晕、恶心、呕吐等。

(3) 机体觉

机体内部器官受到刺激时产生的感觉叫机体觉。引起机体觉的适宜刺激是机体内部器官的活动和变化,接受机体觉刺激的感受器分布于人体各脏器的内壁。机体觉在调节内部器官的活动中具有重要作用,它能及时地反映机体内部环境的变化、内部器官的工作状态。当人体的内部器官处于健康、正常的工作状态时,一般不会产生机体觉。机体觉的表现形式有饥、渴、气闷、恶心、窒息、便意、性、胀、痛等。

总之,感觉是客观事物直接作用于相应的感受器时,人脑对其个别属性的反映。根据引起感觉的适宜刺激物的性质和刺激物所作用的感受器,可把人类的感觉分成八种,见表3-1。

表3-1　人的八种感觉

感觉种类	适宜刺激	感受器	反映属性
视觉	760—400毫微米的光波	视网膜的视锥细胞和视杆细胞	黑、白、彩色
听觉	20—20 000赫兹音波	耳蜗的毛细胞	声音
味觉	溶于水的有味的化学物质	舌、咽上的味蕾的味细胞	甜、酸、苦、咸等味道
嗅觉	有气味的挥发性物质	鼻腔黏膜的嗅细胞	气味
肤觉	物体机械的、温度的作用或伤害性刺激	皮肤和黏膜上的冷点、温点、痛点、触点	冷、温、痛、压、触
运动觉	肌肉收缩,身体各部分位置变化	肌肉、筋腱、韧带、关节中的神经末梢	身体运动状态、位置变化
平衡觉	身体位置、方向的变化	内耳、前庭和半规管的毛细胞	身体位置变化
机体觉	内脏器官活动变化时的物理化学刺激	内脏器官壁上的神经末梢	身体疲劳、饥、渴和内脏器官活动不正常

(四) 感觉的生理机制

感觉信息的神经加工包括三个主要环节:对感受器的刺激过程,传入神经的活动,中枢神经系统特别是大脑皮质的活动,从而产生感觉经验。

感觉信息加工的第一个环节是对感受器的刺激过程。机体的感受器,也是过滤器,它们只反应某种类型的刺激,而完全不反应其他种类的刺激。例如,眼睛对光波敏感,对声波不起反应;而耳朵则相反。对某一感受器来说,感受敏感的那种能量刺激,叫适宜刺激。由刺激引起感受器产生相应变化的整个过程,叫刺激过程。刺激过程的实质是感受器把刺激的能量(机械的、物理的、化学的等)转化为神经冲动的过程。不同类型的刺激能,如光的、声的和机械的,由不同的感受器将其转化为神经冲动,并反映刺激的不同性质和强度。

但是,感受器并不是消极的受纳器。在感觉信息加工过程中,感觉器官不断进行着探索,并依据先行的感觉效应对感受器进行反馈调节,这样才使我们获得清晰准确的感觉经验。如果感觉器官不进行探索活动或限制其探索活动,感觉的信息加工就会中止。在一个实验(Cornsweet,1953)中,把一个微型投影器固定在被试的眼球角膜上,使视象随着眼球的转动而转动,无论眼球如何转动,视象始终固定在一定点上。经过几秒钟,被试就完全看不见这个投影了。这说明感觉器官的主动探索活动是感觉信息加工的必要条件之一。

感觉信息加工的第二个环节是传入神经的活动,它把神经冲动传递到中枢。体内外的信息在传入神经通路中是以单个神经元或一群神经元的电位形式呈现的。神经细胞的电事件以某种方式代表或表示作用于机体身上的刺激,这一过程称为编码。编码包含着把一种形式的信息转变为另一种形式的一套法则。感觉信息可用几种方式的全或无的动作电位来编码。例如,以冲动发放的频率、节奏(如每隔一秒 1 次或 2 次)及冲动的串长等来编码。刺激的强度在神经道路中是由一个或多个神经细胞中的冲动发放频率来表示的。不同类型的刺激由不同的感觉道进行信息加工。由于神经冲动在多个神经元之间的传递主要是借助于神经介质而进行的,因此,在传入通路中,感觉信息加工既有电编码,也有化学编码的问题。

感觉信息加工的最后环节是大脑皮质的活动从而产生感觉。从感受器经脑的各部最后到达大脑皮质是由一系列神经元连接起来的。感觉信息在到达大脑皮质之前都要经过皮质下中枢的各中继核。中继核不是一个简单的接力站,它们都有进一步加工信息的作用。感觉传导系统中较低水平上的简单信息加工为复杂的皮质水平上的信息加工准备好适当的输入。最后皮质的感觉代表区接受丘脑传来的信息,它按严格配置接收传来的信息。然后又从该区域将信息再输送至联络区进行更高级的加工,这样就产生了感觉经验。

二、知觉

知觉是一系列组织并解释外界客体和事件产生的感觉信息的加工过程。对客观事物的个别属性的认识是感觉,对同一事物的各种感觉的结合,就形成了对这一物体的整体的认识的同时,也就是形成了对这一物体的知觉。

知觉是直接作用于感觉器官的客观物体在人脑中的反映。

在实际生活中,客观事物直接作用于感受器时,人们头脑中反映的不仅是事物的个别属性,同时反映了事物整体,即在以感觉的形式反映事物个别属性的同时也反映了事物的整体。譬如,儿童面前有一朵花,他们并非孤立地反映它的红色、香味、多刺的枝干等等,而是通过脑的分析与综合活动,从整体上同时反映出它是一朵玫瑰花。

所以,在现实中我们对事物进行反映时,往往感觉到事物的个别属性的同时,也就知觉到这一事物的整体。不可能离开事物整体去感觉它的个别属性,因而很少有纯粹的感觉。我们常常把感觉和知觉合称为感知觉。

不过,我们应当了解,在心理学的意义上,感觉和知觉毕竟是有严格区别的,它们是不同的心理过程。感觉是对事物个别属性的反映,知觉是对事物整体的反映,即对事物的各种不同属性、各个不同部分及其相互关系的综合反映。

感觉是构成知觉的基础,没有感觉就不可能有知觉。可是知觉比感觉复杂得多,不能把知觉归结为感觉的机械总和,各种感觉一经构成知觉,便有机地发生联系。知觉除反映事物个别属性外,还反映事物个别属性之间的联系和关系。例如,音乐曲调实际上是由许多单音组成的,一个曲调绝不是许多单音的简单拼凑,它听起来是完整的旋律。这是由于各个单音之间具有不同的关系,于是有机地成了完整的整体。由此可见,个别属性之间的关系和联系在知觉过程中具有重要意义。

还有一点,知觉还包含其他一些心理成分。例如,过去的经验以及人的倾向性常常参与在知觉过程中,因而当我们知觉一个对象时,可以用词说出知觉对象的名称。再比如,对同样一个对象可以作出不同的反映。对一棵松树,画家知觉它为写生的对象,着重反映它的姿态、造型;而樵夫知觉为柴火,兴趣在于砍取枝叶烧火。

人的知觉也是多种多样的,可作不同的分类。根据知觉过程中起主导作用的感觉器官活动,可以把知觉分为视知觉、听知觉、味知觉、嗅知觉和触知觉等。当然,在有些知觉过程中,几种感觉器官的活动同时起主导作用,例如看电影时,视觉和听觉同时起作用,形成为"视—听"知觉。

根据知觉的对象性质,知觉又分为物体知觉和社会知觉。

(一)物体知觉

这是对事物的知觉。任何事物都在一定的空间和时间中运动着,都具有空间特性、时间特性及其运动变化。我们对各种事物可以从它的空间特性、时间特性和运动特性去感知,因此,可以把物体知觉分为空间知觉、时间知觉和运动知觉。

1. 空间知觉

空间知觉是反映物体的形状、大小、距离、方位等空间特性的知觉。通过空间知觉,我们可以认识物体的形状、大小、远近以及物体的上下、左右、前后等方位。

2. 时间知觉

时间知觉是反映客观现象的持续性、速度和顺序性的知觉。通过时间知觉,我们可以认识各种现象的时间距离、时间关系等。

3. 运动知觉

运动知觉是反映物体的空间位移和位移快慢的知觉。通过运动知觉,我们可以分辨物体的静止或运动以及运动的速度。

(二)社会知觉

这是对人的知觉。社会知觉主要包括对他人的知觉、人际关系的知觉和自我知觉。对他人的知觉是指通过社会性刺激,如外貌、语言、表情、姿态等,对别人心理面貌的知觉。人际关系知觉是对人与人之间关系的知觉。自我知觉是指通过自己的言行、思想体验等对自己的知觉。

三、一种特殊的知觉——错觉

错觉是人们观察物体时,由于物体受到形、光、色的干扰,加上人们的生理、心理原因而误认物象,会产生与实际不符的判断性的视觉误差。错觉是知觉的一种特殊形式,它是人在特定的条件下对客观事物的扭曲的知觉,也就是把实际存在的事物扭曲地感知为与实际事物完全不相符的事物。

错觉是在特定条件下产生的对客观事物的歪曲知觉。错觉又叫错误知觉,是指不符合客观实际的知觉,包括几何图形错觉(高估错觉、对比错觉、线条干扰错觉)、时间错觉、运动错觉、空间错觉以及光渗错觉、整体影响部分的错觉、声音方位错觉、形重错觉、触觉错觉等。

错觉是对客观事物的一种不正确的、歪曲的知觉。错觉可以发生在视觉方面,也可以发生在其他知觉方面。如当你掂量一公斤棉花和一公斤铁块时,你会感到铁块重,这是形重错觉;当你坐在正在开着的火车上,看车窗外的树木时,会以为树木在移动,这是运动错觉;等等。

值得注意的是,错觉不等同于幻觉。幻觉是指在视觉、听觉、触觉等方面,没有外在刺激而出现的虚假的感觉。患有某种精神病或在催眠状态中的人常出现幻觉,这是一种虚幻的表象,本来并不存在的某种事物,病人却感知它的存在。正常人偶尔也可出现幻觉,比如在焦虑地等待某人到来时,忽然听到敲门声,实际却没有人来。这种幻听的出现与期待的心理有密切关系。此外在受到突然强烈的刺激下亦可出现幻觉。正常人在殷切盼望、强烈期待、高度紧张情绪影响下,也可出现某种片断而瞬逝的幻觉,如一个母亲突然失去儿子,悲痛万分,有时幻听到儿子在同她讲话等等。这种幻觉往往持续时间不会太长,随着心情的好转和适当的治疗,便会痊愈。

拓展阅读 .... >>>>>

大象为何知道海啸来临

当印尼苏门答腊近海发生大地震之际,泰国寇立地区海边的大象开始"兴奋"地鸣叫,虽然不久恢复平静,但是约一小时后再次鸣叫,并且向与海岸相反方向的高坡跑去,乘坐大象的游客也因此逃过了海啸。那么大象为何知道海啸的到来呢?

据《每日新闻》的报道,日本芝浦工业大学的芝山秀雄教授指出:"海啸发出了人类听不到的低频率的'声音',大象有可能就是听到这种声音而逃跑的。"人类只能听到频率为20—20 000赫兹的声音,但是大象能够发出低于20赫兹的声音,可以与大约10公里以外的其他象群交谈。

芝山教授在上野公园对大象的声音进行测定时,还测到了8—12赫兹的极低频率的声音。芝山教授说:"大象能够听到的声音频率的范围应该比它发出声音的频率范围还要大,所以大象能够听到频率相当低的声音。"

但是,只靠海啸的"声音"还无法说明大象表现出的"兴奋"之情。芝山教授指出,大象还有可能感受到了地面的震动和空气的搅动,然后听到海啸的"声音",于是惊惶失措地逃到高处。

可见,大象有不同于人类的感觉器官,能够感觉到人类感觉不到的东西。

2015－10－31 12:16 来源:新华网

第二节　感觉的一般规律性

一、感受性和感觉阈限

（一）感受性

感觉总是由外界物理量引起的,物理量的存在以及它的变化是感觉产生和发生变化的重要条件。研究物理量和心理量之间的关系的科学称为心理物理学,它是早期心理学研究的一个重要领域。它所提出的一些规律,至今仍在实践领域中起很大作用。

心理量与物理量之间的关系是用感受性的大小来说明的。感受性是指人对刺激物的感觉能力。不同的人对刺激的感受性是不同的。检验感受性大小的基本指标称感觉阈限。感觉阈限是人感到某个刺激存在或刺激发生变化所需刺激强度的临界值。感觉阈限与感受性的大小成反比例关系。感觉阈限又分为绝对感觉阈限和差别感觉阈限。

（二）绝对感觉阈限

绝对感觉阈限指最小可觉察的刺激量,即光、声、压力或其他物理量为了引起刚能觉察的感觉所需要的最小刺激量。感觉阈限越低,感受性越高。不同的人感觉能力不同,即感受性有很大差异,实践证明它能通过训练而改变。绝对阈限是有50％机会被觉察的最小刺激量,下表3-2显示了早期心理物理学家研究总结得出的一般人的各种感觉的绝对感觉阈限。

表3-2　人类各种感觉的绝对感觉阈限

感觉种类	绝对感觉阈限
视觉	30英里以外的烛光
听觉	安静环境中20英尺以外的手表滴答声
味觉	两加仑水中的一匙白糖
嗅觉	弥散于6个房间中的一滴香水
触觉	从1厘米距离落到你脸上的一个苍蝇的翅膀

（三）差别感觉阈限

觉察刺激之间微弱差别的能力称为差别感受性。它在生活实践中有重要意义,可以通过实践锻炼而提高。那种刚能引起差别感觉的两个刺激之间的最小差异量称为差别感觉阈限。差别感受性越高的人,引起差别感觉所需要的刺激差别越小,即差别感觉阈限越低。

研究发现,为了辨别一个刺激出现了差异,所需差异大小与该刺激本身的大小有关。描述觉察刺激的微弱变化所需变化量与原有刺激之间关系的规律,由19世纪德国生理学家韦伯发现,称韦伯定律(Weber's law)。韦伯定律指出,在一个刺激能量上发现一个最小可觉察的感觉差异所需要的刺激变化量与原有刺激量的大小有固定的比例关系。这个固定比例对不同感觉是不同的,用 K 表示,通常称为韦伯常数或韦伯比率(见表3-3)。

表 3 - 3 　 不同感觉的差别感觉阈限

感觉种类	K（韦伯常数）
音高	0.003
亮度	0.017
重量	0.020
响度	0.100
皮肤压觉	0.140
咸味	0.200

表 3 - 3 显示不同感觉的韦伯常数，K 值越小，表示该种感觉对差异越敏感。差别感觉阈限是刺激变化量与原有刺激量之间的一个固定比例关系。在刺激变化时所产生的最小感觉差异称最小可觉差（just noticeable difference，简称 jnd）。每个人的最小可觉差不等，它可以因训练或其他条件而改变。

二、感觉补偿

感觉补偿（sensory compensation），是指当某种感觉受损或缺失后，其他感觉的感受性提高以进行补偿的现象。例如盲人的听、触觉特别灵敏以补偿缺失的视觉能力。

人一出生就具备各种感觉器官和初步感觉能力，从而为各种感觉能力的发展奠定了基础。由于实践活动不同，某些感觉能力的发展水平也显示出差异。有经验的管钳工人，只要用手一握螺纹钢管，就可判断粗细的细微差别。一般人对黑布只能分出深黑、浅黑等几个等级，而有经验的染布工人则可以把黑布按深浅程度区分为 43 等。残疾人感受性补偿是惊人的，盲人的触觉和听觉格外灵敏。所以说，人的感受性通过实践训练是可以发展的。

三、感觉适应

感觉适应是感觉机能的熟练或疲劳现象，当刺激水平提高时，感受性降低，当刺激水平降低时，感受性提高。适应的速度和程度常依感受器的种类而有很大差异，例如骨骼肌的肌梭几乎无适应性，但哺乳类毛根体的机械感受器的适应则快而显著（感受性完全消灭），这些表现都很能适合生活上的需要。皮肤的压觉、温度觉以及光感觉（即明暗适应）等的适应介于上述两者之间。对于适应快的感受器，渐增性或持续性的作用源并无刺激效果，与此相当的在神经纤维上也被称为适应（accomodation），神经纤维可以看作是适应极快的应激性形态。对于感觉神经，感觉适应表现为放电频率的渐减。在一定场合（如明暗适应等），适应显然是感受结构内的过程，但最近也可列举一些例子，说明感受器本身并无适应，适应的原因是在感觉神经纤维，有时与两者均有关系。

感觉具有随环境和条件变化而变化的特点。例如，刚进浴池感到水热，泡一段时间就不再感觉那样热了，这是皮肤感觉的适应。据研究，各种感觉都有适应问题。刚入暗室，什么也看不见，等一会就看清了，这是暗适应；自暗室突然走出来，光亮刺眼，什么也看不见，等一会又看清了，这是光适应；入芝兰之室，久而不闻其香，入鲍鱼之肆，久而不闻其臭，则是嗅觉适应。

当一种强度不变的刺激持续作用于感觉器时，传入神经纤维的冲动频率逐渐下降，引起的感觉逐渐减弱或消失，这一现象称为感受器的适应现象（adaptation）。适应是所有感受器的一个功能特点，但不同感受器有很大的差别，嗅觉感受器最容易适应，痛觉最难适应。感觉适应的产生机制可能更为复杂，其中只部分地与感受器的适应有关，因为适应的产生与传导途径中的突触传递和感觉中枢的某些功能改变有关。

四、感觉对比

感觉对比（sensory contrast）是指同一感受器在不同刺激作用下，感受性在强度和性质上发生变化的现象。感觉对比可分为同时对比和继时对比。同时对比是指几个刺激物同时作用于同一感受器产生的感受性变化，马赫带现象就是同时对比的一个突出例子。

马赫带现象是 1868 年奥地利物理学家 E·马赫（Ernst Mach）发现的一种明度对比的视觉效应，也是一种主观的边缘对比效应。当观察两块亮度不同的区域时，边界处亮度对比加强，使轮廓表现得特别明显。因此，马赫带效应（Mach band effect）是指视觉的主观感受在亮度有变化的地方出现虚幻的明亮或黑暗的条纹。马赫带效应的出现是人类的视觉系统造成的。

图 3-2　马赫带效应

这样的感觉对比现象，在日常生活中是常见的。轻松的音乐可缓解焦虑情绪，有些优雅乐曲可以减轻某些疼痛。左手泡在热水里，右手泡在凉水里，然后同时放进温水里，结果左手感觉凉，右手感觉热，这是同时对比。吃过螃蟹再吃虾，就感觉不到虾的鲜味，这是继时对比，即不同的刺激先后作用于某一感受器而产生的对比现象。

同时对比：同样的小方块在黑色背景上比在灰色背景上显得更白（图 3-3）。

图 3-3　同时对比

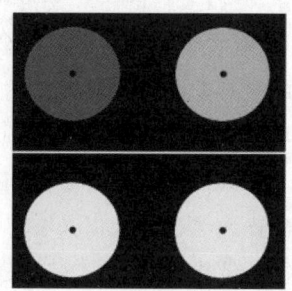

图 3-4　继时对比

继时对比：凝视图 3-4 上排两个圆数秒钟，然后立刻转看下排两圆，虽然它们为同一颜色，但一开始看起来好像是不同颜色的两个圆。

五、联觉

各种感觉之间产生相互作用的心理现象，即对一种感官的刺激作用触发另一种感觉的现象,在心理学上被称为"联觉"现象。最常见的联觉是"色—听"联觉,即对色彩的感觉能引起相应的听觉,现代的"彩色音乐"就是这一原理的运用。

色觉又兼有温度感觉,例如,红、橙、黄色会使人感到温暖,所以这些颜色被称作暖色;蓝、青、绿色会使人感到寒冷,因此这些颜色被称作冷色。还有一种色觉称"光幻觉",可伴有味、触、痛、嗅或温度觉。"语—色"联觉是指某些词汇引起的色觉。日常生活中,人们常说"甜蜜的声音"、"冰冷的脸色"等等,都是一种联觉现象。人们在绘画、建筑、环境布置、图案设计等活动中经常利用联觉现象以增强相应的效果;有些画家进行过联觉实验,比如用鲜明的色调对比引起一种非视觉的反应;联觉还被许多诗人用作一种创作手段。不妨想象一下,如果声音能用视觉感知,而味道能用听觉感知,那将是什么样的情景。你可能会看到带颜色的音符,品尝到甜的或咸的歌曲,触摸到粗糙的乐曲。这是幻想吗? 不,完全不是。

有研究者通过正电子发射计算机断层扫描(PET, positron emission tomography)证实,人类大脑的每一个区域负责某种感觉成分,这就使得声音分属听觉区,而不是视觉或嗅觉区。但是,有时两种不同的区域发生融合,于是就会看见有颜色的音符,听见土豆的味道,并且在许多数字中能立刻辨别出一组相同的数字,因为这些数字可以从颜色上分辨出来。这就是联觉现象。

共感者的共感能力随时具有,并非能控制有或没有。

拓展阅读 >>>>>

室内色彩的巧妙搭配

叶水胡

室内色彩的设计首要的是实用,这其中包括方便、舒适和美感。诚然,这一切又都离不开美的规律。那么,怎样才能达到实用而有情趣,又有格调呢?

色彩的整体,是指室内的色彩要有一个主色调(暖或冷),以此为基调,再加一定量的补色。这样,色彩就能在协调中丰富起来,如"万绿丛中一点红"。

色彩对人的健康是有着直接影响的。它能使人产生各种情绪,同时这种情绪又取决于置身这个色彩环境中的人的主观性质。在这当中虽有不少个人的因素,可是一般共同的东西还是很多的。当人们运用色彩时,就应该根据要给观者以怎样的感情效果去选择颜色。

由于红、橙、黄的纯色给人以兴奋感,而且能使人想到热度,从而使人产生温暖感,所以被人们称为"兴奋色"或"暖色"。

在室内设计中,暖色一般多用于点缀。因为大面积使用暖色,会使人兴奋、狂热、疲劳、暴躁,甚至会使人血压升高。目前,我国的房间设计,大多数是以白色墙面为主。白色是中性色,它能把室内一些无计划的色彩统一起来,为人所接受。如果有条件的话,可以提高一点房间内的色度,如用一些比较柔和的黄色作墙面,会使你的房间更明亮、温暖和谐。如果你的家具以红色调为主,那就请你多用深色或黑色与其对比,使室内的色彩在黑色的搭配下,在热烈气氛中显露出稳定感。

我们把蓝、绿色称为沉静色（又称冷色）。它的特点是文静、优雅、沉着，能给人以幻想感。这种色彩对人的影响较大，如对初病的人，多用沉静、稳定的冷色，使他镇定，保障休息，使之进入一个安静的环境。但是对一个病后恢复期的人来说，则要多用些带暖色的物品，使其更加热爱生活，增加信心。

当然，有时我们为了调节一下大脑和情感，比如为一个沉静的人设计他的室内色彩时，可多用些暖色和有跳跃感的色彩，这样他就会随着色彩的起伏而兴奋起来。一般地说，对患有慢性病的人，宜选用一些比较温和的色彩，如中灰色（即调和色，它的对比较弱）。它能使人视觉平衡，情绪安定。

室内的色彩也要随节气的变更而变化，从而求得人对色彩的平衡感。如春天的自然界多呈绿色，室内的色彩最好是暖色调；夏日自然界一片光亮，室内可用蓝色调；秋天的自然界金黄硕硕，室内就可以用绿色作为主调；冬天的室内就应该用暖色调了。这一切都会有助于人的健康。

同样，年龄也会使人对色彩有不同的要求。孩子喜欢对比强烈的色彩，年轻人喜欢优美的色彩，年长者则喜欢稳重的色彩。总之，我们只有认识色彩，根据美的规律，科学地运用色彩，才有助于人的健康。

第三节　知觉的基本特性

一、知觉的选择性

客观事物是多种多样的，在特定时间内，人只能感受少量或少数刺激，而对其他事物只作模糊的反映。被选为知觉内容的事物称为对象，其他衬托对象的事物称为背景。某事物一旦被选为知觉对象，就好像立即从背景中突现出来，被认识得更鲜明、更清晰。一般情况下，面积小的比面积大的、被包围的比包围的、垂直或水平的比倾斜的、暖色的比冷色的，以及同周围明晰度差别大的东西都较容易被选为知觉对象。即使是对同一知觉刺激，如观察者采取的角度或选取的焦点不同，亦可产生截然不同的知觉经验。影响知觉选择性的因素有刺激的变化、对比、位置、运动、大小程度、强度、反复等，还受经验、情绪、动机、兴趣、需要等主观影响。由知觉选择现象看，我们可以想象，除了少数具有肯定特征的知觉刺激（如捏在手中的笔）之外，我们几乎不能预测，提供同样的刺激情境能否得到众人同样的知觉反应。

图3-5：图形为一立方体，但如你仔细注意时，就会发现，这个立方体与你最接近的一面随时都在改变。此种可以引起截然不同知觉经验的图形，称为可逆图形。事实上，图形本身并未改变，只是由于观察者着眼点的不同而产生了不同的知觉经验。

图3-6：木雕艺术家艾契尔在1938年的一幅著名木刻画《黎明与黄昏》。假如读者先从图面的左侧看起，你会觉得那是一群黑鸟离巢的黎明

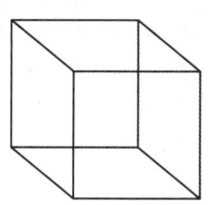

图3-5　立方体

图3-6 黎明与黄昏

景象;假如先从图面的右侧看起,就会觉得那是一群白鸟归林的黄昏;假如从图面中间看起,你就会获得既是黑鸟又是白鸟、也可能获得忽而黑鸟忽而白鸟的知觉经验。

二、知觉的整体性

知觉的对象都是由不同属性的许多部分组成的,人们在知觉它时却能依据以往经验组成一个整体。知觉的这一特性就是知觉的整体性(或完整性)。例如,一株绿树上开有红花,绿叶是一部分刺激,红花也是一部分刺激,我们将红花绿叶合起来,在心理上所得的美感知觉,超过了红与绿两种物理属性之和。

知觉并非感觉信息的机械相加,而是源于感觉又高于感觉的一种认识活动。当人感知一个熟悉的对象时,只要感觉了它的个别属性或主要特征,就可以根据经验而知道它的其他属性或特征,从而整个地知觉它。如果感的对象是不熟悉的,知觉会更多地依赖于感觉,并以感知对象的特点为转移,而把它知觉为具有一定结构的整体。

知觉的整体性纯粹是一种心理现象。有时即使引起知觉的刺激是零散的,但所得的知觉经验仍然是整体的。图3-7的图形,就可用来作为此种心理现象的说明。从客观的物理现象看,这个图形不是完整的,是由一些不规则的线和面所堆积而成的。可是,谁都会看出,图形能明确显示其整体意义:是由两个三角形重叠,而后又覆盖在三个黑色圆盘上所形成。我们会发现,居于图中间第一层的

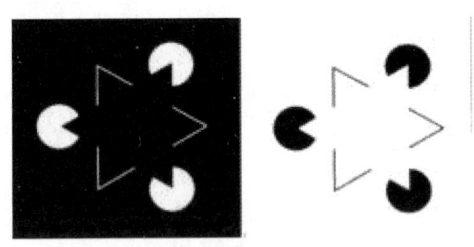

图3-7 主观轮廓

三角形虽然在实际上都没有边缘,没有轮廓,可是,在知觉经验上却都是边缘最清楚、轮廓最明确的图形。像此种刺激本身无轮廓,而在知觉经验上却显示"无中生有"的轮廓,称为主观轮廓(subjective contour)。由主观轮廓的心理现象看,人类的知觉是极为奇妙的。这种现象早为艺术家应用在绘画与美工设计上,使不完整的知觉刺激形成完整的美感。

心理学的格式塔理论(Gestalt theory)认为,知觉的整体性主要有如下四种法则:

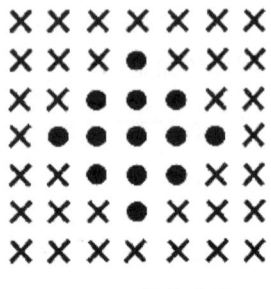

图3-8 相似法则

(一) 相似法则

在知觉场地中有多种刺激物同时存在时,各刺激物之间在某方面的特征(如大小、形状、颜色等)如有相似之处,在知觉上即倾向于将之归属于一类。如图3-8,在方阵中,圆点与斜叉各自相似,很明显地被看成是,由斜叉组成的大方阵当中另有一个由圆点组成的方阵。此种按刺激物相似特征组成知觉经验的心理倾向称为相似法则(law of similarity)。

(二) 接近法则

有时候,知觉场地中刺激物的特征并不十分清楚,甚至在各刺

激物之间也找不出足以辨别的特征。在此种情境之下，我们常根据以往经验，主观地寻找刺激物之间的关系，借以增加其特征，从而获得有意义的或合于逻辑的知觉经验。如图3-9，A图与B图同样是由20个圆点组成的方阵，如单就各个圆点去看，它们之间不容易找出可供分类组织的特征。但如仔细观察，两图中点与点之间的间隔距离不尽相等，A图中两点之间的上下距离较其左右间隔更为接近，故而看起来，20个点自动组成四个纵列；B图中两点之间的左右间隔较其上下距离更为接近，故而看起来是20个点自动组成四行。此种按刺激物间距离关系而组成知觉经验的心理倾向称为接近法则(law of proximity)。

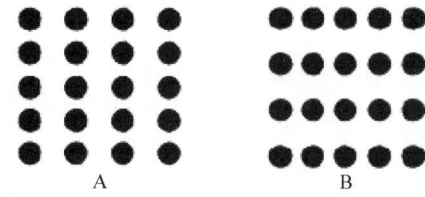

图3-9　接近法则

（三）闭合法则

如果知觉场地的刺激物表面看来虽各有其可供辨别的特征，但如仅凭此等特征，仍不能确定刺激物之间的关系。此时，观察者常运用自己的经验，主动地为之补充(或减少)刺激物之间的关系，从而增加它们的特征，以便获得有意义的或合于逻辑的知觉经验。如图3-10，乍看之下，图中只是有些不规则的黑色碎片和一些只有部分连接的白色线条。但如仔细察看，就会觉得，那是一个白色立方体和一些黑色圆盘；也可能觉得，那是白色立方体的每一拐角上有

图3-10　闭合法则

一个黑色圆盘。假如你的知觉经验确是如此，那你的知觉心理倾向就符合闭合法则(law of closure)。在这里，知觉刺激物本身的条件并不闭合，也不连接，是观察者把不闭合的三块黑色无规则的图片看成一个完整的黑色的圆盘；同时把很多不闭合不连接的白色线条在心理上连起来，闭合而成一个白色立方体。事实上，八个黑色圆盘也好，一个白色立方体也好，在实际的图形中根本是不存在的，只有在观察者的知觉经验中存在，而此种存在是根据闭合法则建立起来的。

（四）连续法则

与闭合法则类似的是连续法则(law of continuity)。如图3-11所示，一般人总是将它看成是一条直线与一条曲线多次相交会而成；没有人会看成是多个不连接的弧形与一横线构成。由此可知，知觉上的连续法则所指的"连续"，未必指事实上的连续，而是指心理上的连续。知觉上的连续法则在绘画艺术、建筑艺术以及服装设计上早已广泛应用。以实物形象上的不连续使观察者产生心理上的连续知觉，从而形成更多的线条或色彩的变化，借以增加美的表达。听知觉也会有连续心理组织倾向。多人一起合唱，或多种乐器合奏，有音乐修养的人，不会把不同声音混而为一，而是分辨出每一种声音的前后连续。

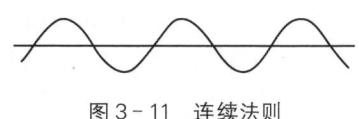

图3-11　连续法则

三、知觉的理解性

人在知觉某一客观对象时，总是利用已有的知识经验去认识它，并用语词把它标志出来，这种感性阶段的理解就是知觉的理解性。

知觉的理解是以知识经验为基础的,是人把对当前事物的直接感知,纳入到已有的知识经验系统中去,从而把该事物看成某种熟悉的类别或确定的对象的过程。

知觉的理解性,表现在运用已有经验把当前的知觉对象纳入已知的相应的一类事物的系统之中,知道它是什么。例如,一张新产品设计图纸,专业人员既能知觉到图纸上的每一个细节,又能理解整张图纸的内容和意义,而没有这方面专业知识的人员只能说出图纸中的构成成分,不能理解图纸的内容和意义。知识经验越丰富,越容易了解当前的事物,正所谓"内行看门道,外行看热闹"。

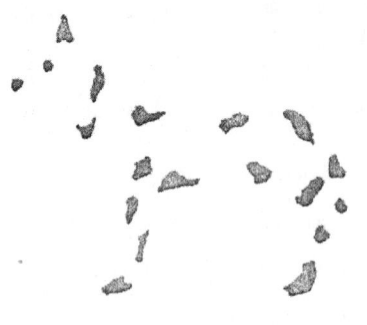

图 3-12　斑点图形

词语对人的知觉具有指导作用,可以帮助并加快理解。例如,在知觉斑点图形(图 3-12)时,如果有人用语言提示一下,哪怕只讲一个"狗"字,人们就会很容易理解这是狗的侧影图。

此外,个人的动机与期望,情绪与兴趣爱好以及定势等,对人的知觉理解都有重要的影响。

四、知觉的恒常性

在不同的角度、不同的距离、不同明暗度的情境之下,观察某一熟知物体时,虽然该物体的物理特征(大小、形状、亮度、颜色等)因受环境影响而有所改变,但我们对物体特征所获得的知觉经验,却倾向于保持其原样不变的心理作用。像这种外在刺激因环境影响使其特征改变,但在知觉经验上却维持不变的心理倾向,即为知觉恒常性。

在视知觉中,知觉的恒常性表现得非常明显。如从不同距离看同一个人,由于距离的改变,投射到视网膜上的视像大小有差别,但我们总是认为大小没有改变,仍然依其实际大小来知觉他。又如,一张红纸,一半有阳光照射,一半没有阳光照射,颜色的明度、饱和度大不相同,但我们仍知觉为一张红纸。正由于知觉具有恒常性,我们才能客观地、稳定地认识事物,从而更好地适应环境。

另外,我们都有经验,雷声或火车的鸣笛声,如只按生理的听觉资料判断,远处的雷声或火车笛声,其音强未必高于近处的敲门声。可我们总觉得雷声或火车笛声较大,这就是声音的恒常性。又如身体的部位随时改变,有时将头倾斜,有时弯腰,有时伏卧,甚至有时倒立。身体部位改变时,与身体部位相对的外在环境中上下左右的关系也随时改变,但我们都有经验,身体部位的改变一般不会影响我们对方位的判断。此种现象就称为方向的恒常性,这与内耳中的前庭与半规管的功能有关。

第四节　中学生感知的发展

一、中学生感觉的发展特点

由于感知觉属于心理活动中较低级的形式,它出现早、发展快,所以许多简单、基本的感知觉在婴幼儿期已达到成人水平,但与思维的概括性和语言的发展有关系的感知觉的发展,是在小学到初中的一段时间发生质变的。如时空关系的区分、时空概念的准确把握,都是在9岁前后。这种情况还集中体现在青少年知觉的整体性、理解性、选择性和恒常性的发展上。

知觉的整体性是指人们在过去经验的基础上倾向于把多种属性构成的事物知觉为一个统一的整体的特征。当被知觉对象的某些属性缺乏、模糊或是相互矛盾时,人们会自动将它修补、删改或替代,使知觉尽量完整并赋有意义。知觉整体性的这一特点,体现了人们对事物的整体反映并不是对个别部分的反映的简单堆积,而是获得了大于各个部分之和的信息,即反映了个别因素之间的关系。

初中学生已经具备了知觉整体性的特点。在教学活动或日常生活中他们能对存在一定缺欠的事物进行修补。但是由于知识和生活经验所限,初中生常忽视弱刺激部分而过分注重强刺激,从而常作出不完全甚至是错误的反应。

知觉的理解性是指人们在对现实事物的知觉中,伴有以过去经验、知识为基础的理解,所以能够对事物作出最佳解释说明的特征。由于人与人之间知识经验的不同,对同一个知觉对象的理解也不会相同。

初中学生已经能够根据经验,对事物加以组合、补充、删减或替代,从而形成比较完整的理解。但初中生运用这几种加工方式的时候还很幼稚,很大程度上还依靠自己的主观想象,表现出更多的随意性,这样有时对知识的理解就显得牵强附会,如果没有正确的指导和更合理的解释,他们还会把这种理解顽固地坚持下去。

知觉的选择性是指人们能把所要知觉的对象迅速从背景中分离出来,从而实现对事物的正确理解。一切影响青少年注意力发展的因素都影响着他们知觉对象的选择,比如知觉事物的直观性、新异性,学生自身的兴趣、需要、动机等等。

知觉的恒常性是指当知觉的客观条件比如距离、角度、照明度等在一定范围内发生改变时,人们对所知觉的事物的认识却不会因此而发生变化。比如我们从侧面看一只杯子,尽管此时杯口是椭圆形的,但是我们仍知道杯子是圆的。

在知觉恒常性方面,由于受逻辑思维发展水平的限制,初中学生比高中学生略差。初中生很容易受到局部、片面的刺激的困扰,不能稳定不变地反映客观事物;而高中学生更能抓住事物的本质特征,能够更从容、灵活地使用各种概念、定理或规律,更能做到触类旁通、举一反三。

二、中学生观察力的发展特点

观察是一种有意识、有目的、有计划、持久的知觉活动,是感知觉发展的高级形态,由此形成的观察力是感知能力的核心和重要表现。所以中学生观察力发展的特点在某种程度上就代表了其感知力发展的总体趋势。

进入中学后,随着教学要求和学生智力活动自觉性的提高,其观察力也得到了充分的发展,具体体现如下:

(1)观察目的更明确。初中生能使观察服务于一定目的,并持续较长时间。但初中生观察的目的仍有很大一部分依赖于成人的要求,带有被动性。直到高中阶段,青少年学生才表现出能主动地制订观察计划,有意识地进行集中、持久的观察,并对观察活动进行自我调控。

（2）观察时间更持久。中学生在注意力和观察目的性、自觉性发展的基础上，观察可持续时间不断增长。有研究发现，航模小组在寻找飞机模型故障时，初二学生平均坚持观察1小时35分钟，而高一学生平均坚持观察3个小时。

（3）观察内容更精细。随着年级增长，初中生比小学生在观察精确性、完整性和系统性方面有明显的提高。如一项研究，让学生在10分钟内找出50张小照片各属于9张大照片的哪一部分。结果，初中生观察正确率为30％，而高中生则达50％以上。这是青少年对观察对象本质属性的理解不断深化、语言表达能力不断增强的结果。

（4）观察角度更概括。低年级小学生对所观察事物作出整体概括的能力很差，表述事物特征分不清主次，往往忽略了有意义的特征而注意无意义特征。而中学生的分辨力和判断力就好多了。

观察力目的性、持久性、精确性和概括性的发展，还在很大程度上受教师与家长对学生训练和培养的影响，表现出很大的个体差异性。

三、感知规律在教学中的运用

（一）感知与刺激强度的依存规律

要使感觉器官对事物能引起感觉，刺激物必须达到一定的强度。著名生理学家巴甫洛夫经过研究发现：神经细胞对刺激的反应是以有变化的中等的强度为最佳状态，最容易引起兴奋。这一科学道理表明，刺激强度最好是中等且有变化，过弱、过强或刻板的都不好，因而在制作自然演示教具时应考虑到所要演示对象的大小、颜色、状态等。教师讲课的语言应使全班学生都能有鲜明、清晰的感知，既不能在绝对感觉阈限之下，也不能刻板和过强，应用抑扬顿挫的语调来进行教学，这样就会有利于学生感知。

（二）感知对象与背景的相关规律

作用于人的感觉器官的外界事物有很多，但在一定的时间内，人只能有选择地对其中一些事物进行感知，被人选择出来的便是感知的对象，而其他事物则是感知对象的背景。感知对象与背景差别越大，就越容易从背景中区分出来，就会越清晰。例如：两教师在讲授"长度和体积的测量"时，一位教师用红色溶液倒入量筒来测定溶液的体积，学生就对溶液观察，并很快感知而读出溶剂的大小；而另一教师用普通水倒入量筒里，发现对象与背景之间没有多大的差异，学生要读出体积的速度明显变慢了，准确率也低了。同样，我们在讲述"心脏与血管"等内容时，可以叫学生一起把有关血管中血液的颜色填涂起来，这样学生就会比较深刻地理解哪些是动脉及动脉血了。还有平时生活和实验中所用的温度计——水银温度计和酒精温度计，由于酒精里已经添加红色物质，与玻璃背景颜色区分，读出温度数据较快而准确，而水银温度计中水银颜色与背景相差不大，读数的速度比较慢，就是这个道理。

（三）感知对象的运动变化规律

在比较稳定的背景上，运动变化着的物体容易成为知觉的对象，也就是说，活动、变化的对象比静止的对象对学生更具有吸引力，更容易被感知。这个感知规律要求教师讲课时在声调上要有变化，在讲话速度、节奏上也要有变化，这样才能调动学生情绪。同时，教师授课时要尽最大可能去化静为动。如在讲述"血液循环"知识时,我们要将血液流动的方向始终用红笔勾勒清楚,使学生有明确的印象;又如讲述地球上的水循环这一部分内容,若单从教材上提供的图片去分析水的各种来龙去脉,总显得有啰唆之感,学生听了一时难以理解。于是我们就可以发挥电教媒体优势,采用抽动叠加灯片的形式,在投影上将水的蒸发、蒸腾、降雨、下渗等现象表现得清清楚楚,从而加深理解和记忆。他们课后描述水的循环时,思路清晰、详略得当,教学效果相当好。

(四) 多种感觉器官协同参与活动的规律

教学实践表明,如果单纯运用某种感觉器官,会降低感知的效果,如果利用多种感觉器官共同参与,协同活动,就能提高感知效果。因此在教学中,教师要善于调动学生的多种感觉器官同时作用于感知对象,以提高教学效果,也就是我们通常所说的眼到、手到、口到、心到等要求,这样运用多种感官参与,有利于知识的理解和巩固。

我们在讲授测量工具的使用和测量取值时,可让学生边做边讲边练,先教会学生使用有关测量工具,然后要求学生运用具有不同最小刻度的测量工具去测定不同物体的长度、体积、质量等数据,一边讲解、一边训练,最后要求学生能对自己所测定的数据结果进行确认,比较真实性以及分析误差产生的原因。这样我们就能把学生对教具的使用、操作、教师的评析讲解及学生的思考分析有机结合起来,使学生充分利用各种感觉器官,协同活动,把有关知识很快地掌握起来。

(五) 感知与相应知识经验的依存规律

如果一个人对所感知的事物是完全陌生的话,就很难从周围事物中区分出这个对象。一般来说,知识经验越丰富,感知就越完善,所能形成的表象就越清晰,也就越有利于把感性认识上升到理性认识,从而理解、掌握和巩固知识。初中学生由于年龄小,生活经验、阅历不丰富,许多知识对他们来说都很陌生,特别由于《科学》新教材的运用,先前安排在初三的部分知识出现在初一、初二教材上,给低年级学生对知识的掌握增加了一定难度。因此我们教师要根据教材和学生所具有的知识水平恰当地联系学生已有的知识结构和他们的生活经验,这样才有利于学生更好地感知、理解知识。

例如,我们在初一教材讲述眼球的结构内容时,许多学生对眼球结构都未能掌握,而是采取死记硬背的方法暂时记住,但时间一长又忘记了,特别像在光的强弱对瞳孔的大小影响这点上,常常记错。于是我们利用学生已有的生活经验,提出这样简单的问题"平时我们走出黑暗的房间时,面对亮光,你的眼睛是怎样变化的"、"当我们抬头看太阳,眼睛是睁大还是眯着呢"。在学生作出正确回答后,我们再加以提炼,进行引导,使学生有个深刻的印象,从而掌握知识。同样在讲授"电压"这个概念时,我们可以通过学生熟悉的自然现象——水压来进行过渡,使学生顺其自然地掌握电压概念,对其相应的问题理解也就透彻了。

我们在运用感知规律进行教学时,还得注意一个倾向,就是既要提供合乎学生经验的具体事物(或事例),又要适时引导学生逐渐脱离具体事物(或事例)。切不可让学生的思维老是停留在直观形象阶段。因而对我们教师也提出更高要求:对于一些已经为学生直接感知过的教学内容,就不再需要使用直观形象的方法,免得影响学生思维的发展。

1. 无论在中午或傍晚，一支粉笔总是被看成白色，这是（　　）所致。

A．知觉适应　　　　　　　　　　　B．明度恒常性

C．知觉的理解性　　　　　　　　　D．颜色恒常性

2. 下列所列举的心理特点中，哪一个不是知觉的基本特征？（　　）

A．知觉的恒常性　　　　　　　　　B．知觉的选择性

C．知觉的动态性　　　　　　　　　D．知觉的整体性

3. 在知觉物体的大小时，（　　）。

A．网膜投影大小与物体大小成正比，与距离成正比

B．网膜投影大小与物体大小成反比，与距离成正比

C．网膜投影大小与物体大小成正比，与距离成反比

D．网膜投影大小与物体大小成反比，与距离成反比

4. 在时间精确性的判断上，（　　）表现最好。

A．视觉　　　　　B．听觉　　　　　C．触觉　　　　　D．嗅觉

5. 人们在对整体的知觉和对个别成分的知觉上，（　　）。

A．前者优于后者　　　　　　　　　B．前者劣于后者

C．两者没有差别　　　　　　　　　D．两者相辅相成

6. 知觉的基本特征是什么？

7. 怎样培养学生的观察力？

8. 如何将感知规律运用于教学实践？

参考文献

[1] 罗永忠.心理学基础[M].北京：高等教育出版社，2010.

[2] 黄希庭.心理学基础[M].上海：华东师范大学出版社，2008.

[3] 刘茨，庞泽玲.心理学新编[M].北京：北京师范大学出版社，2011.

[4] 赵国祥.心理学[M].北京：高等教育出版社，2011.

[5] 蔡笑岳.心理学[M].北京：高等教育出版社，2000.

[6] （美）斯宾塞·A·拉瑟斯.心理学[M].宋振韶，译.北京：中国人民大学出版社，2011.

第四章　记　忆

 **学习目标**

1. 重点掌握记忆和不同记忆类型的概念，以及记忆和遗忘的规律；

2. 归纳总结在实际生活中记忆的不同表现，能够在融会贯通这些理论和规律的基础上调节改善自己的记忆习惯；

3. 本章难点在于信息加工理论对记忆系统的论述。

记忆的重要性是不言而喻的。

记忆有没有规律？

记忆究竟是什么？

人们是怎样存储与加工信息的？

人是如何加工与处理刺激信息的问题？

为什么已经记住的东西，过了一段时间后会发生遗忘？

记忆的心理机制是什么？ 如何把学习的东西进行合理组织，并记得牢固？

第一节　记　忆　概　述

一、什么是记忆

记忆是人脑对经验过事物的识记、保持、再现或再认，它是进行思维、想象等高级心理活动的基础。人类记忆与大脑海马结构、大脑内部的化学成分变化有关。

记忆作为一种基本的心理过程，是和其他心理活动密切联系着的。记忆联结着人的心理活动，是人们学习、工作和生活的基本机能。把抽象无序转变成形象有序的过程就是记忆的关键。

关于记忆的研究属于心理学或脑部科学的范畴。现代人类对记忆的研究仍在继续，尽管当今的科学技术已经有了长足的发展。运用那些实践证明能有效提高记忆力的方法、技巧，可以更好地服务于人类的工作、生活、学习。

记忆的基本过程是由识记、保持、回忆和再认三个环节组成的。识记是记忆过程的开端，是对事物的识别和记住，并形成一定印象的过程。保持是对识记内容的一种强化过程，使之能更好地成为人的经验。回忆和再认是两种对过去经验的再现形式。记忆过程中的这三个环节是相互联系、相互制约的。识记是保持的前提，没有保持也就没有回忆和再认，而回忆和再认又是检验识记和保持效果好坏的指标。由此看来，记忆的这三个环节缺一不可。记忆的基本过程也可简单地分成"记"和"忆"的过程，"记"包括识记、保持，"忆"包括回忆和再认。

信息加工理论认为，记忆过程就是对输入信息的编码、存储和提取过程。只有经过编码的信息才能被记住，编码就是对已输入的信息进行加工、改造的过程，编码是整个记忆过程的关键阶段。

二、记忆的分类

（一）根据记忆的内容可分为四种

1. 形象记忆

以感知过的事物形象为内容的记忆叫形象记忆。这些具体形象可以是视觉的，也可以是听觉的、嗅觉的、触觉的或味觉的形象，如人们对看过的一幅画、听过的一首乐曲的记忆就是形象记忆。这类记忆的显著特点是保存事物的感性特征，具有典型的直观性。

2. 情绪记忆

情绪记忆是以过去体验过的情绪或情感为内容的记忆。如学生对接到大学录取通知书时的愉快心情的记忆等。人们在认识事物或与人交往的过程中，总会带有一定的情绪色彩或情感内容，这些情绪或情感也作为记忆的内容而被存贮进大脑，成为人的心理内容的一部分。情绪记忆往往是一次形成而经久不忘的，对人的行为具有较大的影响作用。如教师对某个学生的第一印象会在很大程度上影响对该生的态度、行为，就是因为这一印象是与情绪相连的。情绪记忆的映象有时比其他形式的记忆映象更持久，即使人们对引起某种情绪体验的事实早已忘记，但情绪体验仍然保持着。

3. 逻辑记忆

逻辑记忆是以思想、概念或命题等形式为内容的记忆。如对数学定理、公式、哲学命题等内容的记忆。这类记忆是以抽象逻辑思维为基础的，具有概括性、理解性和逻辑性等特点。

4. 动作记忆（运动记忆）

动作记忆是以人们过去的操作性行为为内容的记忆。凡是人们头脑里所保持的做过的动作及动作模式，都属于动作记忆。如上体育课时的体操动作、武术套路，上实验课时的操作过程等都会在头脑中留下一定的痕迹。这类记忆对于人们动作的连贯性、精确性等具有重要意义，是动作技能形成的基础。

以上四种记忆形式既有区别，又紧密联系在一起。如动作记忆具有鲜明的形象性。逻辑记忆如果没有情绪记忆，其内容是很难长久保持的。

（二）按保存时间的长短分可分为三种

1. 瞬时记忆

瞬时记忆又叫感觉记忆，这种记忆是指作用于人们的刺激停止后，刺激信息在感觉通道内的短暂保留。信息的保存时间很短，一般在 0.25—2 秒之间。瞬时记忆的内容只有经过注意才能被意识到，并进入短时记忆。

2. 短时记忆

短时记忆是保持时间大约在1分钟之内的记忆。据L·R·彼得逊和M·J·彼得逊的实验研究,在没有复述的情况下,18秒后回忆的正确率就下降到10%左右。如不经复述大约在1分钟之内就会衰退或消失。有人认为,短时记忆也是动作记忆,是一种为当前动作而服务的记忆,即人在动作状态下所需记忆内容的短暂提取与保留。

短时记忆有三个特点:(1)记忆容量有限,据米勒的研究为7±2个组块,组块就是记忆单位,组块的大小因人的知识经验等的不同而有所不同。组块可以是一个字、一个词、一个数字,也可以是一个短语、句子、字表等。(2)短时记忆以听觉编码为主,兼有视觉编码。(3)短时记忆的内容一般要经过复述才能进入长时记忆。

3. 长时记忆

长时记忆指信息经过充分而有一定深度的加工后,在头脑中长时间保留下来的记忆。从时间上看,凡是在头脑中保留时间超过1分钟的记忆都是长时记忆。长时记忆的容量很大,所存贮的信息也都经过意义编码。我们平时常说的记忆好坏,主要是指长时记忆。

瞬时记忆系统、短时记忆系统和长时记忆系统虽各有对信息加工的特点,但从时间衔接看是连续的,关系也是很密切的。可以用记忆信息三级加工模型(图4-1)表示:

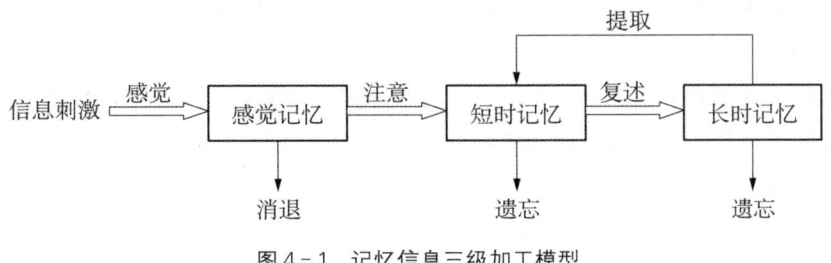

图4-1 记忆信息三级加工模型

三、记忆表象

(一) 含义

记忆表象(memory image)是指过去感知过的事物不在面前出现时,在头脑中仍然能够再现出事物的形象。

它是同形象记忆有关的回忆结果。例如,提到你过去的一位教师、同学或朋友,那么他的形象、音容笑貌就会出现在你的脑海里。我们把头脑中出现的过去感知过的事物的形象称为记忆表象。记忆表象不同于感觉后象。后象是作用于感官的刺激停止后,头脑中仍然保持着的事物映象,它由刺激物直接影响后的效应引起,时间短暂,不受意识支配,在生活实践中不起重要作用。记忆表象是通过对现实的对象或现象的感知过程获得的。记忆表象与知觉密切联系,知觉映象愈丰富,记忆表象愈多样;但与知觉映象又有本质的区别,知觉映象是由事物本身直接引起的,而记忆表象往往是由其他的事物,特别是在有关词语的作用下引起的。例如,一个老朋友在远方工作,当收到和阅读他的来信时,就会在头脑中出现老朋友的形象和在一起学习的情景。

表象有不同的种类,可以分为视觉的、听觉的、触觉的、运动觉的表象等。表象可能是单一的,如视觉表象、听觉表象等;但通常是综合性的,这是在知觉过程中不同分析器相互作用的结果。例如,回忆某个外文单词时既有声音的听觉表象,又有字母的视觉表象。

(二)特征

1. 形象性

记忆表象产生于感知,是在过去感知的基础上形成并保持在头脑中的事物映象,所以它同知觉一样,也是以其形象为基本特征的。记忆表象属于客观事物的感性印象,是直观的、具体的。例如,我们回忆中学的某位教师时,这位教师的音容笑貌、言谈举止就会在大脑中浮现,犹如在眼前一样。但是,由于记忆表象所反映的事物不在眼前,因而它与知觉表象相比又有些差异,记忆表象不如知觉表象那样鲜明、完整和稳定,它是较模糊、暗淡、片断、不稳定的。有些儿童在观察一件东西之后,在短时间内,可以形成异常鲜明的表象,可以对表象继续观察。例如有人给儿童看一张内容十分丰富的图画,半分钟以后把画拿开,然后要求儿童描述所看到的东西,结果大多数儿童或者说没有看到什么,或者描述得不清晰。但有些儿童描述得非常清晰,甚至可以说出图画上的一些细节。又如,有些小学生背诵课文时,有鲜明的书本表象,好像看着书本朗诵一样。这类现象称为遗觉象,是部分儿童特有的现象,一般到青年期就消失了。我国心理学家林传鼎等的研究表明,我国儿童遗觉象出现频率约为22%—33%。

2. 概括性

记忆表象来自于对事物的知觉,它常常是综合多次知觉的结果,是同对象的多次印象的概括相联系的。在我们生活中多次知觉的同一物体或同类物体,在表象中留下的只是这类事物的一般印象,而事物的个别特征消失了。例如,我们头脑中的树木、房屋、山峰等已不再是具体的某一棵树、某一间房、某一座山,而是一般概括的树木、房屋、山峰。但表象的概括只限于外部形象,其中混杂有事物的本质和非本质属性,还未达到思维的抽象概括水平,基本上属于感性认识阶段;思维的概括性则反映了事物的本质属性,属于理性认识阶段。然而,表象是对事物本质特征概括的基础,因此可以认为表象是感知过程向抽象思维过程过渡的中间环节。

3. 可操作性

表象在头脑中不是凝固不动的,是可以被智力操作的。表象在头脑中可以被分析、综合,可以放大、缩小,可以移植,也可以翻转。正因为表象具有可操作性,形象思维、创造思维、想象才成为可能。

(三)作用

(1)表象是由感性认识向理性认识过渡的桥梁。由于记忆表象的存在,人的认识才有可能摆脱知觉,通过抽象、概括,为思维提供基础,使感知过渡到思维,使感性认识上升到理性认识。

(2)表象性知识是学习的重要内容。知识可分为感性知识和理性知识。感性知识的主要内容是表象,理性知识的主要内容是概念、原理。储存在大脑中的知识大多数是以表象的形式出现的。据研究推测,人脑中形象信息与语言信息的比例约为1 000∶1。人的知识内容大多数是以表象的形式出现的,因此表象知识是学习的重要内容。

（3）记忆表象是想象的基础。想象是人脑对已有的表象进行加工改造而创造新形象的过程，没有表象就无法进行想象活动。

四、记忆品质

在现实学习与生活中我们常常发现：有的人记得快，但忘得也快；有的人记得多，但用时想不起来。这样的记忆就不能算高品质的。还有的人，虽然记得慢，但却记得牢；也有的人虽说记得少，但能灵活运用。这样的记忆就比较有品质，完全用不着因为记得慢一点、少一点而沮丧。这些记忆问题的出现往往涉及人类的记忆品质。

一般根据什么标准来判断人的记忆品质及记忆的优劣呢？综合起来，一个人的记忆力水平，可以从记忆品质的敏捷性、持久性、正确性和准备性四个方面来衡量和评价。

（一）记忆的敏捷性

记忆的敏捷性是指一个人在识记事物时的速度方面的特征。能够在较短的时间内记住较多的东西，就是记忆敏捷性良好的表现。记忆的这一品质，与人的暂时神经联系形成的速度有关：暂时联系形成得快，记忆就敏捷；暂时联系形成得慢，记忆就迟钝。著名科学家茅以升小时候旁观祖父抄《东都赋》，刚抄完他就能全文背出来。这表明他的记忆非常敏捷。在敏捷性方面，有的人可以过目不忘，有的人则久难成诵。但各人的特点不同：有的人记得快，忘得也快；有的人记得慢，忘得也慢。记忆的敏捷性是记忆的品质之一，但它不是衡量一个人记忆好坏的唯一标准。在评价记忆敏捷性时，应与记忆的其他品质结合起来才有意义。

（二）记忆的持久性

记忆的持久性是指记忆内容在记忆系统中保持时间长短方面的特征。能够把知识经验长时间地保留在头脑中，甚至终生不忘，这就是记忆持久性良好的表现。记忆的这一品质，与人的暂时神经联系的牢固性有关：暂时神经联系形成得越牢固，则记忆得越长久；暂时神经联系形成得越不牢固，则记忆得越短暂。在持久性方面，有的人能把识记的东西长久地保持在头脑中，而有的人则会很快地把识记的东西遗忘。一般来讲，记忆的敏捷性与记忆的持久性之间正相关，记得快的人，保持的时间较长。但也不尽然，有的人记得快，但保持的时间短。

（三）记忆的准确性

记忆的准确性是指对记忆内容的识记、保持和提取时是否精确的特征。它是指记忆提取的内容与事物的本来面目相一致的程度。记忆的这一品质，与人的暂时神经联系的正确性有关：暂时神经联系越正确，记忆的准确性就越好；暂时神经联系越不正确，记忆准确性就越差。准确性是记忆的重要品质，如果缺乏记忆的准确性，那么记得再快、再牢也是无意义的。汉末学者蔡邕的400篇作品是因为他被害后女儿蔡文姬准确无误地背出来才得以流传至今。如果离开了准确性，敏捷性、持久性就失去了意义。

（四）记忆的准备性

记忆的准备性是指对保持内容在提取应用时所反映出来的特征。记忆的目的在于实际需要时，能迅速、灵活地提取信息，回忆所需的内容并加以应用。记忆的这一品质，与大脑皮层神经过程的灵活性有关：由兴奋转入抑制或由抑制转入兴奋比较容易、比较灵活，记忆的准备性的水平就越高;反之,记忆的准备性的水平就越低。在准备性方面,有的人能得心应手,随时提取知识加以应用,有人则不然。就像学生进考场那样,记忆准备性好的学生,能够迅速、正确地从自己记忆的仓库中提取相应的知识,顺利答完试题。而记忆准备性不好的学生常常会发懵或答非所问,影响考试成绩。记忆的这一品质是上述三种品质的综合体现,而上述三种品质只有与记忆的准备性结合起来评价,才有价值。记忆的准备性是在识记的过程中形成的。我们应该有意识地记那些有意义的事物,并在识记当时就立刻建立起识记和同需要使用这些知识场合之间的联系。另外,还要强调积累知识的系统性。拿破仑曾经说过,一切事情和知识在他头脑里放得像在橱柜的抽屉里一样,只要他打开某个,就能准确地取出所需要的材料。

记忆的四种品质有机联系,缺一不可,忽视任何一个方面都是片面的。所以检验一个人的记忆力的好坏,不能单看某一方面品质,而必须用四个方面的品质去全面地衡量。

拓展阅读 >>>>>

记忆的神经生理机制

记忆加工是在我们的大脑中进行的。以前对记忆的储存或组成因素的讨论很容易使人觉得记忆似乎位于大脑的某个地方——大脑有一种保存记忆痕迹的神经"公文柜"。但事实上,神经心理学的研究发现,记忆并非是只储存在一个地方的。

拉什利(Lashley,1929)训练大鼠走迷宫,然后切除它们大脑的不同部位,接着再测验它们对迷宫的记忆。结果发现:由大脑损伤引起的记忆损失程度与切除组织的数量成正比;皮质损伤得越多,记忆损害就越严重。记忆痕迹并不存在于特定的脑区,而是广泛分布于整个大脑中。

德斯蒙(Desimone,1992)对脑损伤病人的研究表明:小脑损伤会损坏经典条件作用动作反应的获得,影响程序记忆;纹状体是习惯的形成和刺激—反应间的联系的基础,它的损伤和病变会影响习惯的刺激—反应学习;大脑皮质负责感觉记忆以及感觉间的关联记忆,其中颞下回皮质的损伤会影响视觉的辨识和联想记忆,颞上回皮质的损伤会损害听觉识别记忆。杏仁核与海马组织负责事件、日期、名字等的表象记忆,也负责情绪记忆。脑的其他部位,如丘脑、前脑叶基部和前额叶也都与不同种类的记忆有关。

神经心理学研究中有一个著名案例:一位27岁的癫痫病人,手术前其智力正常,手术中切除了大脑两侧颞叶内部的许多组织,包括大部分的海马体、杏仁核,以及一些连结区(见图4-2)。手术明显减少了该病人的病情发作,但他丧失了形成新的情景记忆的能力。他能记住语义信息和手术前几年经历过的事情,却再也不能形成对新事件的记忆(Schacter,1996)。

长期酗酒会导致科尔萨克夫综合征(Korsakoff syndrome),这种病人的海马严重受损,患有遗忘症。给这种病人和正常被试对照组呈现一列词表,让他们判断是否喜爱这些单词。线索回忆测验表明,遗忘症病人的成绩显著低于正常组被试。但在词干补笔测验中,遗忘症病人的成绩与正常组被试的成绩相当。所谓词干补笔测验是向被试呈现一系列单词的词干,如"sha____",要求被试用最先想到的单词来把它补全,如"sha____"填成 shade。这一结果表明,科尔萨克夫综合征的脑损伤影响了病人的外显记忆,但其内隐记忆保存完好(Cave & Squire, 1992)。内隐记忆即使是在海马组织持久性损坏以后,仍能很明显地表现出来。

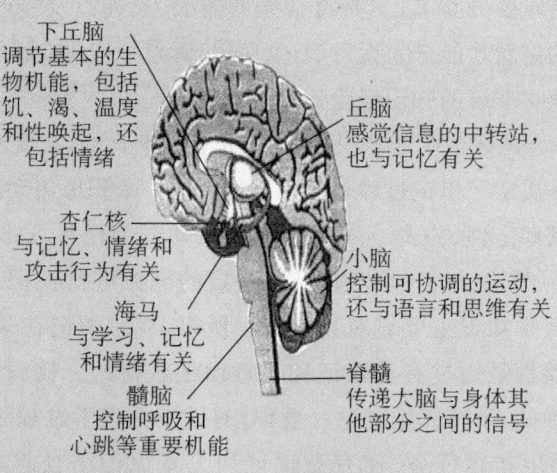

下丘脑
调节基本的生物机能,包括饥、渴、温度和性唤起,还包括情绪

丘脑
感觉信息的中转站,也与记忆有关

杏仁核
与记忆、情绪和攻击行为有关

小脑
控制可协调的运动,还与语言和思维有关

海马
与学习、记忆和情绪有关

脊髓
传递大脑与身体其他部分之间的信号

髓脑
控制呼吸和心跳等重要机能

图4-2 大脑皮质下结构

当代神经科学的研究表明,尽管不同类型的知识是分开加工且分别定位于大脑的限定区域,但复杂信息的记忆是分布于很多神经组织的(Markowitsch, 2000；Rolls, 2000)。

第二节　记忆的基本过程及规律

记忆的基本过程包括识记、保持、再认和回忆,每一过程又有其不同的特点和规律。

一、识记

(一) 什么是识记

识记是人脑通过对事物的特征进行区分、识别并留下一定印象的过程。它是记忆的起始环节,是获得事物映象和经验的首要过程。识记效果直接影响着以后的保持、再认和回忆。因此,了解识记规律,有助于改善记忆效果。

(二) 识记的种类

1. 根据识记的目的性、自觉性及意志努力的程度,可把识记分为无意识记和有意识记

(1) 无意识记。无意识记也叫不随意识记,是没有明确的目的,也不需要意志努力,自然而然发生的识记。在日常生活中,有时虽然没有给自己提出明确的识记目的和任务,也没有付出特殊的意志努力和采取专门的措施来识记某些事物,但这些事物都自然而然地保留在大脑中,成为一个人知识经验的组成部分,这就是无意识记。所谓"潜移默化"、"耳濡目染"等都是

无意识记的结果。无意识记在人的实际活动中具有积极的意义和作用,人的相当一部分知识经验是通过无意识记获得的。在教学中正确组织学生的无意识记,能让学生轻松愉快地学习,收到良好的记忆效果。因此,在教学中教师正确地组织和适当地运用无意识记是必要的。无意识记具有极大的选择性。一般情况下,进入无意识记的内容具有两个特点:一是作用于人的感觉器官的刺激具有重要的意义;二是符合人的需要、兴趣以及能产生较强烈情绪体验的内容。具备这些条件的信息才能进入无意识记,所以,无意识记具有极大的偶然性、片面性,单凭无意识记不能迅速获得系统的知识经验。

(2)有意识记。有意识记也叫随意识记,是事先有预定目的,必要时还需要一定意志努力的识记。识记的目的性决定了识记过程是对识记内容的一个积极主动的编码过程。在教学中教师给学生提出识记某些定理、公式、历史事件或外语单词的任务,这时学生不仅有了明确的识记目的,而且会采用一定的方法和措施,经过一定的努力进行识记,这种识记就是有意识记。人们掌握系统的科学知识主要靠有意识记。所以,有意识记在学习和工作中占有重要的地位。人的知识经验都是通过有意识记和无意识记获得的。就识记效果而言,有意识记优于无意识记。作为教师,了解识记的这一规律,有助于在教学过程中加强对学生的学习目的性教育,合理地给学生布置任务,使有意识记和无意识记结合起来,以达到良好的教学效果。

2. 根据理解的程度,可把识记分为机械识记和意义识记

(1)机械识记。机械识记是在识记材料本身无内在联系或对识记材料没有理解的情况下,按照材料的顺序,通过机械重复的方式而进行的识记。机械识记的基本条件是多次重复或复习。如对无意义的音节、人名、地名、历史年代、数字、不理解的词语等的识记。这种识记具有被动性,但能够防止对记忆材料的歪曲。对学生而言,这种识记是必要的,因为有些学习内容,如历史名称、专有名词等需要以机械重复的方式才能记住。也有些内容,由于学生知识经验的局限性,暂时不能完全理解,也必须进行机械识记。机械识记在学生学习中有着突出的意义。

(2)意义识记。意义识记也称理解识记,是在对识记内容理解的基础上,依据事物的内在联系所进行的识记。意义识记的基本条件是理解。理解是对材料的一种加工,根据人已有的知识经验,通过分析、比较、综合、概括,来反映识记材料的内涵以及各部分之间的关系,并将其纳入已有的知识体系之中。理解了的识记材料,记得快、记得牢,也容易提取。实验研究证明,意义识记优于机械识记。所以在教学过程中,教师应该引导学生理解教学内容,尽量进行意义识记。但最好布置一些机械识记的内容作为必要补充,使意义识记与机械识记结合起来。

(三)影响识记效果的因素

1. 识记的目的任务

有无明确的识记目的和任务对识记效果有重要的影响。因为有了明确的识记任务,人们就会把全部的识记活动集中在所要识记的对象上,而且会采取各种各样的方式和方法去实现它,所以识记的目的越明确,识记的效果越好。实验证明,长久的记忆任务比短暂的记忆任务

巩固性要好得多。依据这一规律，教师在教学实践中，不仅应当使学生知道要记什么，记到什么程度，保持多长时间，而且应当使他们知道长久记忆学习材料的必要性。或者实行一种定期检查的制度，使学生主动地设定长期记忆的任务。

2. 识记材料的数量和性质

材料的数量对识记效果有明显的影响。一般来说，识记需要的时间常常随着材料数量的增加而增加。要达到一定目标的识记水平，材料愈多，所用的平均时间和次数也就愈多。材料的性质对识记效果也有很大的影响。一般来说，识记直观形象材料优于抽象材料，视觉优于听觉。根据这一规律，教师在教学中应注意适当地安排学生识记材料的数量，在一定时间内要求识记材料的数量不宜过多。如果过分加大数量，会降低识记效果，也会影响学生的积极性。

3. 识记的方式和方法

首先，无论是无意识记还是有意识记，凡是识记材料是直接操作或活动对象时，识记的效果就大为提高。有研究者做过编写识记提纲和不编写识记提纲的对比实验，识记同一段文章，九天后检查，不编写识记提纲组遗忘 43.2％，编写提纲组只遗忘 24.8％。因此，教师应设法把要求学生识记的材料组织成学生活动的对象，并要求学生积极参加活动。其次，多种感官协同参加识记活动能提高识记效果。每种分析器都有专门的神经通道。识记中有多种分析器协同活动，把眼、耳、口、手、脑等的活动结合起来，可以使同一内容在大脑皮层建立多个通道联系，从而大大提高识记效果。例如，在学习地理时，如果学生仅看现成的地图，往往难于记住山脉、河流、城市等的名称。如果让学生在独立绘制地图的活动中来记，那就容易多了。最后，识记方法直接影响识记效果。不论是在全面性和深刻性上，还是在精确性和长久性上，以理解为基础的意义识记比机械识记效果为好。因为只有理解了的材料才能在头脑中长期保持，才能在以后运用它们时很快地被提取出来。这是因为理解了的东西与过去巩固了的知识经验建立了内在的联系。相反，不理解的东西即使暂时记住了，很快也会遗忘的。根据这些规律，教师在教学活动中应根据学生的年龄、个性差异以及学习科目和记忆材料的不同，指导学生运用正确的识记方法，增强识记效果。

二、保持

(一) 保持及其变化规律

保持是识记过的知识经验在头脑中的积累、储存和巩固的动态过程，是记忆过程的中心环节。从信息论讲是信息的编码、储存过程。识记的内容被储存后，并非一成不变，其变化有质变和量变两种形式。

1. 保持内容在质的方面的变化

记忆内容质的变化主要指由于主体已有的知识经验以及对材料的认识、加工能力的影响而发生的改变，表现为：

（1）内容更加简洁、概括，不重要的细节被省略。如让一位同学复述所看过的一部电影的故事情节，一般只能讲个大概。

（2）内容变得更加完整、具体、合理和有意义。如有人在实验中发现,被试在复述时增加了识记时没有的细节,使故事内容更绘声绘色,更接近具体事物。

（3）内容变得更为夸张和突出。如巴特莱特曾用图画复绘方法测验保持情形,结果发现,经过十位被试者的轮流复绘,枭鸟竟变成了猫的形状。

2. 保持内容在量的方面的变化

记忆内容的量变包括记忆回涨和遗忘两个方面。

（1）记忆回涨也称记忆恢复,指识记某种材料经过一段时间后测得的保持量大于识记后立即测得保持量的现象。这种现象表现为,儿童比成人明显,无意义材料比有意义材料明显,完全不熟悉的材料比不够熟悉的材料明显。记忆的恢复现象发生的原因比较复杂,一般认为:①学习者理解水平低。识记时不能立即把新知识纳入已有的知识体系中,通过知识经验的逐渐积累,新旧知识间才建立了内在联系。②材料的相互干扰。识记后的即时测验由于受前后材料的相互干扰,各部分之间不易建立有机联系,难以形成对材料的整体认识。过一段时间后,干扰消失以及材料间联系增多,整体性加强,识记的材料变成了一个有机的整体。③识记时的累积抑制。连续学习产生了神经疲劳,出现了累积抑制,经过一段时间的恢复后,疲劳消除,抑制消失,引起回忆量的回升。

（2）保持内容量变的另一种情况就是遗忘。遗忘是识记过的材料不能再认和回忆,或者发生错误地再认和回忆。它是与保持相反的过程,是记忆内容的消失。遗忘是一种自然的正常合理的心理现象。因为感知过的事物没有必要全部记住,任何识记的材料都有时效性,同时遗忘也是个体心理健康和正常生活所必需的。

根据不同的标准可把遗忘分为不同的种类:

首先,根据遗忘时间的长短,可把遗忘分为暂时性遗忘和永久性遗忘。暂时性遗忘指遗忘的发生是暂时的,在适当的条件下还能重新回忆起来。如提笔忘字,一时想不起熟人的名字等;永久性遗忘指不经过重新学习,识记的内容就不能恢复的遗忘现象。

其次,根据遗忘的内容,可把遗忘分为部分遗忘和整体遗忘。部分遗忘是指对识记材料部分内容的遗忘,如对材料细节的遗忘;整体遗忘是指识记材料整个内容的全部遗忘。

至于遗忘的原因,既有生理方面的原因,如因疾病、疲劳等因素造成的遗忘;也有心理方面的原因。主要有四种学说。

① 消退说。这种理论认为,记忆痕迹如果得不到强化,就会逐渐消退。遗忘就是记忆痕迹消退到不能再激活的程度下发生的。这种理论一般用以解释永久性遗忘。

② 干扰说。这种理论认为,遗忘是由于所识记的先后材料之间的相互干扰造成的。暂时性遗忘多属于材料或情绪的干扰所致。前摄抑制和倒摄抑制都是支持干扰说的有力例证。前摄抑制是指先前学习材料对识记和回忆后学习材料的干扰作用。例如学生学习了汉语拼音,当他们学习英语时,经常用汉语拼音的发音来代替英文字母的发音,这就是前摄抑制。倒摄抑制是指后来学习的材料对保持和回忆先前学习材料的干扰作用。例如学生回忆以前所学的数学公式时,最近学习的新公式总是不断地出现,从而影响了对前者的回忆,这就是倒摄抑制的表现。由于这两种抑制是引起遗忘的重要原因,因此受到许多心理学家的注意。大量研究

不仅证明了这两种抑制的存在,而且对造成这两种抑制的原因进行了探讨,认为主要有三个方面:一是材料的相似性。即先后学习的两种材料在意义上、组成上或排列的顺序上有某些相似或相同的成分,会产生较大的抑制效果。二是学习的巩固程度。先后两种学习材料的巩固程度也是影响抑制的重要因素。如果其他条件相同,插入材料所产生的抑制作用,将随着原材料学习的巩固程度的提高而减少。三是先后两种学习的时间安排。实验证明,先后两种学习之间的时间间隔越大,倒摄抑制的作用则越小。

③ 压抑说。也叫动机性遗忘说。这种理论认为,遗忘是某种动机的压抑作用造成的。如人总是想法忘记那些给人带来不愉快、痛苦、忧愁的往事,往往把它们压抑到潜意识中去。有人认为,人对愉快事的回忆明显高于对不愉快事的回忆就是压抑的结果。

④ 提取失败说。我们都有这样的经验:有时我们明明知道某人的姓名或某个字,可是就是想不起来,事后却能记起。这种明明知道某件事但就是想不起来的现象称为"舌尖效应"。这种情况说明,遗忘只是暂时的,就像把物品放错了地方怎么也找不到一样。从信息加工的观点来看,遗忘是一时难以提取欲求的信息。一旦有了正确的线索经过搜寻,那么所要的信息就能提取出来。这就是遗忘的提取失败理论。

(3) 遗忘的规律

遗忘是有其规律的,主要表现在以下几方面:

① 先快后慢的遗忘进程。德国心理学家艾宾浩斯(H. Ebbinghaus)最早对遗忘现象进行了研究。他用无意义音节(由若干音节字母组成、能够读出、但无内容意义,即不是词的音节)作实验材料,用节省法计算保持和遗忘的数量,以自己作被试。在识记材料后,每隔一段时间重新学习,以重学时所省的时间和次数为指标,测量遗忘的进程。他将实验结果绘制成一条曲线,这就是心理学上著名的艾宾浩斯遗忘曲线(见

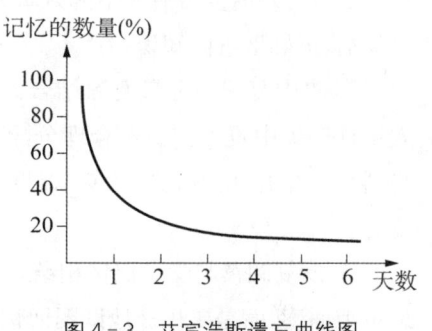

图 4-3 艾宾浩斯遗忘曲线图

图 4-3)。该曲线反映了遗忘变量和时间变量的关系,揭示了遗忘的规律:遗忘的进程是不均衡的,在识记后的最初阶段遗忘速度很快,以后逐渐缓慢,即遗忘的进程是先快后慢。他认为"保持和遗忘是时间的函数"。

表 4-1 不同时间间隔的记忆成绩表

时间间隔	记忆量(%)	时间间隔	记忆量(%)
20分	58.2	2 日	27.8
1 小时	44.2	6 日	25.4
8—9 小时	35.2	31 日	21.1
1 日	33.7		

② 识记材料的特点对遗忘有显著影响。熟练的技能遗忘得最慢,形象材料比抽象材料容易长久地保持;有意义材料比无意义材料遗忘得慢些;理解了的内容遗忘慢,不理解

的内容遗忘快；识记材料很多时遗忘快，较少时遗忘慢。对于系列材料，首尾容易记住，中间部分容易遗忘。这是因为开头部分只受倒摄抑制的影响，结尾部分也只受前摄抑制的影响，所以首尾容易记住。中间部分同时受前摄抑制和倒摄抑制的影响，所以保持的效果最差。

③ 学习程度对遗忘的影响。学习程度越高，遗忘得越慢。对材料记得越牢固，遗忘的自然就慢。研究证明，过度学习能提高保持的效果，减少遗忘。所谓过度学习是指在学习进行到刚刚能回忆起来的基础上进一步地学习。一般来说，过度学习所用时间以150％为效果最佳。这样既不浪费学习时间，也能取得好的保持效果。

(4) 科学复习，避免遗忘

复习是巩固知识、防止遗忘的有效手段，而且可以理解以前所没有理解的内容，同时为新知识的学习奠定基础。但复习并不是对已学习内容的简单重复，而应根据记忆规律，采取如下有效措施：

① 及时复习与经常复习结合。根据遗忘先快后慢的规律，及时复习能够阻止识记后立即会出现的快速遗忘。原因是及时复习能及时强化暂时神经联系。如果复习不及时，识记的材料遗忘后再去恢复，就要花费更多的时间和精力。可见及时复习，"趁热打铁"，可以收到事半功倍之效。及时复习后并不能万事大吉，还应有计划地经常复习，这样才能使暂时神经联系易于复活，更好地巩固知识。

② 集中复习与分散复习结合。研究表明，在时间和条件大致相同的情况下，分散复习的效果优于集中复习。当然合理分配复习时间要视复习材料的特点而定。数量少、难度小的材料应当集中复习；数量多、难度大的材料可以分散复习；属于思考式的材料，宜集中复习。

③ 反复阅读与尝试回忆相结合。在对复习材料没有完全熟记之前不宜采用一遍又一遍地单纯诵读，而是要积极地试图回忆，即读几遍后合起书来回忆其中的内容或尝试背诵，遇到回忆不起来的部分再阅读，这就是反复阅读与尝试回忆相结合的方法。实验证明：这种方法比一遍一遍地阅读，省时省力，效果更好。因为这是一种积极主动的复习方法，能够及时发现哪些记住了，哪些没有记住，使复习更有目的性，可以看到成绩，增强信心。

④ 复习的方式要多样化。单调的复习方法，会使学生产生疲劳和消极的情绪。多样化的复习方式可以使学生感到新颖，激发学生积极地从事智力活动，从而提高复习的效果。在复习时也要尽可能利用多种分析器参加活动。如复习英文单词时，要仔细看字母组合，留心听发音，认真读单词，反复书写练习，专心记词义等，通过多种感官协同活动，能够大大改善复习的效果。

⑤ 科学用脑，劳逸结合。学习时间长了，就会引起大脑神经疲劳，从而降低记忆的效率。这时如果让大脑积极休息一下，就会迅速提高大脑活动的机能，从而防止遗忘。研究证明，学生如果在课间有十分钟的积极休息，便可以使脑力活动的效率提高30％。另外，适当睡眠也是科学用脑、提高学习效率的必要措施。

三、再认和回忆

（一）再认及其规律

再认是指过去经历过的事物再次出现时能够识别出来的过程。再认是一种比较简单的心理过程，不同的人对不同材料的再认速度和正确程度有一定的差异，这与影响再认的因素有关。一般认为影响再认的因素有三：一是对事物识记和保持的程度。识记得越清楚，保持得就越牢固，再认也就越容易。识记模糊，当然保持也不稳定，再认时必然会发生困难。二是当前出现的事物和经历过的事物之间的相似程度。如果当前出现的事物和过去的印象完全相同，便可以立即再认出来；如果当前的事物和过去的印象不完全相同，就不易把它再认出来。三是当前呈现事物的环境与过去被识记时环境的相似程度。一般来说，当前出现的事物与过去感知它时的环境差别越小，越容易再认，否则，就会给再认带来一定的困难。事过境迁，对往事难于识别就是这个道理。线索是再认的支点，当再认出现困难时，人们往往需要寻找再认的线索，通过线索达到对事物的再认。如对久别重逢的朋友的再认，一般要以身体的某些特征作为再认的线索。

（二）回忆及科学回忆方法的应用

回忆也叫再现，是指在一定诱因的作用下，过去经历的事物在头脑中独立地再现出来的过程。如学生根据考题回忆起过去学过的内容。根据回忆时是否需要中介物，回忆可分为直接回忆和间接回忆。直接回忆指不需要中介物直接回忆起过去感知过的某一事物，如学生对十分熟悉的公式、单词、课文，通常都可以直接地回忆起来。间接回忆指需要中介物才能想起过去感知过的某一事物。根据有无明确目的和是否需要意志努力，可把回忆分为有意回忆和无意回忆。有意回忆指有明确的目的并需要一定意志努力的回忆。如学生课堂上对教师提问的回答。无意回忆指事先没有预定目的也不需要意志努力的回忆，如"睹物思人"、"触景生情"。有意回忆有时不需要太大的意志努力就可以实现，有时则需要较大的努力，进行复杂的思索，才能在头脑中呈现过去感知过的事物，这种回忆叫追忆。要顺利地进行追忆，一要保持平静的情绪状态；二要根据中介线索进行正确的联想。由一个事物想起另一个事物的心理活动叫联想，联想是事物普遍联系规律在头脑中的反映。追忆时常用的联想有：①接近联想：由一个对象联想到在时间、空间上与之接近的另一个对象，如由河想到桥，由笔想到墨，由春想到夏等。②类似联想：由事物之间的相似性而进行的联想，如由李白想到杜甫，由严冬想到冷酷。文学中常用的比喻就是类似联想。③对比联想：由一个对象联想到与之对立或相反的另一个对象，如从上想到下，从好想到坏，从错误想到正确等。④因果联想：由事物之间内在的因果关系展开的联想，如由下雪想到寒冷，由勤奋想到成就，由生病想到吃药等。

（三）再认与回忆的关系

再认和回忆都是过去经验的恢复，它们之间没有本质的区别，但在保持的巩固程度方面还是有差别的。一般情况下，能回忆的一定能再认，能再认的不一定能回忆。因此，再认容易，回忆困难。

第三节　中学生记忆的发展

一、中学生记忆的特点及规律

（一）从无意记忆为主向有意记忆为主发展

小学低年级学生无意记忆占主导地位，他们感兴趣的、印象鲜明深刻的事物就容易记住。到了小学高年级有意记忆有了明显的发展，但是有意记忆最初是被动的，记忆的目标通常是由老师或家长提出的。进入中学后，在教学要求下，记忆的有意性不断发展，有意记忆逐渐占主导地位。初中低年级学生的这种能力相对还要差一点，到高中阶段，学生能逐渐自觉地确定目标来进行记忆活动。有一项研究要求8—14岁儿童阅读一篇记叙文，其中一组在阅读前不提识记要求，即无意记忆，而另一组要求努力记忆文章内容。结果表明，两种记忆效果随年龄而提高。8岁儿童仍是无意记忆占优势，而有意记忆的主导地位是从10岁（小学三年级）开始的，12岁以后有意记忆的优势更加明显。

（二）从机械记忆为主向意义记忆为主发展

在小学时期，学生的机械记忆占主导地位，尤其是小学低年级学生，由于知识经验不足，智力水平有限，缺乏对教材的理解。所以，他们记忆教材内容时，常常是从头到尾逐字逐句地反复背诵。而进入中学后，随着知识的增长，理解能力的不断提高，学生的意义记忆有了明显的发展，逐渐占主导地位。进入高中阶段，意义记忆占明显的优势，学生们开始在记忆材料时首先尝试理解材料。

（三）从形象记忆到抽象记忆的发展

从记忆内容上看，小学低年级的学生主要以直观形象的方式来记忆事物的特征和属性。小学高年级的学生学会了改造记忆中的表象，开始在头脑中形成一般的记忆表象和想象表象。进入中学阶段，学生对词的抽象记忆能力得到了迅速发展。有人对中小学生进行了如下实验：首先让学生读一遍具体的词，如房子、杯子等，让其回忆读过的词；然后，让学生读一遍抽象的词，如运动、关系等，也让其回忆。结果发现，随着年级的增高，学生对抽象词语的记忆能力不断提高，进入中学有更明显的提高，抽象记忆的发展速度超过形象记忆，并最终在中学阶段占了主导地位。同时，学生的形象记忆也在不断发展，到初三后才略有下降。当然，形象记忆的作用仍是很重要的，因为抽象记忆还是需要形象记忆的支持。

二、运用记忆规律有效学习的方法

（一）运用识记规律提高识记效果

1. 让学生明确识记的目的和任务

如前所述，识记的目的和任务是影响记忆效果的一个重要原因，识记的目的、任务越明确、具体，识记效果越好。另外识记任务的时间也直接影响识记效果。美国心理学家彼得逊（Peterson）做过这样一个实验：把同一件事讲给两个班的学生听，要求他们记住主要内容。对第一个班的学生要求两个小时后进行回忆测试，而对第二个班的学生要求两个星期后进行测试。有趣的是,在两个小时后的测试中,第一个班学生的成绩好于第二个班;而在两个星期后的测试中,第二个班学生的成绩好于第一个班。由此可见,识记任务在时间上的要求不同,对识记的效果是有影响的。

因此,教师在要求学生识记内容前,要向学生提出明确、具体而长远的记忆目的和要求,让学生知道应当识记什么、识记到何种程度以及保持多长时间等。与此同时,还应培养学生根据学习内容主动地、自觉地提出记忆的目的任务,并使之具体化,以及独立检查自己记忆效果的能力。

2. 加强学生对识记内容的理解

理解是对识记材料进行思维加工,掌握其本质和规律。理解是记忆的重要条件,只有充分理解的材料才能够记得牢固。这是因为理解了的材料在内容上就与过去巩固了的知识经验形成了联系,进而形成了知识系统。

在教学中,教师教学的主要任务就是通过自己的讲解使学生利用思维去理解所学的内容,使所教内容在学生头脑中建立起多方面的联系。这就需要老师把讲授的内容进行归类,达到系统化,把要识记的内容归结为公式、定理或归纳为几个方面,写成提纲,择要而记,并善于把教材中的一节或一章的内容以层次网络的方式组织起来。这样做,无疑会给学生的学习带来极大的方便,有利于知识的存储。正如著名心理学家布鲁纳所说:"除非把一件件事情放进构造得很好的模式里面,否则就会忘记。"那么,学生能否在脑中建立各种联系与其已有的知识经验有关,知识经验越丰富,各种联系就越易建立,新知识就越易识记。

3. 引导学生选用适当的识记方法

识记的方法有很多,常用的有部分识记法、整体识记法和综合识记法。部分识记法是将材料分成几个部分,每次识记一个部分,记住一个部分后再记另一个部分的方法。整体识记法是每次都把材料从头到尾作为整体进行识记的方法。综合识记法是把部分识记法和整体识记法结合起来,一般是先对识记材料进行整体识记,而后分成几个部分识记,最后再综合成整体进行识记的方法。对三种识记方法的运用与材料性质和学生识记习惯有关。因此,教师在指导学生识记材料时,要具体情况具体分析。一般无意义的材料,可以让学生采用部分识记法,例如背单词;有意义而简短的材料采用整体识记法较好,例如背诗歌;有意义但数量较多且难识记的材料,则采用综合识记法最好,例如背诵整篇文章。

(二)根据记忆规律有效组织复习

要使学生巩固获得的知识,就要避免或减少遗忘,这就需要及时有效地复习。复习并不是简单、机械的重复,而是对已经记忆的内容进行有组织、有计划的再加工。在教学过程中,为了有效地组织复习,必须注意以下几点:

1. 合理安排复习时间

(1)及时和系统的复习

根据前面讲到的艾宾浩斯的遗忘曲线,遗忘的规律是先快后慢。因此,复习也要与此相对应,要在遗忘的早期就进行复习,这就可以阻止通常在学习后立即发生的快速遗忘。所以,教师在教授新知识后要及时地进行课堂练习,进行复习性提问、布置家庭作业等,让学生所学知识得到及时复习。及时复习可以有效地控制遗忘，但要想长期保持所学内容，还需要系统的复习。学生和教师可以根据具体学习内容、目标和要求，制订具体的系统的复习计划。

（2）合理分配时间

根据时间分配的不同，可将复习分为两种，一种是集中复习，一种是分散复习。集中复习是集中在一段时间内，对所要识记的内容连续、反复地进行复习。分散复习是把要记忆的内容分在几个相隔的时间内进行复习。复习的间隔时间应根据复习内容的性质、数量、识记已经达到的水平，以及学习者的个人情况等因素而定。一般说来，分散复习的时间间隔应是先密后疏，每次复习的遍数应是先多后少。根据这一规律，在学校的教学中，应当把功课的复习合理地分配在整个学习单元，而不应只集中在期中和期末考试之前。

2. 恰当安排复习内容

复习内容的恰当安排也是影响复习效果的重要因素。首先，复习内容要适量，过多地布置家庭作业或进行大量的课堂练习，盲目地增多复习量，往往得不偿失。因为内容越多，造成遗忘的可能性越大，越难达到对内容的牢固保持，且会影响身体健康。其次，要防止复习内容间的相互干扰。类似的内容不要安排在一起复习。如文科的语文、政治、历史的复习不要安排在一起，而应与理科内容交叉安排。对内容的中间部分应加强复习。复习中应注意安排适当的休息。

3. 尝试回忆法的应用

复习时，可以通过一遍一遍地反复识记来进行，也可以通过在识记过程中结合尝试回忆来进行。研究表明，反复识记与尝试回忆相结合的方法，比单纯通过反复识记的复习效果要好。这是因为，如果只是一股劲地反复识记，学生就不知道自己到底记住了多少内容，记得是不是牢固，而且容易产生厌烦心态。而如果在识记一段时间后，进行一次尝试回忆，就能够发现多次识记的效果，这样就增强了识记的信心和积极性。同时，尝试回忆会发现多次识记中遗漏和薄弱的地方，学生可以及时纠正，这样的复习就更有目的性和针对性。因此，教师在组织学生复习时，应指导学生多进行尝试回忆，将反复识记和尝试回忆相结合。

4. 复习方法多样化

复习并不是简单的重复。单调的复习方法容易使学生感到厌烦和疲倦。因此，应该采用多样化的复习方法，让学生每次都能在新的联系中接触到有关的复习内容。这样，学生就会对复习有兴趣，有利于调动学生的积极性，从而更加巩固地掌握知识，提高复习效果。因此，在组织复习时，教师应尽量使复习方法多样化。例如，根据课文，组织学生分角色朗读，或让学生根据说明文中的内容动手做实验，也可开展记忆力的比赛，同桌之间互问互答等。

（三）利用记忆线索提高记忆效果

从长时记忆中检索信息时，往往要依据一定的记忆线索，并借助联想，才能有效地寻找到要提取的信息。记忆线索是有助于信息提取的刺激，是与要提取的信息有关的某些部分、特征或识记时的情境。一个概念、一种思想、一种组织、一张图片等都可以成为信息检索的线索。记忆线索对检索的影响对教学是具有重要作用的。首先，教师在教给学生知识的同时，还要注意让学生把与目标知识有关的适当线索同目标知识一起编码。不仅把知识本身组织得合理有序,而且把整个检索结构建构得有逻辑性、条理性和有效性。在知识的检索中,只要激活一点就能迅速扩及其余。其次,尽量使学习情境与测验情境、知识的应有情境保持一致。当然,它们之间不可能时时处处相匹配,在不匹配的条件(如测验场地的变化)下,让学生在心理再现学习时的情境,有助于知识的检索。

拓展阅读 >>>>>>

生活中的心理学——记忆研究怎样帮助你准备考试?

学生们读了有关记忆研究的内容之后,询问最多的问题是:我怎么能马上用上这些知识?这项研究怎样帮助我准备下一次考试?让我们来看从研究结论中可以产生哪些建议。

◆ 编码特异性　就像你回想起的那样,编码特异性原则表明提到的背景应该匹配编码的背景。在学校的环境里,"背景"通常是指"其他信息的背景"。如果你总是在相同的背景下学习材料,你可能会发现在一个不同的背景下提取它很困难。所以,如果一位教授以一种稍微不寻常的方式来谈论一个话题,你可能会完全困惑。作为补救的方法,即使在学习的时候你也应该变换背景,重新组织你的笔记的顺序,问自己一些混在一起的不同课程的问题,构造你自己的新异组合。但是,如果你在参加一次考试时遇到障碍的话,试着产生尽可能多的提取线索恢复最初的背景。

◆ 系列位置　你从系列位置相关知识得知,在非常广泛的情景下,呈现在"中间"的信息记忆最差。事实上,大学生对关于一讲内容的中间部分材料的测验题目比关于开始或结尾部分的测验题目遗忘更多(Holen & Oaster, 1976; Jensen, 1962)。在听课的时候,你应该提醒自己要特别注意中间那段时间。学习的时候,你应该投入更多的时间和努力在要学习的材料上,以确保每次不是以相同的顺序学习这一材料。

◆ 精细复述和记忆术　当你在学习备考的时候,你会面临大量"无组织的信息"。例如,你可能被要求记住大脑不同部分的功能。在这种情况下,你需要自己设法提供结构,以创造性的方式使用概念形成表象,构造句子或故事。然而,20 年间的研究认为记忆术的准确性较低。精细复述使你可以利用已经知道的东西使新材料更容易记忆。

◆ 元记忆　关于元记忆的研究认为人们通常对自己知道什么和不知道什么有很好的直觉。如果你处在一个有时间限制的考试情景下,就应该让直觉来指导你这样分配时间。例如,你可以快速地把所有测验题读一遍,看看哪些题目给你最强的知道感。如果你正在参加一个考试,在这个考试中你会因为给错答案而被扣分,你应该特别注意你的元记忆直觉,这样就可以避免回答那些你感觉很可能错的问题。

我们希望,现在你对记忆研究如何能帮助你准备下一次的考试有了一些具体的了解。

思考与训练

1. 按保存时间的长短分可将记忆分为哪几种?

2. 什么是记忆表象？记忆表象具有哪些特征？

3. 记忆的品质有哪些？

4. 简述遗忘的规律。

5. 遗忘的原因有哪些？

6. 中学生记忆的特点及规律有哪些？

7. 如何有效地根据记忆规律有效组织复习？

参考文献

［1］刘萍，陈肖东.新编心理学(第二版)[M].大连：大连理工大学出版社,2015.

［2］刘颖，苏巧玲.医学心理学[M].北京：中国华侨出版社,1997.

［3］王甦，汪安圣.认知心理学[M].北京：北京大学出版社,1992.

［4］Robert L Solso.认知心理学[M].黄希庭等,译.台北：五南图书出版公司,1992.

［5］杨治良.漫谈人类记忆的研究[J].心理科学,2011(1).

［6］黄希庭.心理学导论[M].北京：人民教育出版社,2007.

［7］(德)艾宾浩斯.记忆的奥秘[M].王迪菲,译.北京：北京理工大学出版社,2013.

［8］李力红.青少年心理学[M].长春：东北师范大学出版社,2000.

［9］卢家楣等.心理学[M].上海：上海人民出版社,1999.

［10］鲁忠义，石国兴.论学生知识的存储与检索[J].教育理论与实践,1997(6).

第五章　注　　意

学习目标

1. 识记注意的概念、功能，理解注意是一种独特的心理现象；
2. 掌握注意的规律；
3. 理解注意的品质，了解注意力的培养。

注意是一种普遍但不普通的心理现象，因为我们的生产、生活离不开这种特殊有趣的心理现象。注意作为一种特殊的心理现象伴随着心理过程的始终，但其本身又不属于心理过程。通常情况下，我们会注意到场景中的一些事物而同时又会忽视另一些事物，这就是注意的奇妙之一。本章讨论一下注意的概念、特征、分类、功能、规律及其在教学中的运用等。注意力作为创造力的指标之一，希望在学习时引起大家的高度重视。

第一节　注　意　概　述

一、注意的概念及特征

注意是心理活动对一定对象的指向和集中。指向性和集中性是注意的基本特性。

所谓指向性，是指在某一瞬间，人们的心理活动有选择地朝向一定的对象。在千变万化的世界中，有各种各样的信息作用于人，但人们不可能对所有的信息都作出反映，只能选择一定对象做出反映，这样才能保证知觉的精确性和完整性。

所谓集中性，是指心理活动停留在一定对象上的强度。注意集中时心理活动会离开一切无关的事物，并且抑制多余的活动，这样就保证了注意的清晰、完善和深刻。很多科学家、思想家都具有高超的注意集中能力，苏格拉底就是其中一人。苏格拉底曾经加入了一支部队，在一次行军途中他全神贯注地思考起一个哲学问题，不知不觉地停了下来，当他清醒过来，才知道自己已在那里站了几个小时，远远地掉队了。

指向和集中是同一注意状态下的两个方面，两者是不可分割的。例如，学生上课听讲，他的心理活动不是指向教室里的一切事物，而是有选择地指向教师的讲课内容，并且比较长久地保持在听课活动上，同时离开一切与听课无关的事物，并且对妨碍听课的活动加以抑制，这样才能对教师的讲课内容有清晰、完善的反映。

注意作为一种特殊的心理现象，并不是一个独立的心理过程，它是伴随心理过程而产生

的,如果离开了心理过程,注意就失去了内容依托,它是各种心理过程的共同属性。当我们说"注意某个对象"时,不是指注意看、注意听,就是指注意记、注意想等。总之,注意是伴随着认知、情绪情感和意志等心理过程发生的。同时一切心理活动的进行也离不开注意,注意是各种心理过程正常运行的平台之一,是各种心理过程得以正常开展的保证。我国古代思想家荀子曾说:"心不在焉,则黑白在前而不见,雷鼓在侧而耳不闻。"

二、注意的功能

注意在人的心理活动和行为中占据很重要的位置,对人类具有十分重要的意义。它能保证人们及时地集中自己的心理活动,正确地反映事物。荀子曾说过:"君子一教,弟子一学,亟成。"意思是说教师专一地教,学生专一地学,很快就能成功。这说明心理活动效率的提高,总是在有注意参加的情况下实现的。俄国教育家乌申斯基指出:注意是心灵的唯一门户,凡是进入心灵的东西都要经过它。教育实践已经证明,只有打开注意这道"门户",知识的阳光才能透进心灵,智力才能得到发展。注意之所以在人的心理活动中起着这么重大的作用,是由它的本质特征决定的。从注意的指向性和集中性可以看出,注意具有三种功能:选择功能、保持功能、调节和监督功能。

(一)选择功能

注意使心理活动有选择地指向符合自己所需要或与当前的活动相一致的事物,而避开或排除那些无关事物的影响,使心理活动具有一定的方向性。也就是说,注意可以检索出与心理活动有关的信息,并与各种无关的信息加以区别,从而使心理活动按照人的需要进行集中或者转移。正是由于注意的选择功能,人类才能够正确地反映客观事物。否则,千变万化的外界事物,不加选择地进入我们的意识,或者我们头脑中原有的表象,全部同时呈现出来,那么我们的心理活动将是一片混乱,任何活动都不可能顺利地进行。

(二)保持功能

注意能使心理活动稳定在选择的对象上,直至活动达到目的为止。例如,外科大夫为了抢救病人的生命,可连续数小时站在手术台前,集中精力做手术,根本感受不到疲劳与饥饿,但病人得救后,大夫会立刻意识到已经疲倦到极点,甚至不能再支撑自己的身体,必须马上卧床休息。这就是注意的保持功能在起作用。

(三)调节和监督功能

注意能使人及时觉察事物的变化,并调节自己的心理和行动以适应这种变化。例如,汽车司机随时注意交通情况,根据实际的变化,随时改变行车的速度和方向,以保持行车安全。注意的监督作用表现为能随时发现自己行动的错误,并对自己的心理、行为及时进行调整,对错误及时纠正。

三、注意的外部表现

人在注意时,常常伴随着一些特有的生理变化和表情动作,这种外部表现往往在不同的心理活动中以不同的形式表现出来。注意发生时,最明显的外部表现,主要有以下几种情况:

（一）适应性运动出现

当注意某一事物时，人们首先调整感官，适应其需要。如注意看一物体时，把视线集中在该物体上，举目凝视；注意听一声音时，把耳朵转向声音的方向，侧耳倾听；注意思考某一问题时，常常眼睛呆视，紧皱双眉，凝视沉思。这些举目凝视、侧耳倾听、凝神沉思等都是注意的适应性运动。

（二）无关动作停止

无关运动的停止是紧张注意的一种特征。当人注意紧张时，外部动作常常表现为静止状态，一切多余动作都会停止下来。比如学生听课听得入神时，会身体微微前倾一动也不动地望着老师。

（三）呼吸变得轻微而缓慢

人在集中注意时，呼吸会变得格外轻微和缓慢。呼与吸的时间比例也会发生显著的变化，吸短而呼长。当十分紧张地在注意时，甚至会出现呼吸暂时停止，即所谓"屏息现象"。

此外，人在注意时，面部表情也发生变化，特别是口型和眼睛的形态会随着注意对象和心理过程的不同而改变。当人在紧张注意时，还会出现心跳加快、牙关紧闭、紧握拳头等现象。一般来说，注意的外部表现和注意的真实情况是相一致的。但也有注意的外部表现和内心状态不相符合的情况，即所谓貌似注意实际不注意，或貌似不注意实际注意的现象。因此，在判断一个人的注意时，还必须进行多方面的观察和了解。

教师掌握了注意的外部表现情况，可以帮助自己了解学生在课堂上的注意状态，判断他们是否注意听课。有经验的教师，会从学生的姿态、面部表情，特别是眼神中判断他们是否注意。一般说来，姿势端正、面部表情严肃、目光注视老师的学生是集中注意的表现；而懒洋洋的状态、东张西望的眼神，或表情凝滞、呆若木鸡，常常是不注意的表现。对注意的外部表现与注意的实际情况不一致的现象，教师只要细心观察，认真分析，就能对学生是否注意及其注意什么，作出正确的判断。

第二节　注意的种类及其规律

根据注意时有无目的以及是否需要意志努力，可以把注意分为无意注意、有意注意和有意后注意三种。

一、无意注意及其产生的原因

无意注意是一种事先没有预定目的，也不需要作出任何意志努力自然发生的注意。由于它不受人的意识调节和支配，所以无意注意又叫作不随意注意。

无意注意从其发生的方式来说是一种朝向反射，它往往是由周围环境发生变化而引起的，表现为在一定刺激物的影响下，人不由自主地把感觉器官朝向刺激物。例如，正在上课时突然有人走进教室，大家就会不由自主地把目光集中在进来的这个人身上。无意注意是一种初级的、被动的注意。这种注意一般都能导致探索行为的出现，有利于人们正确地认识周围环境,但也容易使人分心。

引起无意注意的原因很多,概括起来有两个方面:一是客观刺激物本身的特点;二是人的主观状态。

1. 客观刺激物的特点

客观刺激物本身的特点是产生无意注意的主要原因。具体表现在:

(1)刺激物的强度。一般来说,强烈的刺激物容易引起无意注意。如巨响、艳色、奇香、强光都容易引起人的无意注意。不仅刺激物的绝对强度可以引起无意注意,就是其相对强度也可以引起无意注意。在强烈噪音的背景下,即使大声说话也不会引起人的注意,而在万籁俱寂的夜晚,我们可以听到许多白天不注意的声音,如钟表的嘀嗒声、窗外的风声及小虫的鸣叫声等。

(2)刺激物之间的差异。刺激物之间在形状、颜色、大小、强弱方面的差异对比越明显,越易引起无意注意。例如,"万绿丛中一点红"、"鹤立鸡群"都容易引起人的无意注意。

(3)刺激物的新异性。刺激物的新异性是指刺激物在内容和形式上具有不同寻常的特性。一般地说,新颖奇特的事物容易引起注意,而司空见惯的事物则不易引起人们的注意。如学校来了一位新教师,或者老师穿了一套新衣服,都会引起学生的注意。如果司空见惯的事物以不同寻常的形式出现时也会引起别人的无意注意。如一个平时穿着朴素的女生,一反常态,穿着打扮变得时髦也会引起同学的注意。

(4)刺激物的运动变化。刺激物突然出现与停止,减弱与增强,空间位置变化和运动等都易引起无意注意。例如,一亮一灭的霓虹灯,一闪一闪的救护车标志灯,就很容易引起人们的无意注意。

2. 人的主观状态

由于人的主观心理状态不同,因而人们面对同样的一些外界刺激物,就可能出现有的人注意到了,而有的人则尚未注意到的情形。其主观原因有以下几个方面:

(1)人的需要、兴趣和态度。凡是能满足人的需要,符合人的兴趣,与个人情感有关的事物,都能引起注意。例如,一杯饮料,容易引起口渴的人的注意;一幅音乐会的广告,容易引起音乐爱好者的注意;一个学生在思想上的微小变化,容易引起关心学生的班主任的注意。

(2)人的已有知识经验。凡是和已有经验相联系又能增进新知识的事物,容易引起注意;十分陌生的事物不容易引起人的注意。例如,一盘有趣的象棋残局,就容易为象棋爱好者所注意,而不会被那些对棋术一窍不通的人所注意。

(3)人对事物的期待。凡是人们期待的事物,容易引起注意。例如,我国古典章回小说常用"欲知后事如何,且听下回分解"作每回的结束语,目的就在于使读者产生一种期待,吸引他们一回一回地读下去。

(4)人的精神状态。身体健康与精神饱满与否,在很大程度上影响着一个人的无意注意。一般说来,心情愉快、精神饱满时,容易对事物进行集中而持久的注意;而在心情烦闷、身体不适、精神过度疲劳时,无意注意范围较窄,许多平时感兴趣的事情也不能引起注意。

二、有意注意及其产生的原因

有意注意是自觉而有预定目的,必要时还需作一定意志努力的注意。由于它是受人的意识调节和支配的,所以,有意注意又叫随意注意。例如,学生听到上课铃响,立刻走进教室,努力把自己的心理活动从课外游戏内容转向并集中于教师所讲授的课程内容上,这种注意就是有意注意。

有意注意是一种主动地服从于一定活动任务的注意,它受人的意识的自觉调节和支配。它的指向和集中,不是决定于某些刺激物的特点,而是服从于人们已经确定的活动目的和任务。它的保持,还需要人作出一定的意志努力,避开环境中各种刺激物的吸引。因而也有人称它为意志的注意。

有意注意是在人的生活实践中发展起来的。人们在日常生活、工作和劳动中,有时需要在不利的环境中坚持学习,阅读某些难懂而又不感兴趣的书籍或从事紧张的劳动,这些都要求我们作一定的意志努力,迫使自己把注意集中到这些活动上来。这种意志努力是由第二信号系统来控制和调节的,有了第二信号系统参加,我们便可以通过语词,按照规定的任务,组织心理活动,使之更加自觉地指向和集中于一定事物。所以有意注意是人类所特有的一种注意形式。

引起和保持有意注意的条件是:

(1) 明确的活动目的和任务。有意注意是有预定目的的注意。因而对于活动的目的、任务的重大意义认识得越清楚,理解得越深刻,则完成任务的愿望就越强烈,与完成任务有关的一切事物也就越能引起人们的注意。

(2) 稳定的间接兴趣。直接兴趣是引起无意注意的主要原因,而间接兴趣则是保持有意注意的重要支柱。间接兴趣是对活动的目的与结果所产生的兴趣。这种兴趣几乎存在于自觉进行的每一件工作之中。间接兴趣越强烈、越稳定,有意注意就越集中、越持久。例如,有人开始学外语时记单词、背课文,感到单调乏味,没有兴趣。但由于逐渐认识到学外语的重大意义,便对外语学习产生了间接兴趣,从而在学习中能保持高度的有意注意。

(3) 合理地组织活动。在明确活动目的和任务的前提下,对活动还要进行有计划地、全面地组织,使所做的一切服从于当前任务。这样才能保证最清晰地反映那些与任务有关的对象,使有意注意得以顺利进行。为了使注意集中于要完成的任务上,首先,要安排好工作环境,把工作中要用的物品准备齐全,尽量减少环境中的干扰因素,以便能在工作时全神贯注。其次,应把工作程序安排妥当,明确规定各阶段应完成的具体任务,避免盲目乱抓,主次不分。最后,要根据任务要求,经常提醒自己集中注意,维持有意注意。

(4) 坚强的意志力。有意注意的产生和保持,有时是在没有干扰的情况下进行的,有时是在有干扰的情况下进行的。对注意的干扰,可能是外界的刺激物,也可能是机体的某些状态,或者是一些消极的思想和情绪等,这就需要人们作出一定的意志努力去排除干扰。但当干扰较大,又不具备排除干扰的条件时,就需要用意志力把注意保持在要完成的任务上。在某些情况下,排除内部干扰比排除外部干扰,更需要意志上的努力。总之,只有用坚强的意志力,才能克服对注意的干扰,变分心为专心,使有意注意持续下去。

三、无意注意和有意注意的关系

无意注意和有意注意虽然是两种性质的注意,但在实际生活中是很难截然分开的。在工作和学习中,只有充分利用无意注意和有意注意,才能保证任务的顺利完成。因为无意注意与有意注意在一定条件下可相互转化或交替。即无意注意可以转化为有意注意,有意注意也可以转化为无意注意。例如,一个最初只凭兴趣学习弹奏乐器的学生,后来认识到弹奏乐器对促进身心健康发展的重要意义,于是认真钻研,克服指法、乐理和简谱不通等困难,从而有目的地保持对这项活动的注意,使无意注意转化为有意注意。后来,随着学习的进步,对乐器能够轻松熟练地弹奏,并能体验到其中的乐趣,无须作意志努力就能把注意维持在这项活动上。这时,有意注意又转化为无意注意,成为一种有意后注意。

四、有意后注意

所谓有意后注意是指自觉的、有目的的,但无需特别的意志努力的注意。有意后注意是有意注意转化而来的无意注意,是一种特殊形式的注意,它兼有无意注意与有意注意的特征。一方面,它是一种自觉的有目的的注意,这点与有意注意相同;但它另一方面却是不需要特别的意志努力的注意,这点与无意注意相似。有意后注意又是一种高级类型的注意,因为它兼具两种注意的优点,既有目的,又不耗费多大精力。因而,有意后注意常常是有效的创造性智力活动的必要条件,也是学生从事学习活动所应有的注意状态。

第三节 注意的品质

一、注意的广度

注意的广度也称注意的范围,是指在同一有限时间内所能注意到对象的数量。各种注意的范围可以通过测量来确定。例如,用速视器测定,在1/10秒时间内,成人一般能注意到4—6个彼此不相联系的外文字母,或者8—9个黑色圆点。注意范围的大小受多种因素制约,这些因素主要包括以下几方面:

(1)知觉对象的特点。注意对象越相似、越集中,排列越有规律,越能构成相互联系的整体,注意的范围就越大。哈密顿曾做过这样的实验,他在地上撒了一把石弹子,发现被试很不容易立刻看到6个以上,但是,如果把石弹子2个、3个或者5个一堆,能掌握的堆数与单个的数目一样多,因为人会把一堆看成一个单位。人们还研究发现,对颜色相同的字母比颜色不同的字母的注意范围要大些,对排列成一行的字母比分散在各个角落上的字母的注意数目要多些,对大小相同的字母比大小不同的字母注意的数量要大得多,对组成词的字母所注意的范围比孤立的字母所能注意的范围要大得多。

(2)知觉者的经验。知觉者的经验越丰富,就越善于把所感知的对象组成一个整体来感知,因而注意的范围就越大。如文化水平高的人,看书时对文字的注意就比文化水平低的人大得多。

（3）知觉者的活动任务。知觉任务越简单，注意范围就越大；知觉任务越复杂，注意范围就越小。如只要求注意外文字母的多少，注意范围就越大；如果还要求看出字母书写的错误，注意范围就越小。

二、注意的稳定性

注意的稳定性又叫注意的持久性，是指人的心理活动持久地保持在一定事物或活动上的特性。注意集中的持续时间越长，注意稳定性越长。据观察，不同年龄的学生维持集中注意的时间是不同的，小学生可维持 20—25 分钟，中学生可维持 30—40 分钟。

注意的稳定性有狭义和广义之分。狭义的注意稳定性是指注意保持在同一对象上的时间。人在感知同一事物时，注意很难长时间地保持固定不变。如在听觉方面，把一只表放在耳朵一定距离处，使刚能听到嘀嗒声，这样就会有时听到表的声音，有时听不到，或者感到表的声音一会儿强，一会儿弱。注意的这种周期性的变化，称为注意的起伏现象。注意的起伏是正常现象，它能防止疲劳，提高稳定性。广义的注意稳定性是指保持在同一活动上的时间。也就是说，注意并不总是指向同一对象，但注意的对象和行动有所变化时注意的总方向不变。如学生既要听教师讲课，又要做笔记，还要看实验演示，所有这些都是服从于听课这一总方向、总任务，因此，他们的注意是稳定的。

在学校各种活动中，学生注意能否长久保持稳定，与以下因素有关：

（1）注意对象的特点。内容丰富、复杂多变，且在一定范围内运动着的注意对象，注意就易稳定和持久；反之，内容贫乏、单调而静止的对象，注意就不易稳定。

（2）对活动的态度。一个人对所从事活动的目的和任务有明确的认识，对意义理解深刻，又有浓厚的兴趣和高度责任心，就会对活动持积极的态度，则注意就能持久稳定。

（3）个体本身的特点。注意的稳定性是一个人神经过程强度的标志。一个意志坚强、善于控制自己又能同各种干扰作斗争的人，注意就比较稳定。一个身体健康、精力充沛、心情愉快的人，注意就能持久。一个人处于头痛、失眠或过度疲劳等不正常状态时，就不易保持长久而集中的注意。

同注意稳定性相反的状态是注意的分散，也叫分心。注意的分散是指注意离开了当前应当完成的任务而被无关的事物所吸引。如果一个人经常发生注意分散的现象，就不能更好地获得对客观事物的清晰而完整的映象。所以，我们必须和注意的分散现象作斗争。

三、注意的分配

注意的分配是指人在同一时间内把注意指向两种或两种以上的对象和活动上的特性。实践表明，注意的分配是可能的，而且在实际生活中处处要求人们的注意能很好地分配。例如教师上课时边讲课、边板书、边观察学生的反应，学生听课时边听、边记、边思考、边注视老师。这都需要很好地分配注意力。

注意的集中与分配是有矛盾的，但在一定条件下是可以统一的。使注意顺利地进行分配的条件是：

（1）人对活动的熟练程度。在同时进行的两种或两种以上的活动中，必须有一种以上是熟练的，即自动化了的，而其中只有一种是不熟练的。这样才不会顾此失彼，才有可能把大部分注意力集中在比较生疏的活动上，而把小部分注意力分配到熟练的活动上。

（2）同时进行的几种活动之间的关系。如果同时进行的几种活动联系紧密，且通过训练已形成了反应动作系统，已不需要特别努力，注意的分配就比较容易。如汽车驾驶员手脚形成一定的动作系统，已不需要特别努力，就可以把注意分配到其他与驾驶有关的事情上。如果几种活动彼此间毫无联系，则注意分配就很困难了。

（3）分配注意的技巧。同时进行的几项活动的动作，如能巧妙地迅速更替进行，那么注意的分配就可顺利进行。例如，弹奏钢琴时，眼睛要在曲谱、音键和手指之间迅速来回地移动，如果经过练习掌握注意分配技巧后，便可以加快弹奏速度，应付自如了。

四、注意的转移

注意的转移是根据新的需要，及时主动地把注意从一个对象转移到另一个对象上去的特性。注意的转移与注意的分散有本质的区别。注意的转移是一种有目的、自觉的活动，它使一种活动合理地被另一种活动所代替，是一个人注意的灵活性的表现。注意的分散是由于受到无关刺激的干扰，使自己的注意离开了需要稳定注意的对象，而不自觉地转移到对完成工作的无关活动上。

注意的转移有一个过程。我们常说的"万事开头难"指的就是注意还没有完全从别的活动转移到新的活动上来的一种表现。注意的转移的难易程度和速度受以下几个条件的制约：

（1）原来的活动吸引注意的强度。如果原来的活动是引人入胜的，有极大的吸引力，那么注意就难以转移；反之，注意就容易转移。

（2）引起注意转移的新事物的特点。如果引起注意转移的新事物的意义更重要，更符合人的需要和兴趣，那么，注意的转移就会迅速；反之，就不能顺利地实现转移。

（3）人的神经过程的灵活性。神经过程灵活性大的人，就能在必要的情况下顺利地把自己的注意从这一事物转向另一事物；神经过程灵活性较差的人，就不能很好地实现注意的转移。注意的转移对学生来说也是相当重要的，因为学生每天要上几门不同的课程，还有自习和各种活动。这就要求有灵活的转移注意的能力，否则就会影响学生的学习效率。

第四节　注意在教学中的运用

一、中学生注意的特点及规律

（一）注意逐渐向高级形态发展和深化

注意的发展起始于无意注意。然而，最初无意注意的产生主要靠外部刺激物的作用，随着儿童自身兴趣、爱好的逐渐稳定而变化。无意注意的产生主要会受到兴趣、爱好的影响，这是无意注意发展和深化的具体表现。

在无意注意逐渐深化的同时，有意注意也得到了发展，并且逐渐取代了无意注意的优势地位。具体表现为学生在学习活动中的目的性、自觉性和计划性得以加强，注意逐渐具有自我组织、自我控制的性质，注意的稳定性和集中性有了长足的发展。随着有意注意的逐渐稳定，还出现了更加高级的注意形态——有意后注意。

（二）注意品质得以全面发展

注意稳定性不良在年龄较小的学生中是比较普遍的现象，这是由于他们的注意还不够内化，容易受外界刺激和自身兴趣的左右。而随着意志力的发展，青少年控制自己注意的能力显著增强，注意稳定性得到了迅速的提高。沈德立等人在 1990 年的研究表明，虽然注意稳定性随着年龄增长在不断发展，但发展的速度不尽相同，其中小学阶段发展速度较快，幼儿阶段和中学阶段发展速度相对较慢。

注意的广度除了与知觉对象的特点和性质有关，主要是取决于个人的知识经验。青少年时期是知识经验迅速积累的时期，因此，注意的广度也有了长足的提高。陈惠芳等人(1989)研究了不同年龄群体的注意广度，结果表明，随着年龄增长，注意广度日益扩大，13 岁儿童的注意广度已接近成年人水平。

个体的注意分配能力发生较早但发展较为缓慢。刘景全(1993)的有关研究表明：小学三年级和五年级学生的注意分配能力基本上不存在差异。注意分配能力发展缓慢主要与注意的分配必须具备一定的条件有关。最初学生只能在那些关系密切、形式相近的动作之间进行注意的分配，稍不留心，还会出现顾此失彼的现象。只有当各种技能逐渐熟练，并加以严格训练之后，他们才可能在比较复杂的动作之间建立反应系统，使注意进行合理的分配，而这种技能熟练化和协调化的发展进程是比较缓慢的。

注意转移的能力是随个体大脑神经系统内抑制能力、第二信号系统的发展而得以迅速发展的。有关研究表明，注意转移的迅速增长时期是小学二年级至初中二年级。

总体来看，高中阶段的学生，由于大脑神经系统功能已基本发育成熟，内抑制能力加强，兴奋—抑制之间的相互转换能主动灵活地调节，因此可以说注意转移能力已基本具备。但实际上，学生在注意转移方面表现出的个体差异较大，有的学生在注意转移方面表现得主动及时，而有的学生在教学活动中则不够自觉，不能及时转移注意力，具体表现为思想开小差，或还惦记着前一项活动，从而跟不上教学节奏的变化。

二、注意的规律在教学中的运用

注意是教师顺利进行教学工作的前提条件。在教学过程中，教师应充分运用注意的规律来组织教学，以提高教学质量。

（一）充分利用无意注意的规律组织教学

无意注意对教学活动既可以产生积极的作用，也可以产生消极的作用。教师正确运用无意注意的规律组织教学，其目的在于充分发挥无意注意的积极作用，排除消极影响，使学生生动活泼地进行学习，提高教学效果。

（1）优化教学环境，以防止干扰，保持学生注意的稳定。要保持学生的注意，必须控制与消除能引起注意分散的因素。优美的教学环境是避免无意注意产生消极影响的重要因素。校园要安静、整洁,避免噪音和有害空气的污染,使之成为环境优美、适宜学习的场所。教室里的空气要新鲜,光线要充足,布置要简朴,不要过多的装饰和张贴。教师的言语要规范,语调要抑扬顿挫,着装要朴素大方。要采取措施,尽量减少上课时的各种干扰,防止分散学生的注意力。

（2）教学内容要丰富、新颖,以吸引学生的注意。青少年学生求知欲望强烈,渴求获得丰富、新颖的知识。凡是能满足这种需要的教学内容,都会自然地引起和保持他们的注意。因此,教师在组织教材时,首先要考虑它的科学性和知识性,还要注意它的实践性和趣味性。其次,教学内容的难易程度要适当,要紧密结合学生的知识经验,在他们已有知识的基础上,把教材组织得丰富些、新颖些,使新、旧知识有机结合起来。否则,学生的注意就容易涣散。

（3）教学方法要生动、灵活,以保持学生稳定的注意。单调、呆板的教学方法会使学生失去学习兴趣;生动、灵活的教学方法则可以使学生集中注意力。运用启发式教学既可以使学生动脑,又可以使学生动手,还可以激发他们探求未知的兴趣,对学生的注意起到极好的组织作用。充分利用直观手段,引导学生通过对具体事物或形象的感知来理解所学知识,把抽象的理论变得具体、鲜明,使学生学得生动、活泼,并引起他们的求知欲,因而直观教学也是吸引学生注意的有效方法。教师在讲课时,还要利用对比鲜明的板书、恰当的表情手势等多种多样的教学方法来提高课堂教学艺术,以引起学生无意注意。

（二）在组织教学中要充分重视有意注意规律的运用

教学是一种自觉的、有目的和有组织的活动过程。教师要有效地组织教学,除了充分发挥无意注意的积极作用外,还必须运用有意注意规律进行,依靠有意注意来维持和保证教学任务的完成,这是教学主要依靠的对象。在组织教学中应从以下几个方面来培养学生的有意注意。

（1）进行学习目的性教育,激发和培养间接兴趣。学生学习积极性不高,成绩不好往往是由于学习目的不明确。因此,教师应向学生进行学习目的性的教育,教师在讲授某门课程,甚至某一章节时,要阐明其学习目的、任务和意义,激发学生对学习活动的美好结果的向往和追求。特别是对那些难以产生直接兴趣的学科、教材,更应加强引导,培养学生的间接兴趣,使学生明确学习目的,端正学习态度,增强学习的责任感。只有这样,学生在学习中才能发挥自觉性、积极性和主动性,从而保持稳定的注意。

（2）正确组织课堂教学,防止学生疲劳现象的发生。教师要根据教学过程的规律和教学原则,严密组织课堂教学,使每个教学环节都有充实的活动内容。同时,教学内容和时间安排必须紧凑,结合教材内容提出富有启发性的问题,引导学生积极思考。把智力活动和实际操作结合起来,使每个学生都投入到紧张的学习活动中,成为教学过程的积极参加者,有效地制止与减少学生分散注意的机会,从而保证有意注意长时间地处于稳定的状态。要防止学生疲劳现象的发生,教师在教学中除了要注意教学方法多样性外,还要注意不使学生负担过重。

（3）加强意志力的培养和锻炼。学习是艰苦的脑力劳动,需要有顽强的意志力。培养学生的意志力,要求教师不间断地向学生提出严格而合理的要求。这种要求应该是学生力所能及的。太难,学生望而生畏,失去信心;太易,思想不重视,注意不集中。要使学生在相信自己的能力,并经过一定的意志努力,排除各种干扰,克服困难完成学习任务的过程中,加强意志力的锻炼,培养有意注意。

(三) 运用两种注意相互转化的规律组织教学

无意注意和有意注意的相互转化规律,对于工作和学习具有十分重要的意义。完成任何一项工作都必须有两种注意参加,并相互转化交替。在教学过程中,单纯依靠无意注意,不仅会造成教学工作杂乱无章,缺乏目的性和计划性,而且不能发挥学生的主动性及培养与困难作斗争的精神,一遇到困难与干扰,注意就分散,很难完成艰巨的学习任务;相反,过分强调或单纯依靠有意注意来学习,会因为长时间用意志努力来维持注意而使人产生疲劳,造成注意分散。因此,教学活动中两种注意都不能偏废。一方面要使学生在理解目的和意义的基础上依靠有意注意来学习,另一方面也要使学生对学习活动产生兴趣,用无意注意来组织学习。要善于引导学生用两种注意的相互转化规律来妥善安排教学。

在一堂课中,教师应根据学生的注意特点和规律,对两种注意的相互交替做到巧妙安排。一般说来,上课开始时,学生的注意往往还停留在上课前感兴趣的活动对象上,需要通过组织教学引起学生的有意注意,接着通过教师生动活泼、灵活多样的教学方法,使学生对新内容产生兴趣,引起无意注意。讲到重点、难点、关键点时,一方面要提醒学生加强有意注意,另一方面要运用由浅入深、由具体到抽象的原则和各种教学方法,减少学生学习中的困难,使学生顺利接受新内容,使有意注意进一步发展为有意后注意。例如,一位物理教师讲"阿基米德定律"时,一上课就向学生提出问题:"木块放在水里为什么总是浮在水面上,而铁块放在水里为什么总是沉下去?"因为问题有趣,引起了学生的无意注意。学生回答:"铁重,所以沉下去。"教师又问:"那么一斤重的铁块和一斤重的木块都放在水里,为什么铁块沉下去,木块不沉呢?"这时学生为了探疑,无意注意随之转为有意注意。教师接着说:"如果说铁重才下沉,那么钢铁制成的巨轮为什么浮在水面上?"由于教师又提出新的有趣的问题,学生的注意又被新的无意注意所代替了。为了掌握、理解这一知识,学生专心致志地听老师讲解"阿基米德定律",又引起了高度的有意注意。正是两种注意相互交替与巧妙结合,学生的注意才有松有紧,有张有弛,使他们始终精神饱满、轻松愉快地学习。因此,机智地运用无意注意和有意注意相互转化或交替的规律组织教学,是保证学生注意稳定而集中的有效措施。

思考与训练

一、判断题

1. 注意这种特殊的心理现象是一种独立的心理过程。(　　)

2. 无意注意是事先有预定的目的,必要时还需作出一定意志努力的注意。(　　)

3. 注意的稳定性是指人的心理活动以同样的强度持久地保持在一定事物或活动上的特性。(　　)

4. "一目十行"是注意分配的表现。(　　)

二、选择题

1. 教师讲课时,声音抑扬顿挫,富于变化,这是为了引起学生的(　　)。

A. 有意注意　　　　　　　　　　　B. 无意注意

C．有意后注意   D．分散注意

2．指出下列事例哪个是有意注意(　　)。

A．观看一幅别出心裁的广告   B．专心做功课

C．一个身穿异服的人引起别人的注意   D．围观车祸现场

三、情景题

情景：中新网柳州3月9日电广西柳江县警方9日通报，一男子驾驶五菱小客车正常行驶过程中，扭头分神查看同向一摩托车追尾电动车事故，当其回过神时将该事故中摩托车的驾驶人撞飞，致其当场身亡。

依据这篇报道，请您运用注意的相关知识分析当时的五菱车司机，并提炼出注意在生产、生活中的意义。

参考文献

［1］阴国恩.中国儿童注意的发展[J].天津师范大学学报(社会科学版),1989(5).

［2］陈惠芳.4—14岁儿童注意广度发展的实验研究[J].心理科学通讯,1989(3).

［3］刘景全.关于小学生某些注意品质的实验研究[J].天津师范大学学报(社会科学版),1993(8).

第六章 思 维

学习目标

1. 了解思维的基本概念及特征,理解思维的过程及品质,掌握皮亚杰认知发展阶段论;
2. 理解问题解决的基本过程及策略,掌握问题解决的影响因素及创造性思维;
3. 了解想象的概念,理解想象的作用、种类及其形成方式;
4. 掌握中学生思维发展的特点及规律。

　　如同主机、键盘、鼠标、内存条、中央处理器、硬盘和显示器等是电脑的硬件,程序、程式等所携带的信息资料是电脑的软件一样,人的感觉器官,如眼睛、耳朵、鼻子、舌头、皮肤以及内脏、大脑、小脑和生殖器官等是他的"硬件",外在的信号以及感觉信号所携带的信息内容就是人之心念思维中的"软件"。人类将自己对自身"软件"的加工——信息内容的处理过程,称之为思维。

第一节 思 维 概 述

一、思维的概念及特征

　　思维是借助语言、表象或动作实现的,是对客观事物概括的和间接的认识,是认识的高级形式。它能揭示事物的本质特征和内部联系,并主要表现在概念形成和问题解决的活动中。思维与感知觉的共同之处都是人脑对客观现实的反映,但它们的差异在于,感觉和知觉是当事物的个别属性或具体事物及外部联系直接作用于感觉器官时,人脑所作出的反映过程,是对客观事物的直接的反映,它们属于认识的低级阶段。而思维是人脑对感知觉所提供的材料进行"去粗取精,去伪存真,由此及彼,由表及里"的加工,是对事物的本质属性,即内部规律性的反映过程,是人脑对客观事物概括的间接的反映,它属于认识的高级阶段。比如,我们看到过或使用过各种各样的铅笔,对铅笔产生过知觉,有过感性认识。当有人问:"什么是铅笔?"我们会进行思索,抛开那些非铅笔所必备的属性,如颜色、长短、粗细、形状、表面质地等特点,找出凡是铅笔都有的一般性特点,即中间有铅芯的一种书写工具。这样就将铅笔和毛笔、钢笔等其他书写工具以及各种非书写工具区别开来,找到了铅笔的本质。这种进行思索、认识事物本质的过程,就是思维。

　　思维的基本特征是反映的间接性和概括性。

（一）思维的间接性

所谓思维的间接性，是指思维能对感官所不能直接把握的或不在眼前的事物，借助于某些媒介物与头脑加工来进行反映。由于人类感觉器官结构和机能的限制、时间和空间的限制、事物本身带有蕴含或内隐的特点等，人们对世界上的许许多多的事物，如果单凭感官或仅仅停留在感知觉上，则会无法认识或认识不全，那么就需要借助于某些媒介物与头脑加工来进行反映。也就是说，通过已知的事物属性或已有的知识经验，去认识那些没有直接感知的，或根本不可能直接感知到的事物属性和规律性联系。例如，早晨起床，推开窗户，看到地面潮湿，便推想到"夜里下过雨了"。这时，人们并没有直接感知到下雨，而是通过地面潮湿这个媒介，间接推断出来的。又如，见到蚂蚁开始搬家而预见天将下雨，这种预见也是一种间接反映。

（二）思维的概括性

所谓思维的概括性，是指思维通过抽取同一类事物的共同的本质特征和事物间的必然联系来反映事物。由于这一特性，人能通过事物的表面现象和外部特征而认识事物的本质和规律。任何科学的概念、定义、定理、规律、法则都是概括的结果。人们通过事物的表面现象和外部特征而认识事物的本质和规律。例如，通过感知觉我们只能看到具体的一只鸟的外形和活动情况，而通过思维我们才能认识鸟的本质属性：有羽毛，卵生。也只有通过思维，把不会飞的鸡、鸭列入鸟类，而不把会飞的蝙蝠、蜻蜓等列入鸟类。

思维的间接性和概括性是相互联系的。人之所以能够间接地反映事物，是因为人有概括性的知识经验，而人的知识经验越概括，就越能间接地反映客观事物。

二、思维的种类

（一）根据思维的凭借物和解决问题的方式，可以把思维分为直观动作思维、具体形象思维和抽象逻辑思维

1. 直观动作思维

直观动作思维又称实践思维，是凭借直接感知，伴随实际动作进行的思维活动。实际动作便是这种思维的支柱。例如，幼儿在学习简单计数和加减法时，常常借助数手指，实际活动一停止，他们的思维便立即停下来。

2. 具体形象思维

具体形象思维是利用已有表象进行的思维活动。表象便是这类思维的支柱。表象是当事物不在眼前时，在个体头脑中出现的关于该事物的形象。人们可以运用头脑中的这种形象来进行思维活动。例如，要考虑走哪条路能更快到达目的地，便需在头脑中出现若干条通往目的地的路的具体形象，并运用这些形象进行分析、比较来作出选择。在解决复杂问题时，鲜明生动的形象有助于思维的顺利进行。

3. 抽象逻辑思维

抽象逻辑思维是以概念、判断、推理的形式达到对事物的本质特性和内在联系认识的思维。概念是这类思维的支柱。概念是人反映事物本质属性的一种思维形式，因而抽象逻辑思维是人类思维的核心形态。科学家研究、探索和发现客观规律，学生理解、论证科学的概念和

原理以及日常生活中人们分析问题、解决问题等，都离不开抽象逻辑思维。小学高年级学生的抽象逻辑思维得到了迅速发展，初中生这种思维已开始占主导地位。初中一些学科中的公式、定理、法则的推导、证明与判断等，都需要抽象逻辑思维。

（二）根据思维过程中是以日常经验还是以理论为指导来划分，可以把思维分为经验思维和理论思维

1. 经验思维

经验思维是以日常生活经验为依据，判断生产、生活中的问题的思维。例如，人们对"月晕而风，础润而雨"的判断，儿童凭自己的经验认为"鸟是会飞的动物"，人们通常认为"太阳从东边升起，往西边落下"等都属于经验思维。

2. 理论思维

理论思维是以科学的原理、定理、定律等理论为依据，对问题进行分析、判断的思维。例如，根据"凡绿色植物都是可以进行光合作用的"一般原理，去判断某一种绿色植物的光合作用。科学家、理论家运用理论思维发现事物的客观规律。教师利用理论思维传授科学理论，学生运用理论思维学习理性知识。

（三）根据思维结论是否有明确的思考步骤和思维过程中意识的清晰程度，可以把思维分为直觉思维和分析思维

1. 直觉思维

直觉思维是未经逐步分析就迅速对问题答案作出合理的猜测、设想或突然领悟的思维。例如，医生听到病人的简单自述，迅速作出疾病的诊断；公安人员根据作案现场情况，迅速对案情作出判断；学生在解题中未经逐步分析，就对问题的答案作出合理的猜测、猜想等的思维。

2. 分析思维

分析思维是经过逐步分析后，对问题解决作出明确结论的思维。例如，学生解几何题的多步推理和论证，医生面对疑难病症的多种检查、会诊分析等的思维。

（四）根据解决问题时的思维方向，可以把思维分为聚合思维和发散思维

1. 聚合思维

聚合思维又称求同思维、集中思维，是把问题所提供的各种信息集中起来得出一个正确的或最好的答案的思维。例如，学生从各种解题方法中筛选出一种最佳解法，工程建设中把多种实施方案经过筛选和比较找出最佳的方案等的思维。

2. 发散思维

发散思维又称求异思维、辐射思维，是从一个目标出发，沿着各种不同途径寻求各种答案的思维。例如，数学中的"一题多解"，科学研究中对某一问题的解决提出多种设想，教育改革的多种方案的提出等的思维。

（五）根据思维的创新成分的多少，可以把思维分为常规思维和创造性思维

1. 常规思维

常规思维是指人们运用已获得的知识经验，按惯常的方式解决问题的思维。例如，学生按例题的思路去解决练习题和作业题，学生利用学过的公式解决同一类型的问题等。

2. 创造性思维

创造性思维是指以新异、独创的方式解决问题的思维。例如，技术革新、科学的发明创造、教学改革等所用到的思维都是创造性思维等。

三、思维的过程及规律

思维的过程包括分析、综合、比较、分类、抽象、概括、具体化、系统化等。

（一）分析与综合

分析与综合是思维过程的基本环节，一切思维活动，从简单到复杂，从概念形成到创造性思维，都离不开头脑的分析与综合。

分析是在头脑中把事物的整体分解成各个部分、方面或个别特征的思维过程。例如，我们把植物分解为根、茎、叶、花、果实、种子，把动物分解为头、尾、足、躯体，分析一个句子由哪些语言成分构成等，都属于分析过程。

综合是在头脑里把事物的各个部分、方面、各种特征结合起来进行考虑的思维过程。例如，把单词组成句子，把文学作品的各个情节联成完整的场面等都属于综合过程。

分析与综合在人的认识过程中有不同作用。通过分析，人可以进一步认识事物的基本结构、属性和特征；可以分出事物的表面特性和本质特性，使认识深化；可以分出问题的情境、条件、任务，便于解决思维问题。通过综合，人可以完整、全面地认识事物，认识事物间的联系和规律；整体地把握问题的情境、条件与任务的关系，提高解题的技巧。例如，学生读一篇课文，既要分析，也要综合。经过分析，理解了词义和段落大意；经过综合，掌握了文章的中心思想，便获得了对文章的整体认识。对事物只有分析而没有综合，只能形成片面的、支离破碎的认识；只有综合没有分析，只能形成表面的认识。分析与综合是辩证统一的，只有把分析与综合有机地结合在一起，才能发现事物的联系和关系，才能更好地认识事物。

（二）比较与分类

比较是在头脑中把各种事物或现象加以对比，确定它们之间的异同点的思维过程。人们认识事物，把握事物的属性、特征和相互关系，都是通过比较来进行的。只有经过比较，区分事物间的异同点，才能更好地识别事物。例如，教师要讲清"思维"这个概念，必须与相近的"思想"这个概念相比较，找出它们的共同点和差异点。它们的共同点是，二者都是理性认识；它们的差异点在于，思想是理性认识的内容，思维是理性认识的形式。通过比较，对"思维"这一概念的认识就更加准确了。

分类是在头脑中根据事物或现象的共同点和差异点，把它们区分为不同种类的思维过程。分类是在比较的基础上，将有共同点的事物划为一类，再根据更小的差异将它们划分为同一类中不同的属，以揭示事物的一定从属关系和等级系统。例如，学生掌握数的概念时，把数分为实数和虚数；又把实数分为有理数和无理数；有理数又可分为整数、小数和分数等。

（三）抽象与概括

抽象是在头脑中把同类事物或现象的共同的、本质的特征抽取出来，并舍弃个别的、非本质特征的思维过程。

概括是在头脑中把抽象出来的事物的共同的、本质的特征综合起来并推广到同类事物中去，使之普遍化的思维过程。

抽象与概括的关系十分密切。如果不能抽出一类事物的本质属性，就无法对这类事物进行概括；而如果没有概括性的思维，就抽不出一类事物的本质属性。抽象与概括是相互依存、相辅相成的。抽象是高级的分析，概括是高级的综合。抽象、概括都是建立在比较基础上的。任何概念、原理和理论都是抽象与概括的结果。

（四）具体化与系统化

具体化是指在头脑里把抽象、概括出来的一般概念、原理与理论同具体事物联系起来的思维过程，也就是用一般原理去解决实际问题，用理论指导实际活动的过程。具体化是把理论与实践结合起来，把一般与个别结合起来，把抽象与具体结合起来，可以使人更好地理解知识、检验知识，使认识不断深化。

系统化是指在头脑里把学到的知识分门别类地按一定程序组成层次分明的整体系统的过程。例如，学生掌握数的概念，在掌握整数、分数、小数知识之后，可以概括归纳为有理数；当数的概念扩大，学习了无理数之后，又可把有理数和无理数概括为实数；掌握了虚数之后，又可把实数和虚数概括为数，从而掌握了系统的数的知识。

四、良好的思维品质

思维品质，实质是人的思维的个性特征。思维品质反映了每个个体智力或思维水平的差异，主要包括深刻性、灵活性、独创性、批判性、敏捷性和系统性六个方面。

（一）深刻性

深刻性是指思维活动的抽象程度和逻辑水平，涉及思维活动的广度、深度和难度。人类的思维主要是言语思维，是抽象理性的认识。在感性材料的基础上，去粗取精、去伪存真，由此及彼、由表及里，进而抓住事物的本质与内在联系，认识事物的规律性。个体在这个过程中，表现出深刻性的差异。思维的深刻性集中表现为在智力活动中深入思考问题，善于概括归类，逻辑抽象性强，善于抓住事物的本质和规律，开展系统的理解活动，善于预见事物的发展进程。

（二）灵活性

灵活性是指思维活动的灵活程度。它的特点包括：一是思维起点灵活，即从不同角度、方向、方面，能用多种方法来解决问题；二是思维过程灵活，从分析到综合，从综合到分析，全面而灵活地作"综合的分析"；三是概括—迁移能力强，运用规律的自觉性高；四是善于组合分析，伸缩性大；五是思维的结果往往是多种合理而灵活的结论，不仅仅有量的区别，而且有质的区别。灵活性反映了智力的"迁移"，如我们平时说的"举一反三"、"运用自如"等。灵活性强的人，智力方向灵活，善于从不同的角度与方面起步思考问题，能较全面地分析、思考问题，进而解决问题。

（三）独创性

独创性即思维活动的创造性。在实践中，除善于发现问题、思考问题外，更重要的是要创造性地解决问题。人类的发展,科学的发展,要有所发明,有所发现,有所创新,这一切都离不开思维的独创性品质。独创性源于主体对知识经验或思维材料高度概括后集中而系统地迁移,进行新颖的组合分析,找出新异的层次和交结点。概括性越高,知识系统性越强,伸缩性越大,迁移性越灵活,注意力越集中,则独创性就越突出。

(四)批判性

批判性是思维活动中独立发现和批判的程度。是循规蹈矩、人云亦云,还是独立思考、善于发问,这是思维过程中一个很重要的品质。思维的批判性品质,来自于对思维活动各个环节、各个方面进行调整、校正的自我意识。它具有分析性、策略性、全面性、独立性和正确性等五个特点。正是有了批判性,人类才能够对思维本身加以自我认识,也就是人类不仅能够认识客体,而且能够认识主体,并且在改造客观世界的过程中改造主观世界。

(五)敏捷性

敏捷性是指思维活动的速度,它反映了智力的敏锐程度。有了思维敏捷性,在处理问题和解决问题的过程中,能够适应变化的情况来积极地思维,周密地考虑,正确地判断和迅速地作出结论。比如,智力超常的人,在思考问题时敏捷,反应速度快;智力低常的人,往往迟钝,反应缓慢;智力正常的人则处于一般的速度。

(六)系统性

系统性是指思维活动的有序程度,以及整合各类不同信息的能力。

五、皮亚杰认知发展阶段论

认知发展理论(cognitive-developmental theory 或 theory of cognitive development)是著名发展心理学家让·皮亚杰所提出的,被公认为 20 世纪发展心理学上最权威的理论。所谓认知发展是指个体自出生后在适应环境的活动中,对事物的认知及面对问题情境时的思维方式与能力表现,随年龄增长而改变的历程。

皮亚杰认为智力的本质是适应,"智慧就是适应","是一种最高级形式的适应"。他用四个基本概念阐述他的理论,即图式、同化、顺应和平衡。

图式即认知结构。"结构"不是指物质结构,是指心理组织,是动态的机能组织。图式具有对客体信息进行整理、归类、改造和创造的功能,以使主体有效地适应环境。认知结构的建构是通过同化和顺应两种方式进行的。

同化是主体将环境中的信息纳入并整合到已有的认知结构的过程。同化过程是主体过滤、改造外界刺激的过程,通过同化,加强并丰富原有的认知结构。同化使图式得到量的变化。

顺应是当主体的图式不能适应客体的要求时,就要改变原有图式,或创造新的图式,以适应环境需要的过程。顺应使图式得到质的改变。

同化表明主体改造客体的过程,顺应表明主体得到改造的过程。通过同化和顺应建构新知识,不断形成和发展新的认知结构。

平衡是主体发展的心理动力,是主体的主动发展趋向。皮亚杰认为,儿童一生下来就是环境的主动探索者,他们通过对客体的操作,积极地建构新知识,通过同化和顺应的相互作用达到符合环境要求的动态平衡状态。皮亚杰认为主体与环境的平衡是适应的实质。

(一) 心理发展的源泉

心理起源于动作,动作是心理发展的源泉。皮亚杰认为,心理既不是起源于先天的成熟,也不是起源于后天的经验,而是起源于动作。即动作是认识的源泉,是主客体相互作用的中介。最早的动作是与生俱来的无条件反射。儿童一出生就以多种无条件反射对外界的刺激作出反应,发出自己需求的信号,与周围环境相互作用。随之而发展起来的各种活动与心理操作,都在儿童的心理发展中起着主体与环境相互作用的中介作用。

(二) 心理发展的影响因素

皮亚杰将影响儿童心理发展的各种要素进行了分析,将之归纳为四个基本因素。

(1)成熟。指的是成长,特别是神经系统和内分泌系统等的成熟。成熟的作用是给儿童心理发展提供可能性和必要条件。

(2)经验。经验是关于客体本身的知识,是对客体本来具有的特性的反映,是个体通过简单的抽象活动而获得的直接经验。

(3)社会环境。社会环境指社会互动和社会传递,主要是指他人与儿童之间的社会交往和教育的影响作用。其中,儿童自身的主动性是其获得社会经验的重要前提。

(4)平衡化。这种认知发展的内在动力是影响认知发展各因素中最重要的、决定性的因素。平衡化的作用基于两个方面:其一,成熟、经验和社会环境三个因素的作用必须加以协调,这种协调作用正是平衡化的功能;其二,每一阶段的认知结构的形成和发展过程,都是连续不断的同化和顺应的自我调节活动过程,这种自我调节正是平衡化的实质所在。

(三) 心理的发展过程

皮亚杰把认知发展视为认知结构的发展过程,以认知结构为依据区分心理发展阶段。他把认知发展分为四个阶段。

1. 感知运动阶段(0—2 岁左右)

这个阶段的儿童的主要认知结构是感知运动图式,儿童借助这种图式可以协调感知输入和动作反应,从而依靠动作去适应环境。通过这一阶段,儿童从一个仅仅具有反射行为的个体逐渐发展成为对其日常生活环境有初步了解的问题解决者。

2. 前运算阶段(2—6、7 岁)

儿童将感知动作内化为表象,建立了符号功能,可凭借心理符号(主要是表象)进行思维,从而使思维有了质的飞跃。其特点:

(1)泛灵论。儿童无法区别有生命和无生命的事物,常把人的意识动机、意向推广到无生命的事物上。

(2)自我中心主义。儿童缺乏观点采择能力,只从自己的观点看待世界,难以认识他人的观点。

(3)不能理顺整体和部分的关系。通过要求儿童考察整体和部分的关系的研究发现,儿童能把握整体,也能分辨两个不同的类别。但是,当要求他们同时考虑整体和整体的两个组成部分的关系时，儿童多半给出错误的答案。这说明他们的思维受眼前的显著知觉特征的局限，而意识不到整体和部分的关系。皮亚杰称之为缺乏层级类概念(类包含关系)。

(4)思维的不可逆性。思维的可逆性是指在头脑中进行的思维运算活动，认识到改变了的形状或方位还可以改变回原状或原位。如把胶泥球变成香肠形状，幼儿会认为，香肠变大，大于球状了，却认识不到香肠再变回球状，两者就一般大了。

(5)缺乏守恒。守恒是指掌握概念的本质特征，所掌握的概念并不因某些非本质特征的改变而改变。前运算阶段的儿童认识不到在事物的表面特征发生某些改变时，其本质特征并不发生变化。缺乏守恒是前运算阶段儿童的重要特征。

3. 具体运算阶段(6、7岁—11、12岁)

在本阶段内，儿童的认知结构由前运算阶段的表象图式演化为运算图式。具体运算思维具有守恒性、脱自我中心性和可逆性的特点。皮亚杰认为，该时期的心理操作着眼于抽象概念，属于运算性(逻辑性)的，但思维活动需要具体内容的支持。

4. 形式运算阶段(11、12岁及以后)

这个时期，儿童思维发展到抽象逻辑推理水平。思维特点如下：

(1)思维形式摆脱思维内容。形式运算阶段的儿童能够摆脱现实的影响，关注假设的命题，可以对假言命题作出逻辑的和富有创造性的反映。

(2)进行假设—演绎推理。假设—演绎推理是先提出各种解决问题的可能性，再系统地评价和判断正确答案的推理方式。假设—演绎的方法分为两步：首先提出假设，提出各种可能性；然后进行演绎，寻求可能性中的现实性，寻找正确答案。

拓展阅读 ···>>>>>

思 维 导 图

思维导图又叫心智图，是表达发射性思维的有效的图形思维工具，它简单却又极其有效，是一种革命性的思维工具。思维导图运用图文并重的技巧，把各级主题的关系用相互隶属与相关的层级图表现出来，把主题关键词与图像、颜色等建立记忆链接。思维导图充分运用左右脑的机能，利用记忆、阅读、思维的规律，协助人们在科学与艺术、逻辑与想象之间平衡发展，从而开启人类大脑的无限潜能。思维导图因此具有人类思维的强大功能。

思维导图是一种将放射性思考具体化的方法。我们知道放射性思考是人类大脑的自然思考方式，每一种进入大脑的资料，不论是感觉、记忆或是想法，包括文字、数字、符码、香气、食物、线条、颜色、意象、节奏、音符等，都可以成为一个思考中心，并由此中心向外发散出成千上万的关节点，每一个关节点代表与中心主题的一个连接，而每一个连接又可以成为另一个中心主题，再向外发散出成千上万的关节点，呈现出放射性立体结构，而这些关节的连接可以视为您的记忆，也就是您的个人数据库。

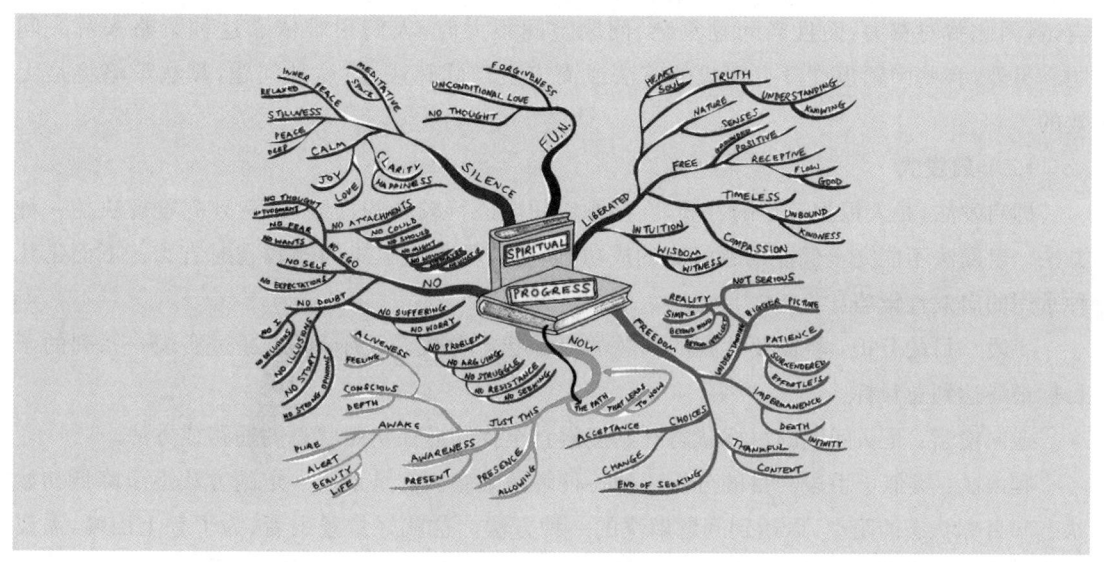

第二节　问题解决

一、什么是问题解决

思维总是体现在一定的活动过程中,特别是问题解决的活动过程中。问题解决是思维活动的普遍形式。问题解决是由一定的情景引起的,按照一定的目标,应用各种认知活动、技能等,经过一系列的思维操作,使问题得以解决的过程。问题解决是思维活动的方式之一。个体运用各种认知活动、技能等,经过一系列心理活动阶段,达到目标状态的过程就是问题解决。

二、问题解决的过程

关于问题解决的过程,纽威尔和西蒙提出了"通用问题解决者模型"。他们用问题空间的概念说明问题解决的过程。

问题空间是指问题解决者对所要解决的问题的一切可能的认识状态,包括对问题的初始状态和目标状态的认识,以及如何由初始状态转化为目标状态的认识等。他们认为,问题解决就是对问题空间进行搜索,以找到一条从问题的初始状态到达目标状态的通路。

三、问题解决的策略

采用什么样的策略解决问题,是影响问题解决效率的一个很重要的心理因素。纽威尔和西蒙认为,在问题解决过程中,有以下策略:

(一) 算法式

即算法策略,就是把解决问题的方法一一进行尝试,最终找到解决问题的答案。采用算法策略的优点是它能够保证问题的解决,但是采用这种策略在解决某些问题时需要大量的

尝试，因此费时费力，而且当问题复杂、问题空间很大时，人们很难依靠这种策略来解决问题。另外，有些问题也许没有现成的算法或尚未发现其算法，对这种问题，算法策略将是无效的。

（二）启发式

即启发法，是人根据一定的经验，在问题空间内进行较少的搜索，以达到问题解决的一种方法。启发法不能完全保证问题解决的成功，但用这种方法解决问题较省时省力。下面是几种常用的启发性策略：

手段—目的分析：将需要达到的问题的目标状态分成若干子目标，通过实现一系列的子目标最终达到总目标。

逆向搜索：是从问题的目标状态开始搜索直至找到通往初始状态的通路或方法。

爬山法：类似于手段—目的分析法的一种解题策略。它是采用一定的方法逐步降低初始状态和目标状态的距离，以达到问题解决的一种方法。这就好像登山者，为了登上山峰，需要从山脚一步一步登上山峰一样。

四、影响问题解决的因素

（一）问题情境

问题情境是指呈现问题的客观情境（刺激模式）。问题情境对问题的解决有重要的影响。

（1）情境中物体和事物的空间排列不同，会影响问题的解决。一般说来，解决某一问题所必需的物体比较靠近，都在人的视野之中，问题就容易解决，反之则困难。

（2）问题情境中的刺激模式与个人的知识结构越接近，问题就越容易解决。例如，已知一个圆的半径是 2 厘米，求圆的外切正方形的面积，用 A、B 两种方式呈现图形（见图 6-1），A 图中不容易看出圆的半径与正方形的关系，问题解决就要困难，而 B 图中，人们很容易看出圆的半径与正方形的关系，问题较易解决。

（3）问题情境中所包含的物件或事实太少或太多都不利于问题的解决。太少可能遗漏事实，太多则会产生干扰。如图 6-2，你能看见右侧图上与左上图相同的箭头吗？由于"心理眩惑"作用，右侧的箭形部分不易被看出。

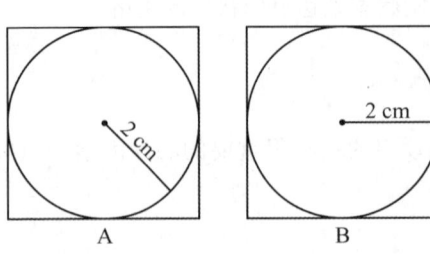

图 6-1　圆的外切正方形呈现方式

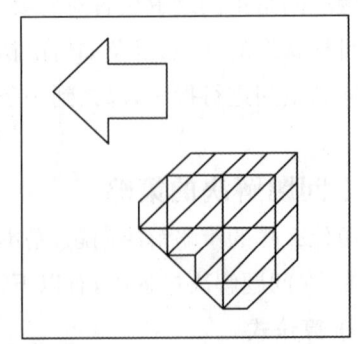

图 6-2　镶嵌图形

（二）迁移

迁移是指已有的知识经验对解决新问题的影响。例如，学会了骑摩托车再学开汽车就要容易些，学会了骑自行车反而影响学骑三轮车。这些现象都是迁移的表现。迁移有正迁移和负迁移之分。正迁移是指已获得的知识经验对解决新问题有促进作用。例如，毛笔字写得好的学生，钢笔字往往也会写得不错。负迁移是指已获得的知识经验对解决新问题有阻碍或干扰的影响。例如，学过汉语拼音的学生在初学英文时往往有一些困难。一般来说，知识经验越丰富，概括水平越高，新旧情境间共同因素越多，越易于将知识经验迁移到解决新问题的情境中去，促使问题解决，产生正迁移；相反，知识经验片面、概括水平低或使用不当，会妨碍问题的解决或把问题解决的思路引向歧途，导致负迁移产生。

（三）原型启发

原型启发是指在其他事物或现象中获得的信息对解决当前问题的启发。其中具有启发作用的事物或现象叫做原型。作为原型的事物或现象多种多样，存在于自然界、人类社会和日常生活之中。例如，人类受到飞鸟和鱼的启发发明了飞机和轮船，由蒲公英轻飘飘随风飞行的启发制成降落伞，模拟蝙蝠定向作用而设计出了雷达，模拟狗鼻而设计"电子鼻"。科学家们从动物的形态、动作和某些机体结构中获得启发，解决了大量的生产、生活和军事上的问题，并形成仿生科学。

（四）定势

定势是指由先前的活动所形成的并影响后继活动趋势的一种心理准备状态。它在思维活动中表现为一种易于以惯用的方式解决问题的倾向。定势在问题解决中有积极作用，也有消极影响。当问题情境不变时，定势对问题的解决有积极的作用，有利于问题的解决；当问题情境发生了变化，定势对问题的解决有消极影响，不利于问题的解决。

（五）功能固着

功能固着是指个体在解决问题时往往只看到某种事物的通常功能，而看不到它其他方面可能有的功能。这是人们长期以来形成的对某些事物的功能或用途的固定看法。例如，对于电吹风，一般人只认为它是吹头用的，其实它还有多种功能，可以做衣服、墨迹等的烘干器；砖，它的主要功能是用来建筑，然而我们还可以用它来当武器、坐凳等。功能固着影响人的思维，不利于新假设的提出和问题的解决。有这样一个实验，让被试把三支点燃的蜡烛，沿着与木板墙平行的方向，固定在木板墙上。发给被试的材料是三支蜡烛、三个纸盒、几根火柴、几个图钉。把发给第一组的所有材料分别装进三个纸盒里，而发给第二组的所有材料放在三个纸盒之外。结果是：第二组有86％的被试按时解决了问题；第一组只有41％的被试按时解决了问题。为什么第一组被试的成绩不如第二组被试呢？原因在于第一组被试一开始就把纸盒的功能固定地看成装东西的容器，而没有看到纸盒还有当烛台用的功能，所以没能顺利解决问题。第二组被试一开始就没有把纸盒看成仅仅是装东西的容器，在解决实际问题中想到了当烛台用，所以顺利地解决了问题。

（六）动机与情绪状态

动机是促使问题解决的动力因素，对问题解决的思维活动有重要影响。动机的性质和动机的强度会影响问题解决的进程。就动机的性质来说，如果一个人的动机越积极，越有社会价值，它对人的活动的推动力就越大，人们就会为问题解决积极、主动地进行探索，这样，活动效率也就会越高。就动机的强度来说，它对问题解决的思维活动的影响比较复杂。一般情况下，当人具有某种问题解决的强烈动机时，人的思维才活跃，才能以积极的态度去寻求问题解决的途径、方法；相反，动机强度太弱，对问题解决漠不关心，自然不能调动个体问题解决的积极性，就不会主动、积极地寻求问题解决的途径、方法，不利于充分活跃个体的思维活动和人的能力的发挥，这时易产生畏难、退缩行为。但动机强度与问题解决的思维活动效率之间并不总是呈正相关的。心理学家的研究表明，动机强弱与问题解决的关系，可以描绘成一条"倒 U 形曲线"（如图 6－3）。

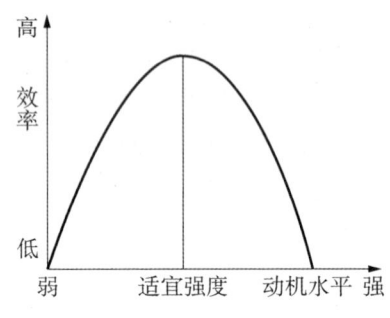

图 6－3　动机强度与解决问题效率

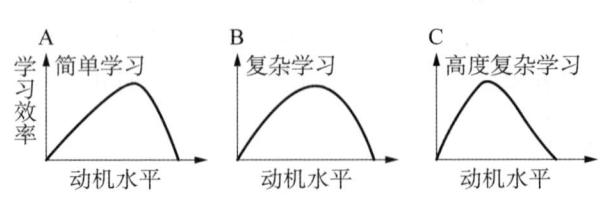

图 6－4　问题难度和适宜动机强度的关系

可以看出，适中的动机强度最有利于问题的解决。动机超过适宜强度，反而不利于问题的解决。因为动机过强会造成很大的心理压力，易出现情绪紧张，思维紊乱，反而抑制思维活动，降低解题成效。动机强度的适中点会随解决的问题的难度而变化。一般来说，解决的问题越复杂，动机强度的适中点越是偏低些（如图 6－4）。

个体在问题解决活动中的情绪状态对活动的效果有直接的影响。一般来说，高度紧张和焦虑的情绪状态会抑制思维活动，阻碍问题的解决；而愉快、兴奋的情绪状态则会使思维活跃，思路开阔，有利于问题的解决。但情绪过于兴奋和激动，也会抑制人的思维活动，使人的思路狭窄，妨碍问题的解决。

（七）个性特征

从事问题解决活动的是人，是有个性特征的人，人的个性特征对问题解决有着直接的影响。一个有远大理想、富有自信、有创新意识、勤奋、乐观、勇敢、顽强、坚韧、果断、勇于进取和探索的人，能克服困难去解决许多疑难问题；而一个鼠目寸光、畏缩、懒惰、畏难、拘谨、自负、自卑、遇事动摇不定的人，往往会使问题解决半途而废。研究表明，绝大多数有重大贡献的科学家、发明家和艺术家，都有强烈的事业心和积极的进取心。他们善于独立思考，勤于钻研，富于自信，勇于创新，有胆有识，有坚持力等。此外，人的能力、气质类型也影响对问题的解决。

第三节 创造性思维

一、什么是创造性思维

创造性思维是指人们应用新颖的方式解决问题,并能产生新的、有社会价值的产品的心理过程。创造性总是体现在问题解决的活动中,因此属于问题解决的一个研究领域。

二、创造性思维的过程

(一)准备阶段

准备阶段是创造性思维活动过程的第一个阶段。这个阶段是搜集信息、整理资料、作前期准备的阶段。由于对要解决的问题存在许多未知数,所以要搜集前人的知识经验来对问题形成新的认识,从而为创造活动的下一个阶段作准备。爱迪生为了发明电灯,据说,光搜集资料整理成的笔记就 200 多本,总计达四万多页。可见,任何发明创造都不是凭空杜撰的,都是在日积月累、大量观察研究的基础上进行的。

(二)酝酿阶段

酝酿阶段主要对前一阶段所搜集的信息、资料进行消化和吸收,在此基础上,找出问题的关键点,以便考虑解决这个问题的各种策略。在这个过程中,有些问题由于一时难以找到有效的答案,通常会把它们暂时搁置。但思维活动并没有因此而停止,这些问题会无时无刻不萦绕在头脑中,甚至转化为一种潜意识。在这个过程中,容易让人产生狂热的状态,如"牛顿把手表当成鸡蛋煮"就是典型的钻研问题狂热者。所以,在这个阶段,要注意有机结合思维的紧张与松弛,使其向更有利于问题解决的方向发展。

(三)豁朗阶段

豁朗阶段,也即顿悟阶段。经过前两个阶段的准备和酝酿,思维已达到一个相当成熟的阶段,在解决问题的过程中,常常会进入一种豁然开朗的状态,这就是前面所讲的灵感。耐克公司的创始人比尔·鲍尔曼,一天正在吃妻子做的威化饼,感觉特别舒服。于是,他被触动了,如果把跑鞋制成威化饼的样式,会有怎样的效果呢?于是,他就拿着妻子做威化饼的特制铁锅到办公室研究起来,之后,制成了第一双鞋样。这就是有名的耐克鞋的发明。

(四)验证阶段

验证阶段又叫实施阶段,主要是对通过前面三个阶段形成的方法、策略进行检验,以求得到更合理的方案。这是一个否定—肯定—否定的循环过程。通过不断的实践检验,从而得出最恰当的创造性思维过程。

三、创造性思维的培养

(一)引导学生积极参加创造性活动,增强创造意识

这是培养创造性思维的前提。要让学生认识到创造思维能力是创造型人才的重要标志,而创造不是少数人的事情,每一个智力正常的人都具有创造能力,都可以进行发明创造。人的

各种能力是在活动中形成和发展的,创造性思维能力只有通过创造性活动才能得到发展和提高。所以,要鼓励学生积极参加各种创造性活动,鼓励学生的各种新颖、独特的创造性行为和成果,帮助学生树立在创造活动中的信心,激发他们的创作欲望,鼓励他们大胆尝试,勇于实践,不怕失败,认真总结经验等。

(二)保护好奇心,激发求知欲

好奇心是人对新异事物产生好奇并进行探究的一种心理倾向。求知欲又称认识兴趣,它是好奇心、求知欲的升华,是人渴望获得知识的一种心理状态。好奇心和求知欲是学生主动观察事物、进行创造性思维的内部动因。教师在教学过程中要创造条件,积极促进学生好奇心、求知欲的发展。例如,通过启发式教学或创设问题情境,使学生面临疑难,产生求知的需要和探索的欲望,主动提问和质疑,并给予鼓励;通过现代化的教学手段,创造新异的活动、变化的课件来激发学生的好奇心、求知欲和探索动机;组织或引导学生去观察大自然或社会生活,鼓励他们去发现问题,并启发他们自己寻找答案;经常结合教学向学生提出一些他们感到熟悉而又需要动脑筋才能解决的思考题等,从而促进学生创造性思维的发展。

(三)加强发散思维的训练

创造活动过程是由发散思维到集中思维,又由集中思维再到发散思维多次循环往复的过程。其中发散思维更能体现思维的创造性,它是创造性思维的主要成分。

在教学中有意识地训练学生的发散思维,有助于学生创造性思维的培养。培养学生的发散思维,主要是通过加强学生思维的流畅性、变通性和独特性的训练,限制与排除心理定势与功能固着的消极作用来进行。例如,每次作业内容不要太单调,不要机械地死套公式,应多出一些选择题来锻炼学生灵活解决问题的能力;要鼓励学生一题多解,一事多写;出一些有多种答案的问题等。

(四)鼓励直觉思维

直觉思维在人的创造性活动中具有重要的作用。有意识地培养和发展学生的直觉思维能力,是培养学生创造性思维的一个重要环节。

(五)发展学生的想象力

想象与创造性思维有着密切的联系,它是人类创造活动所不可缺少的心理因素。

(六)培养学生的创造个性

创造性思维的发展不仅和智力因素有关,而且与个性因素也有密切关系。研究表明,人的意志力、自信心、独立性等个性因素在创造性活动中起着重要作用。

第四节　想　　象

一、想象的概念

想象是对头脑中已有的表象进行加工改造,形成新形象的过程。这是一种高级的认识活动。形象性和新颖性是想象活动的基本特点。

第一,想象是以感知过的事物形象为基础,即以记忆表象(储存在脑中的已有的表象)为原材料进行加工改造而形成的。例如,我们没有去过草原,但当我们读到《敕勒歌》中的"天苍苍,野茫茫,风吹草低见牛羊"时,头脑中就会浮现出一幅草原牧区的美丽景象:蓝蓝的天空,一望无际的大草原,微风吹动着茂密的牧草,不时露出牧草深处的牛羊。这幅我们从未感知过的图景,就是由我们所熟悉的蓝天、草地、微风、牛羊等记忆表象的组合构成的。

第二,人的头脑不仅能够产生过去感知过的事物形象,而且能够产生过去从未感知过的事物形象。例如,吴承恩在写《西游记》时,他头脑中出现的孙悟空、猪八戒等形象并不是他所感知过的;读者在读《西游记》时头脑中出现的孙悟空、猪八戒等的形象也是读者未曾感知过的;法国科幻小说家凡尔纳在他小说中出现的霓虹灯、潜水艇、坦克、电视机等也是他当时未曾感知过的;还有音乐家谱写一首新曲子时头脑中出现的音乐形象,建筑设计师设计一座新的建筑物时头脑中出现的新建筑物的形象等,这些他们没有感知过的但又出现在头脑中的新形象是想象的结果。

第三,想象过程所产生的新形象称为想象表象。由于构成想象表象的加工、改造过程是通过思维活动进行的,所以,想象是思维的一种特殊形式,是一种形象思维。

二、想象的作用

(一) 想象是促使人的心理活动丰富和深化的重要因素

想象是智慧的翅膀,是思维的特殊形式。就深刻性而言,想象不像知觉那样只反映事物外部的和表面的联系,也不像记忆那样只再现过去的认识,而是人脑对已有的感知材料经过加工改造后进一步深化的认识;就其广阔性而言,想象不像感知觉只限于个人狭窄的直接认识的范围,而是具有更丰富的内容。借助想象,人们可以驰骋于无限的现实世界和神奇的幻想世界之中,可以追溯上至几千年的过去,也可以展望几万年以后的未来。常言道,想象可以使人"思接千载,视通万里",就是说想象可以打破时空的界限,使人的心理更为丰富充实。

(二) 想象是促使人们创造性地进行各种实践活动的必要条件

人们对未来的预见,一切科学上的新发现、新发明,新的艺术作品的创作,各种科学知识的学习等,都是和人的想象活动密切联系的。

(三) 想象有助于调节人的情感和意志活动

想象的形象会引起人的情感体验,从而调节人的情绪。这一点在人们阅读文学作品时体会最深,我们借助想象与故事里的人物一起欢笑、流泪,一起紧张、悲愤;借助想象还可以从书中的英雄人物身上获得精神的陶冶,发展具有积极倾向性的情感;同时,想象也是构成人的意志行动的内部推动力的不可缺少的因素之一。苏联学者鲁宾斯坦认为,每一种思想,每一种情感,哪怕是在某种程度上的改变世界的意志行动,都有一些想象的成分。事实也是如此,如果没有想象的作用,人就不可能预瞻活动的结果,不可能确定清楚的目标,不可能预定具体的计划,因而就不可能进行意志活动。

三、想象的种类

根据新形象的形成有无目的性,可以把想象分为无意想象和有意想象。

（一）无意想象

无意想象也称不随意想象，它是没有预定目的，在一定的刺激影响下，不由自主地引起的想象。例如，我们看到天上的云，不自觉地把它想象成蘑菇、大象、羊群等；我们看到窗上的冰霜，不自觉地把它想象成美丽的树林、陡峭的山峰等。

梦是无意想象的极端情况。它是人在睡眠状态下的一种漫无目的、不由自主的奇异想象。在梦中，有时见到已故的亲人、昔日的朋友，体验到童年时代的激情，经历一些稀奇古怪的事情。从梦境的内容看，它是过去经验的奇特组合。按照巴甫洛夫的解释，梦是人在睡眠时，大脑皮层产生一种弥漫性抑制，由于抑制发展不平衡，皮层的某些部位出现活跃状态，暂时神经联系以意想不到的方式重新组合而产生各种形象。

（二）有意想象

有意想象也称随意想象，它是有预定目的、自觉进行的想象。人在多数情况下，总是根据一定的目的、自觉地进行想象活动。例如，学生在学习过程中为完成某项学习任务，获得某些知识的想象；工程师和工人对建筑图纸的想象等。对于有意想象，根据它的新形象的新颖性、独特性和创造性的不同，又可分为再造想象和创造想象。

1. 再造想象

再造想象是根据词语的描述或非语言（图样、图解、符号等）的描绘，在头脑中产生有关事物新形象的过程。例如，当我们读着马致远的《天净沙·秋思》"枯藤老树昏鸦，小桥流水人家，古道西风瘦马。夕阳西下，断肠人在天涯"时，头脑中就会展现出一幅充满苍凉气氛的"秋暮羁旅图"，这就是再造想象。也就是说，人在阅读文艺作品、历史文献，工人在看建筑或机械图纸，学生在听教师对课文生动形象的描述时，头脑中出现的有关事物的形象，都属于再造想象。

2. 创造想象

创造想象是不依据现成描述而独立地创造出新形象的过程。在创造新产品、新技术、新作品时，人脑所构成的新事物的形象都是创造想象。它的特点是新颖、独创、奇特。

幻想是创造想象的一种特殊形式。幻想是与个人愿望相联系并指向于未来事物的想象。它是个人对未来的希望与向往。

根据幻想的社会价值和有无实现的可能性，可以把幻想分为积极的幻想和消极的幻想。积极的幻想是符合事物发展规律，并具有一定的社会价值和实现可能的幻想，一般称为理想。例如，青少年想将来当教育家、科学家、艺术家，想为人类多作贡献，这是符合社会发展规律的，经个人努力能够实现的。而消极的幻想是完全脱离客观现实的发展规律、毫无实现可能的幻想，一般称为空想。例如，有人幻想长生不老，到处寻找灵丹妙药；有的小学生看了神话小说，想学孙悟空七十二变，想修炼成仙等，这些都是不切实际的，永远不能实现的。

四、想象的形成方式

（一）黏合

黏合是把两种或两种以上客观事物的属性、元素、特征或部分结合在一起而形成新形象的过程,如孙悟空、猪八戒、美人鱼、飞马等的形象。黏合方式是想象过程中最简单的一种方式,多用于艺术创作和科技发明。

(二)夸张

夸张是改变客观事物的正常特征,使事物的某一部分或一种特性增大缩小、数量加多、色彩加浓等在头脑中形成新形象的过程。例如,人们创造的千手千眼佛、九头龙,及《格列佛游记》中的大人国、小人国等形象。还有,我们常看到的一些人物的漫画就是绘画者对人物特点进行夸张的结果。

(三)拟人化

拟人化是把人类的形象和特征加在外界客观对象上,使之人格化的过程。例如,《封神演义》、《西游记》、《聊斋》等古典名著中的许多形象,都采用了拟人化想象的创作手法。雷公、风婆、花仙、狐精、白蛇与青蛇等均是拟人的产物。拟人化也是文学和其他艺术创作的一种重要手段。

(四)典型化

典型化就是根据一类事物的共同的、典型的特征创造新形象的过程。这是一种在文学艺术创作中普遍采用的方式。例如,鲁迅笔下的阿Q的形象、祥林嫂的形象的创造,就是鲁迅综合某些人物的特点之后创造出来的。

第五节　中学生思维的发展

一、中学生思维发展的特点及规律

(一)抽象逻辑思维逐步占优势

(1)中学生一般能摆脱具体事物的限制,运用概念、提出假设、检验假设来进行抽象逻辑思维。

(2)中学生在思维过程中已有预见性特征,即能在复杂活动或问题解决之前有计划、有策略。

(3)中学生的思维具有形式化的特征,即中学生能时常有意或无意地运用逻辑规律来解决问题。

(4)中学生在思维活动中具有一定的自我意识或自我监控能力,即表现为中学生不但能考虑如何解决问题,还能对自己的思维进行自我反省、自我调控,确保思维的正确性和高效率。

(5)中学生思维的独创性在逐步增长。突出表现在他们能不断提出新的假设、理论,思维的敏捷性、灵活性、深刻性和批判性明显增强。

(二)辩证逻辑思维开始发展

(1)中学生(尤其是高中生)理论思维的发展,有力地促进着辩证思维的发展,从而形成了抽象思维和辩证思维协调发展、相互促进的新局面。中学生基本上能理解一般与特殊、演绎与归纳、理论与实践等的辩证关系,能用全面、发展、联系的观点去分析和解决问题。

(2)中学生的思维结构趋于稳定,并基本完整与系统化。中学生由于理论思维的发展,思维结构的内部关系更加协调。分析与综合、抽象与概括、演绎与归纳、形式逻辑与辩证逻辑、认知与非认知因素等形成了协调发展的新格局,从而使中学生思维的功能更完善,思维的效率更高。

二、中学生想象发展的特点及规律

想象与思维之间有着密切的联系。想象是一种特殊的思维过程。初中生想象的有意性迅速增长。这与他们实践活动的丰富多彩有很大关系。研究发现,初中二年级到初中三年级是学生空间想象力发展的加速期或关键期。教师在教学过程中要特别注意在这个时期发展学生的想象力。此外,初中生想象的创造性成分在不断增加。他们不仅能将看到的或听到的具体事物说出来、写出来,还能运用这些材料"编出"尚未看到或听到的事情来。他们的想象不像小学生那样,多是模仿和再现,而能够显示出一种创造性。不过这种创造性成分还是有限的,不能估计过高。初中生的幻想具有现实性、兴趣性,有时也带有虚构的特点。而要达到理性的想象一般要到高中阶段。

三、中学生良好思维品质的培养

思维能力的提高主要应重视思维品质的培养。通过培养学生的概括能力,来培养学生思维的深刻性;通过发散思维的训练,培养学生思维的灵活性;通过培养他们迅速地分析问题和解决问题的能力来提高学生思维的敏捷性;通过培养学生独立思考的自觉性和解题的新颖性、独特性来培养学生思维的独特性;通过鼓励学生对解决问题所依据的条件进行分析,大胆提出自己的假设和敢于对现成答案提出质疑,来培养思维的批判性。

思考与训练

一、选择题

1. "灯是照明的工具"这种认识反映了(　　)。

A. 思维的概括性

B. 思维的灵活性

C. 思维的间接性

D. 思维的直觉性

2. 在头脑中把同类事物的一般的、本质的属性抽取出来,舍弃非本质属性的思维过程是(　　)。

A. 分析　　　　　　　　　　　　B. 抽象

C. 概括　　　　　　　　　　　　D. 综合

3. 学前儿童一边摆积木,一边自言自语:"摆的是大桥"、"搭的是铁路"等,这种思维是(　　)。

A. 集中思维　　　　　　　　　　B. 动作思维

C. 发散思维　　　　　　　　　　D. 形象思维

二、简答题

1. 请简述思维的基本概念及特征。

2. 请简述问题解决的基本过程及策略。

3. 请简述影响问题解决的因素。

4. 请简述创造性思维的过程。

5. 请简述想象的基本概念及形成方式。

6. 请简述中学生思维发展的特点及规律，并阐述如何培养中学生良好的思维品质。

参考文献

［1］彭聃龄.普通心理学(第4版)[M].北京：北京师范大学出版社,2012.

［2］王雁.普通心理学[M].北京：人民教育出版社,2002.

［3］许远理,孙天义.公共心理学教程[M].上海：华东师范大学出版社,2010.

第七章 情绪与情感

学习目标

1. 掌握情绪与情感的概念；
2. 理解情绪与情感的区别和联系；
3. 了解情绪与情感的功能；
4. 掌握情绪、情感的类别；
5. 了解中学生情绪和情感的特点；
6. 掌握调节不良情绪的方法。

一些现实的生活情境：

当你在外面散步时，偶遇一个多年未见的好友。

你的室友在未经你允许的情况下使用了你的东西。

你养了很多年的宠物狗离开了你。

深夜，家里人都外出了，只有你静静地坐着，突然，前门被重击了一下，接着是一声尖叫，然后又是死一般的沉寂。

生活中，人们随时随地会发生喜怒哀惧等情绪、情感的起伏变化，情绪、情感就好似染色剂，使人的生活染上各种各样的色彩；情绪、情感又好似催化剂，使人的活动进程加速或减速。人需要积极、快乐的情绪，它是获得幸福与成功的动力，使人充满生机；人也会体验焦虑、痛苦等消极情绪，它使人心灰意冷，沮丧消沉，若不妥善管理，还会危及身心健康。人的一生，就是这样游弋在情绪、情感的海洋中，体会着人生的五味杂陈。古往今来，人们为此感叹，亦为此迷惑，不断提出一个古老又常新的问题：情绪、情感究竟是什么？本章我们就来学习什么是情绪、情感，情绪、情感有哪些分类，了解情绪、情感的功能，掌握调节不良情绪的方法并能运用到实际生活中。

第一节 情绪与情感概述

一、情绪与情感的概念

传统心理学把心理过程划分为三个方面，即认识过程、情感过程和意志过程。认识过程是对客观事物本身属性的加工过程，它反映着事物本身所具有的感性的或理性的特性。情绪、情感与认识不同，情绪、情感是以主体为中介的一种心理活动形式。主体，在此主要指人的需要、愿望、追求等倾向。例如,在认识活动中,光线引起明亮感,声音引起听觉,学习促成记忆。但是,人的心理活动远远不止于此。人作为主体,客观事物对其总是具有某种意义,客观事物可以符合或不符合主体的需要或愿望,对实现主体的目标有益或有害。因此,每当面对某一客观事物时,主体对它总是有一定的态度。例如,湖光塔影、鸟飞鱼游不但有声有色,而且使人赏心悦目、心旷神怡,因为这景色有益于人的身心健康。然而在闹市,车水马龙、拥塞截堵和严重的大气污染,使人烦躁难耐。清澈的水和一氧化碳本身并不具有愉悦或恐惧的属性,它们作用于人,使人产生愉快或痛苦等主观体验,是由它们对人所具有的意义引起的。鉴于此,情绪、情感可定义为:个体对客观事物的态度体验及相应的行为反应。

情绪与情感是由独特的主观体验、外部表现和生理唤醒三种成分组成:(1)主观体验,是个体对不同情绪和情感状态的自我感受。(2)外部表现,通常称之为表情,它是情绪和情感状态发生时身体各部分的动作量化形式,包括面部表情、姿态表情和声调表情。(3)生理唤醒,是指情绪与情感产生的生理反应,它涉及广泛的神经结构。

二、情绪与情感的区别与联系

情绪与情感是和人特定的需要、愿望或追求相联系的,心理学上统称为"感情",二者的区别主要体现在以下几个方面:

(一)基于活动特点的角度

情绪主要指感情过程,即个体需要与情境相互作用的过程,也就是脑的神经机制活动的过程,如高兴时手舞足蹈、愤怒时暴跳如雷。情绪具有较大的情景性、激动性和暂时性,往往随着情景的改变和需要的满足而减弱或消失。情绪概念既适用于人类,也适用于低等动物。情感经常用来描述那些具有稳定的、深刻的社会意义的感情,作为一种体验和感受,情感具有较大的稳定性、深刻性和持久性。只有人类才有情感。

(二)基于发生时间的角度

从发生时间的角度来看,情绪发生较早,是人类和低等动物所共有的,人出生时就会有情绪反应。情感发生较晚,是人类特有的,它是人在社会生活与实践中逐渐发展起来的,新生儿并未产生情感。

(三)基于需要的角度

情绪一般是和人的生理需要相联系的体验形式,例如当人们满足了饥渴的需要时会感到愉快,当人们的人身安全受到威胁时会感到恐惧。而情感是同人的高级的社会性需要相联系的态度体验,例如当人们获得成功时会产生成就感。

情绪与情感是有区别的,但又相互依存、不可分离。稳定的情感是在情绪的基础上形成的,而且它又通过情绪来表达。情绪也离不开情感,情绪的变化反映情感的深度,在情绪中蕴含着情感。

三、情绪与情感的功能

(一)适应功能

情绪与情感是人类适应生存和发展的一种重要方式。人们通过各种情绪、情感,了解自身或他人的处境与状况,适应社会的需要,以求更好地生存和发展。

(二)动机功能

情绪与情感是动机的源泉之一,是动机系统的一个基本成分,能激励人的活动,提高人的生活效率。适度的情绪兴奋,可以使身心处于活动的最佳状态,进而推动人们有效地完成各项活动。

(三)组织功能

情绪是一个独立的心理过程,有自己的发生机制和操作规律。情绪作为脑内的一个监测系统,对其他心理活动具有组织的作用。这种作用表现为积极情绪的协调作用和消极情绪的破坏、瓦解作用。研究证实,中等强度的情绪最有利于提高认识活动和操作活动的效率,消极的情绪如恐惧、焦虑等会对认识活动和操作效果产生负面影响,消极情绪的激活水平越高,操作效果越差。

(四)信号功能

情绪与情感在人际间具有传递信息、沟通思想的功能。这种功能是通过情绪的外部表现,即表情来实现的,属于非言语表达。人们可以通过一定的表情来传递信息,例如竖起大拇指表示赞赏,摇头表示否定,撇嘴表示厌恶等。表情是言语表达的一种重要补充,在某些特殊情境下,表情比语言更具生动性和真实性,它是人际交往的重要方式,被视为人际关系的纽带。

情绪与情感的功能向我们揭示,情绪、情感既服务于人类基本的生存适应需要,又服务于人类社会群体生活的需要。人们每时每刻发生的情绪情感过程,都是人对自然环境和社会环境的反应。情绪、情感卷入人的整个心理过程和实际生活,成为人的活动的驱动力和组织者。

四、情绪与情感的外部表现——表情

(一)面部表情

面部表情是指通过眼部肌肉、颜部肌肉和口部肌肉的变化来表现各种情绪状态。例如愉快时,额眉平展、面颊上提、嘴角上翘;悲伤时,额眉紧锁、上下眼睑趋近闭合,嘴角下拉;轻蔑时,嘴角微撇、鼻子耸起、双目斜视等。人脸的不同部位具有不同的表达作用,例如眼睛对于表达哀伤最重要,口部对于表达快乐与厌恶最重要。

面部表情具有跨文化的一致性,同一种面部表情会被不同文化背景下的人们共同承认,并使用它表达相同的情绪体验。心理学家们经过研究发现,有七种面部表情是世界上各种族的人都能识别出来的,它们是快乐、惊讶、生气、厌恶、害怕、悲伤和轻视(图7-1)。

(二)姿态表情

姿态表情可分为身体表情和手势两种。

身体表情是表达情绪的方式之一,人在不同的情绪状态下,身体姿态会发生不同的变化,例如狂喜时捧腹大笑,悔恨时捶胸顿足,愤怒时攥紧拳头等。

手势是一种重要的姿态表情,它协同或补充表达言语内容的情绪信息。手势是后天习得的,由于社会文化、传统习惯的影响而往往具有民族或团体的差异。在不同的文化中,同一手

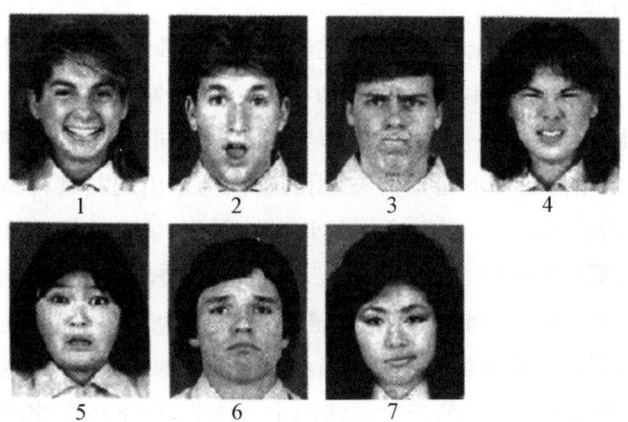

图 7-1　七种面部表情

势所代表的含义可能截然不同,例如竖起大拇指在许多地方表示夸奖对方,但在希腊却表示侮辱他人。

（三）声调表情

除面部表情、姿态表情外,声调也是表达情绪的一种形式。声调表情指情绪发生时在语言的音调、节奏和速度方面的变化,例如悲哀时语调低沉,语速缓慢;喜悦时语调高昂,语速较快。此外,感叹、烦闷、讥讽、鄙视等也都有一定的声调变化。语言是交流思想的工具,言语中音调的高低、强弱及节奏的快慢等所表达的情绪,则成为言语交际的重要辅助手段。

五、情绪理论

（一）詹姆士—兰格理论

美国心理学家威廉·詹姆士和丹麦生理学家卡尔·兰格各自分别于1884年和1885年提出了观点基本相同的理论。该理论的重要功绩在于,提出了情绪与机体生理变化的直接联系,强调了外周生理活动在情绪产生中的作用。

詹姆士认为,情绪是内脏器官和骨骼肌活动在脑内引起的感觉。詹姆士在《心理学》(1890)一书中写道:"我以为,我们一知觉到刺激我们的对象,立刻就引起身体上的变化;在这些变化出现之时,我们对这些变化的感觉,就是情绪。""合理的说法乃是:因为我们哭,所以愁;因为动手打,所以生气;因为发抖,所以怕。并不是愁了才哭,生气了才打,怕了才抖。""假如知觉了之后,没有身体变化紧跟着发生,那么,这种知觉就只是纯粹知识的性质;它是惨淡、无色的心态,缺乏情绪应有的'温热'。""情绪,只是一种身体状态的感觉,它的原因纯乎是身体的"。

兰格在情绪的发生上强调血液系统的作用。他以酒精和药物为例,认为血管扩张就产生愉快,自主系统活动减弱、血管收缩、器官痉挛就产生恐怖。他甚至说,冷水浇身能使愤怒减弱,溴化钾能使恐怖、忧虑和不愉快受到抑制,这些都是血管收缩功能的改变所致。

詹姆士—兰格理论在今天也许已经算不上真正的理论了,但是它推动了关于情绪机制的大量研究,因而在情绪心理学发展史上居于不可抹煞的地位。

（二）坎农的丘脑学说

美国心理学家坎农针对詹姆士—兰格理论提出了如下质疑：机体的生理变化在发生上相对缓慢，不足以说明情绪迅速发生、瞬息变化的事实。同样的内脏器官活动变化可以在极不相同的情绪状态中发生，因此，根据生理变化难以分辨各种不同的情绪。切断动物内脏器官与中枢神经系统的联系，情绪反应并不完全消失，用药物人为地引起与某种情绪有联系的身体变化，却并不产生真正的情绪体验。根据这些事实，坎农认为，情绪并非外周变化的必然结果，情绪产生的机制不在外周神经系统，而在中枢神经系统的丘脑，并于20世纪20至30年代提出了情绪的丘脑学说。坎农认为，当刺激引起的感觉信息传到皮层时，释放了经常处于抑制状态的丘脑中心，唤醒丘脑过程，导致特定模式的情绪产生。丘脑同时向大脑皮层和身体的其他部分输送冲动，神经冲动向上传至大脑产生情绪的主观体验，向下传至交感神经引起机体的生理变化，所以身体变化和情绪体验同时发生。

坎农的丘脑学说强调被唤醒的丘脑过程是情绪产生的机制，提出了情绪的特定脑中枢，因此比詹姆士—兰格理论前进了一步。但是，丘脑学说忽略了外因变化的意义以及大脑皮层对情绪发生的作用。

（三）阿诺德的评定—兴奋学说

美国心理学家阿诺德于20世纪50年代提出了情绪的评定—兴奋学说，该学说强调情绪的来源是对情境的评估，而这种评估是在大脑皮层产生的。阿诺德举例说：在森林里看到熊会产生恐惧，而在动物园里看到关在笼子里的熊却不产生恐惧。情绪产生取决于人对情境的认知和估价，通过评价来确定刺激情景对人的意义。因此，阿诺德给情绪下定义为：情绪是对趋向知觉为有益的、离开知觉为有害的东西的一种体验的倾向，这种体验倾向被一种相应的接近或退避的生理变化模式所伴随。

依照阿诺德的学说，情绪是这样产生的：情绪刺激作用于感官器产生的神经冲动上传至丘脑，在丘脑更换神经元后再传到大脑皮层，在皮层上产生对情境的评估。这时只要情境被评估为对有机体有足够重要的意义，皮层兴奋即下行激活丘脑系统，并影响自主神经系统而发生器官的变化。这时外周变化的反馈信息又通过丘脑传到大脑皮层，并与皮层最初的估价相结合，纯粹的认识经验即转化为情绪体验。由此可见，阿诺德的学说接受了詹姆士—兰格学说的外周反馈观点，而不同意坎农关于丘脑抑制的观点，她认为整个情绪过程均为大脑皮层兴奋的结果。

（四）沙赫特的认知—激活理论

美国心理学家沙赫特提出了情绪受环境影响、生理唤醒和认知过程三种因素所制约，其中认知因素对情绪的产生起关键作用。沙赫特和另一位美国心理学家辛格于1962年设计了一项实验，用来证明上述三因素在情绪产生中的作用，该实验的基本程序如下：

第一步，先给三组大学生被试注射肾上腺素，使他们处于生理唤醒状态——这是为了使所有被试的生理唤醒状态相同。

第二步，实验者对三组被试用三种不同的说明来解释这种药物可能引起的反应。告诉第一组被试注射药物后将产生心悸、手抖、脸发烧等反应，这些是注射肾上腺素的真实效果;告诉第二组被试注射药物后将产生双脚麻木、发痒和头痛等现象,这与肾上腺素的真实效果完全不同;告诉第三组被试,药物是温和无害的,而且没有任何副作用,即不告知这组被试肾上腺素的效果。这个步骤是诱使三组被试对自己的生理状态作出不同的认知解释。

第三步,将每组被试各分成两部分,并让两部分被试分别进入两种实验情境中。其中一个实验情境能看到一些滑稽表演,是一个愉快的情境;而另一个实验情境中,强迫被试回答繁琐的问题,并强加指责,是惹人发怒的情境。这个步骤是使被试处在不同的环境中。

实验者观察这两种环境下各组被试的情绪反应。实验结果可以预测:如果情绪是由刺激引起的生理唤醒状态单独决定的,那么三组被试应该产生一样的情绪反应,因为实验中他们的生理唤醒状态都是一样的;如果情绪是由环境因素单独决定的,那么各组被试应该是在愉快的环境中感到愉快,在愤怒的环境中产生愤怒。但实验的真实结果是:第二、三组被试在愉快环境中表现出愉快的情绪,在愤怒的情境中表现出愤怒的情绪,而第一组被试在两种情境中都比较冷静。显然,这是由于第一组被试能正确地估计和解释后来的真实生理反应,并将环境对他的影响也进行了认知解释,因而能平静地对待环境作用。而第二、三组被试对真实生理唤醒水平的认知解释是错误的,因而他们的情绪反应随着环境的不同而变化。由此可知,在情绪的产生中,生理唤醒和环境都有影响,但认知过程则起着至关重要的作用。大脑皮层将环境、生理和认知信息整合起来后,产生了一定的情绪。据此,沙赫特和辛格推论情绪是认知过程、生理状态和环境因素共同作用的结果,其中认知因素对情绪的产生起关键作用。

沙赫特的实验和理论引起了相当大的反响,但也受到了批评,如缺乏对实验的先在效度分析,实验设计复杂,后人难以重复得出相同的结果。但是,沙赫特的研究毕竟为情绪的认知理论提供了最早的实验依据,对认知理论的发展起到了一定的推动作用。

(五)信息加工理论

认知心理学家把脑的信息加工过程和有机体的生理活动结合起来解释情绪。如美国心理学家林赛和诺曼把情绪唤醒理论转化为一个工作系统,即情绪唤醒模型。该模型包括以下几个动力分析系统:第一个是对环境输入的信息的知觉分析;第二个是在长期的生活经验中建立的对外部影响的内部模式,即对过去、现在和将来的期望、需要或意向的认知加工;第三个是情境事件的知觉分析与基于过去经验的认知加工之间进行比较的系统,称为认知比较器。认知比较器附带着庞大的神经系统和生化系统的激活机构,并与效应器官相联系。

这个情绪唤醒模型的核心部分是认知。当外部事件作用于人,当前知觉材料的加工引起过去经验中储存的记忆信息的再编码,这个认知过程就会产生人的预期或判断。当现实事件与预期、判断相一致,事情将平稳地进行而没有情绪产生;若有足够的不一致,比如出乎意料的或违背愿望的事件出现,或无力应付给人带来消极影响的事物产生时,认知比较器就会迅速发出信息,动员一系列神经过程,释放适当的化学物质,改变脑的神经激活状态,使身体适应当前情景的要求,这时情绪就被唤醒了。所以,人类所特有的认知过程同它所附带的庞大的生化机构形成一个反映活动的系统,该系统的工作就体现为情绪。

（六）情绪的动机—分化理论

综观前面已介绍的几种情绪理论，均强调情绪的起源和发生，却忽视了情绪的作用，这就不可避免地导致对情绪基本性质的了解不够全面。这些理论都把情绪归结为其他心理活动的伴随现象、后现象或副产品，而关于情绪本身有什么功能，情绪在整个心理过程中居于什么地位，对其他心理活动起什么作用，均未涉及。例如，詹姆士—兰格理论把情绪看作身体变化过程的产物。在对情绪性质的认识上，这些理论统统属于一个综合性的理论派别，即情绪的副现象论。不少心理学家在探索情绪的性质时，不满足于副现象论，而认为情绪是独立的心理过程，情绪有它本身的机制，并在人的心理生活中起着独特的作用，这种观点构成了情绪理论的另一大派别，即以汤姆金斯和伊扎德为代表的动机—分化理论，该理论萌生于 20 世纪 60 年代，至今已成为很有影响的情绪理论之一。

汤姆金斯和伊扎德都认为情绪具有重要的动机性和适应性的功能。汤姆金斯更是认为，情绪就是动机，他否定了把动机归结为内驱力的看法，着重指出内驱力信号需要一种放大的媒介才能激发有机体去行动，起这种放大作用的正是情绪过程，而且情绪是比内驱力更加灵活和强有力的驱动因素，它本身可以离开内驱力信号而起到动机作用。伊扎德的动机论则容纳了更复杂的内涵，他提出，情绪是一种基本的动机系统，他从整个人格系统出发建立了情绪—动机体系。伊扎德提出人格具有 6 个子系统：内稳态、内驱力、情绪、知觉、认知、动作。人格子系统组成 4 种类型的动机结构：内驱力、情绪、情绪—认知相互作用、情绪—认知结构。在这庞大的动机系统中，情绪是核心，无论是与内驱力相联系的情绪，或是同知觉、认知相联系的情绪，抑或是蕴含在人格结构中的情绪特质，都起重要的动机作用。伊扎德进一步指出，情绪的主观成分——体验正是起动机作用的心理机构，各种情绪体验是驱策有机体采取行动的动机力量。

在对情绪性质的阐述上，动机—分化理论既说明了情绪的产生根源，又说明了情绪的功能，为情绪在心理现象中确立了相对独立的地位，尤其在对人类婴儿情绪发生和功能的阐释上，具有创新性和极大的说服力。但是动机—分化理论对情绪与认知的联系缺乏具体的论证和阐述，这不失为其理论不足之处。

第二节　情绪与情感的类别

一、情绪的分类

情绪的纷繁多样使它的分类成为一个复杂而困难的问题。尽管如此，古今中外的学者从不同的角度，根据不同的依据，对情绪的分类进行了许多的尝试。

（一）我国传统的情绪分类

据我国古代名著《礼记》记载，人的情绪有"七情"之分，即喜怒哀惧爱恶欲；《白虎通》记载，情绪可分为"六情"，即喜怒哀乐爱恶；我国心理学家林传鼎于 1944 年从《说文解字》中找出 9353 个正篆，发现其中有 354 个字是描述人的情绪的，按释义可分为 18 类，即安静、喜悦、愤怒、哀冷、悲痛、忧愁、愤急、烦闷、恐惧、惊骇、恭敬、抚爱、憎恶、贪欲、嫉妒、傲慢、惭愧、耻辱。

（二）伊扎德的情绪分类

一直以来，情绪心理学都把情绪分为基本情绪与复合情绪。伊扎德确定基本情绪的标准为：基本情绪是先天预成、不学而能的，并具有分别独立的外显表情、内部体验、生理神经机制和不同的适应功能。按照这个标准，伊扎德用因素分析的方法，提出人类具有 8 到 11 种基本情绪，它们是兴趣、惊奇、痛苦、厌恶、愉快、愤怒、恐惧、悲伤、害羞、轻蔑和自罪感。伊扎德把复合情绪分为三类：一类为在基本情绪基础上，2—3 种基本情绪的混合；二类为基本情绪与内驱力身体感觉的混合；三类为感情—认知结构（特质）与基本情绪的混合。依此分类，复合情绪则会有上百种之多，例如愤怒—厌恶—轻蔑的复合就是敌意，恐惧—内疚—痛苦—愤怒的复合就是焦虑。

（三）克雷奇的情绪分类

美国心理学家克雷奇、克拉奇菲尔德和利维森等人把情绪分作以下 4 类：

（1）原始情绪。将快乐、愤怒、悲哀、恐惧视为最基本的或原始的情绪。

（2）与感觉刺激有关的情绪。包括疼痛、厌恶和轻快。这类情绪可以是愉快的，也可以是不愉快的。

（3）与自我评价有关的情绪。包括成功与失败的情绪、骄傲与羞耻、内疚与悔恨等，这些情绪决定于一个人对自身行为与客观行为标准的关系的知觉。

（4）与他人有关的情绪。发生在人与人之间的情绪种类似乎无限繁多，按照积极与消极的维度，可以把它们分为爱和恨两个大类。

二、情绪的存在状态

（一）心境

心境是一种比较微弱而在较长时间里持续存在的情绪状态。心境不是关于某一事件的特定体验，它具有广延、弥散的特点，它似乎成为一种内心世界的背景，每时每刻发生的心理事件都受到这一情绪背景的影响，使之染上相应的情绪色彩。

心境状态往往由对人有重要意义的情况所引起而滞留在心理状态之中，例如工作的顺逆、事业的成败、人际关系的亲疏、健康状况的好坏，甚至天气、环境，都可成为某种心境的原因。心境对人的生活有很大的影响。积极、良好的心境有助于提高效率、克服困难；消极、不良的心境使人厌烦、消沉。因此，对自己或他人心境的觉知，有助于对消极心境的克服。

（二）激情

激情是一种强烈的、爆发式的、短暂的情绪存在状态，常常是由意外事件或对立意向冲突所引起的，例如暴跳如雷、惊恐万状、悲痛欲绝、欣喜若狂等都是激情的表现。激情有明显的外部表现，整个人都被卷入。在激情状态下，人的认识活动范围往往会缩小，理智分析和控制能力均会减弱，甚至会出现鲁莽行为，因此，要善于控制激情，可转移自己的注意力以冲淡激情爆发的程度。

（三）应激

应激是指人对某种意外的环境刺激所作出的适应性反应。例如，人们遇到某种意外危险或面临某种突发事变时，必须集中自己的智慧和经验，动员自己的全部身体能量，迅速作出选择，采取有效行动。俗话说"狗急了都会跳墙"，就是对应激的生动比喻。当人处于应激状态时，身心处于高度紧张状态。

三、情感的分类

（一）道德感

道德感是用一定的道德标准去评价自己或他人的思想和言行时产生的情感体验。在青年期，随着世界观的初步形成和人生理想的确立，人的情感也更为独立和稳定，对人的行为有一种持久而强大的推动力。例如当自己的言行符合自己的理想和价值追求时，就会感到自尊、自重，有一种自豪感；而当自己的所作所为同自己坚持的理想和价值标准相违背时，就会感到痛苦、懊悔，甚至丧失自尊心。显然，道德感具有明显的自觉性，能对自己的行为产生调控和监督作用。

（二）理智感

理智感是在智力活动中，认识和评价事物时所产生的情感体验。例如人们在探索未知事物时表现出的兴趣、好奇心和求知欲，科学研究中面临新问题时的惊讶、怀疑、困惑和对真理的确信，问题得以解决并有新的发现时的喜悦感和幸福感，这些都是人们在探索活动和求知过程中产生的理智感。人们越是积极地参与智力活动，就越是更多地体验到理智感。

理智感是人们从事学习活动和探索活动的动力。当一个人认识到知识的价值和意义，感到获得知识的乐趣，以及追求真理过程中的幸福感时，他（她）就会不计名利得失，以一种忘我的奉献精神投入到学习和工作中。

（三）美感

美感是用一定的审美标准来评价事物时所产生的情感体验。在客观世界中，凡是符合我们的审美标准的事物都能引起美的体验。一方面，美感可以由客观景物引起，如桂林山水的秀丽、内蒙古草原的苍茫、故宫的绚丽辉煌、长城的蜿蜒壮美，可以使人体验到大自然的美和人的创造之美；另一方面，人的容貌举止和道德修养也常能引发美感，甚至一个人身上善良、纯朴的性格、率直、坚强的品性，都能让人体验到人性之美。人在感受美的时候通常会产生一种愉快的体验，而且表现出对美的客体的强烈的倾向性。所以，美感体验有时也能成为人行为的推动力，沉醉其中，乐此不疲。

美感受社会生活条件的限制，不同民族、不同阶层的人们对美的评价标准不尽相同，对美的体验也自然不同。我们应该教育学生在坚持本民族文化传统中正确的审美观念的同时，去鉴别和吸收其他民族或其他国家文化中积极、健康的审美情趣。

第三节　中学生的情绪与情感

一、中学生情绪和情感的特点

（一）情绪和情感丰富而热烈

中学生精力充沛、生机勃勃，日渐成熟和强壮的身体，使他们体验到了自己的力量，经常为自己青春的力量所鼓舞。同时，他们也对未来充满了美好的憧憬和幻想。因此，昂扬向上是中学生情绪体验的主旋律。他们需要表达和宣泄，情绪活动强烈，一点小事情就可以唤起他们的热情，也可能因为一点小小的挫折就备受打击。既有为正义和真理献身的热情和壮举，也会由于狂热冲动而干蠢事。调查显示，中学生常常通过唱歌、跳舞、写作等方式表达自己强烈的情感。

（二）情绪和情感容易起伏波动

中学生情绪和情感的一个显著特征就是波动较大，他们会因为一件事情的成功而欣喜若狂、激动不已，也会因为一点挫折而沮丧懊恼、垂头丧气，情绪在两端会有明显的跌宕起伏。他们遇事好激动，对外部刺激反应迅速、敏感，高兴时欢呼雀跃，甚至唯我独尊，低落时则苦闷不已，甚至悲观绝望。在强烈的情绪情感的冲击下，青少年可能会遇事武断、行为固执、不听劝告、我行我素。正因为青少年的情绪和情感的动荡多变，所以他们既可以表现出惊人的豪壮行为，也能因为愤怒和不冷静而盲目做出一些追悔莫及的事，酿成不可挽回的后果。

（三）情绪和情感的心境化与文饰现象

中学生的情绪和情感一方面起伏多变、变化莫测，而另一方面，他们的心理毕竟是在向成年人过渡，因此，也有相对稳定和表面相对平和的一面，这就表现为中学生情绪和情感的心境化与文饰现象。所谓心境化，就是情绪和情感的反应相对持久稳定，反应的时间明显延长。情绪的文饰现象也是中学生情绪和情感的一大特点，表现为情绪的表里不一，明明是心里难过，在众人的场合下，还要装作若无其事。这种现象出现的主要原因是中学生社会意识的觉醒和自我意识的发展，使他们注意到自己的情绪和情感在特定的社会情境中表达的适当性。

（四）情绪和情感体验的深刻性与稳定性不断发展

中学时期，情绪和情感内容的社会性不断地深刻化，随着中学生智力和意识的不断发展，许多新的观念渐渐形成，这与不断增长的高级社会需要相联系，形成了许多具有明确道德意识的社会性情感，例如集体荣誉感、社会责任感等。情绪和情感的稳定性发展，指的是中学生的情绪尽管具有两极性，易冲动和爆发，但还是逐渐趋于稳定和成熟。中学低年级的学生对自己情绪的控制和自我调整还相对较差，波动较为明显，而到了高年级，这种自控能力则有了较好的发展，显得比较稳定，在情绪反应的方式上也比较迂回、隐晦。

二、中学生不良情绪调节的方法

（一）自主训练法

精神病学家、德国柏林大学教授舒尔兹，根据自己多年的苦心钻研，得出一条基本原理："每个人都可以控制自己"，并且根据这个原理创建了"自主训练法"，具体做法是：

静坐在椅子上,把背部轻轻地靠在椅子背上;头摆正,稍稍前倾,两眼正视前方,两手平放在大腿上;两脚摆放与肩同宽,全脚掌落地,脚心紧紧贴住地面。

两眼轻轻闭合,慢慢地深呼吸三次,静养,此时排除杂念,把注意力放在两手和大腿的边缘部分,然后把注意力集中到手心。这时心里默念:"静养,静养",两手就会暖和起来。

逐渐将意念导向脚心,重复上述动作,脚心处也会感到暖和。手脚都感到温暖时,身体有一种飘然的感觉,此时头部会感到轻松。

这种方法易学、省时,可以调节情绪,消除心理紧张、烦恼和心理压力。需要注意的是,第一,要相信这种方法是有效的。第二,贵在坚持。每天抽出 15 至 20 分钟练习一下,就可能缓解你的不良情绪,使你永远保持舒畅愉快的心境。

(二) 心理平衡法

中学生对待生活和学习充满了热情,但是遇到不如意的事情又往往不冷静,爆发激情是常有的事,产生自卑、自暴自弃的现象也不少见,这完全是内心冲突造成的心理不平衡引起的。所以,调节情绪最根本的方法是保持心理平衡。那么,怎样才能保持心理平衡,获得良好的心境呢?美国心理卫生学会提出了 11 条要诀:

(1) 对自己的要求要从实际出发,不要过分苛求。

(2) 对他人期望不要过高。

(3) 疏导自己的愤怒情绪。

(4) 偶尔的屈服。

(5) 暂时逃避。

(6) 找人倾诉烦恼。

(7) 为别人做点事。

(8) 在一段时间里只做一件事。

(9) 不要处处与人竞争。

(10) 与人为善。

(11) 放松娱乐。

(三) 疏导排泄法

所谓疏导排泄法就是以不伤害自己和他人的健康、不破坏社会道德生活的方式为前提,把心理上积存的郁闷通通发泄出来,使神经通路畅通无阻。这种方法既是传统的心理治疗法,也是日常生活中调节不良情绪的有效方法。

(1) 交几个知心朋友。中学生应该多交几个知心朋友,彼此以诚相见,将心换心,互诉衷肠。因为有话不说不好,乱说更不好,只有对知心朋友(包括老师和家长)说出心里话才会得到善意的劝告,以减轻心理压力。这也是一种"疏导",可以帮助你解脱烦恼。

(2) 注意调节自己的性格。有话憋在肚子里的人往往是性格内向的人,这种性格的人往往孤僻、胆怯、怕羞、不善社交。要改变这种自我压抑的状态,就应该培养自己的广泛兴趣和爱好,丰富自己的业余生活。一个生活有情趣的人,总是可以找到疏导排泄不良情绪的机会和方法的。

(3) 写日记是一种良好的自我疏导。把憋在肚子里的话,毫无顾忌地写在日记里,借以消除不良情绪。

（四）格式塔疗法

格式塔疗法是美国精神病专家珀尔斯博士创立的心理调节技术。格式塔是译音，它是心理学界一个重要的学派。格式塔的意思可以理解为"完形"、"整体"。这个学派的基本理论认为，人是一个完整的统一体，人的情感和一切其他心理活动以及人格都是完整的、有规律的。人的大脑不是被动地接受信息，它可以主动地活动，有把对外的知觉"理解为整体、完形的趋势"。珀尔斯医生运用这一理论，创设了心理调节技术，他认为人对自己的情绪、身体状况以及所作所为都是有察觉、有体会的，可以自我醒悟，于是他提出了调节情绪的九条原则：

（1）你是生活在"今天"，不要懊悔"昨天"的事，也不要总惦着"明天"的事。因为你生活在今天，对昨天的遗憾、悔恨、内疚和难过并不能改变"昨天"，忧虑"明天"也无益于"明天"，而且这两种情绪都有害于"今天"。

（2）你是"生活在这里"。杞人忧天，徒劳无益。不要为与你无关的，离你很远的事无端忧愁、苦恼。

（3）"停止猜想，面向实际"。猜疑是引发不良情绪的祸根之一。生活中如果凭猜测处理问题，这无异于庸人自扰。

（4）"暂停思考，多去感受"。格式塔疗法强调感受，认为感受比思考更重要。因为人们整天为如何考出好成绩，做好工作及处理好人际关系绞尽脑汁，很多人没有欢乐，没有心思去观赏大自然和丰富自己的感情，久而久之，就变成了没有情感的"冷血动物"。

（5）"也要输进不愉快的情绪"。愉快与不愉快是相对而言的，人总是希望自己有愉快的情感体验，但也不能没有不愉快的思想准备。

（6）"不要先判断，而要先发表意见。"当你认为别人有差错时，你应该怎样对待？有些人会立刻说人家"笨蛋"、"无能"，这样做就是"先判断"了。这种做法是不对的。因为，很多时候，实际情况与你感受到的并不一致，应该先说出自己的看法，发表自己的意见，表达自己的情感，否则很容易引起人际关系的不协调，使"运转机制"受阻。

（7）"不要盲目地崇拜偶像和权威"。

（8）"我就是我"，不要把自己幻想成"某某"或者"我要有他那条件早就成功了"，应该从自己脚下做起，排除干扰，自强不息，最终必获成功。

（9）"要对自己负责"。青少年往往把失败的原因归到家庭、学校，把成功的原因归于自己，这是一种对自己不负责任的归因。因为归因关系着你以后的行为，影响着你再干下去的情绪，所以要本着对自己负责的原则处理好自己周围的一切问题。

（五）P·A·C自我写照法

1959年，美国医生埃里克·巴恩创立了一种心理调节方法——P·A·C法，即PAC性格测试。P·A·C分别为"双亲"（parents）、"成人"（adult）、"儿童"（child）的英文字头。巴恩指出，要保持心理健康，一个人一生要保持这三个心理：

C. 要保持"童心"。不要强行压抑自己的本能性需要。人的一生要有孩子般自然、朴素的情感。

A. 要保持理智。要有成人般的成熟心理，遇事冷静，能够理智地、正确地观察现实，适应现实生活。

P. 要保持慈善。要像父母双亲关心子女那样体谅别人,关心别人,有一颗慈善的心。

每个人都可以根据自己的个性特征运用这个方法,调节自己的情绪,本着缺什么学什么的原则完善"自我"。P·A·C三项中,你感到哪一项薄弱,你就要朝那个方面弥补自己的缺陷,完善"自我"。你这样做了,也就掌握了自己,你的心理就会得到和谐和安宁,你就可以美满愉快地与他人相处和交往。

(六)文体活动调节法

体育运动要适量,才有益于健康,有益于情绪的调节。怎样运用体育运动调节情绪呢? 这就是平时我们常讲的"7+1>8"。什么是"7+1>8"呢? 就是说,我们学习工作8个小时,不如从8小时中拿出1小时来安排体育运动。常见到有些同学不愿意做课间操,课间十分钟也闷在教室里,这是产生不良情绪的诱因,所以要记住:"早晚慢跑10分钟,两操两课不放松;课间活动要适量,兴奋过度负效应;体育运动调情绪,身心健康有保证"。

"音乐是最情真意切的艺术",音乐可以调节人的情绪。研究发现,贝多芬的《田园交响曲》能使人心情平静;柴可夫斯基的《悲怆交响曲》使人悲哀,甚至产生绝望的情绪;现代流行的摇滚乐可以使人情绪激昂。因此,用音乐来调节情绪应该根据自己的情绪状态进行选择。例如当你感到烦躁不安、紧张过度时,可以听柔和的音乐;当你感到忧愁、提不起精神时,听一听雄壮的乐曲或节奏感强烈的现代音乐,可以促使你兴奋。

以上介绍的是体育运动和音乐对情绪的调节作用,至于文体活动,它包括的范围就更广泛了,例如钓鱼、养花、绘画、书法、集邮、跳舞等。这些活动,既可以排除烦闷,增添生活情趣,又可以修身养性,陶冶情操。因此,通过文体活动来调节不良情绪,可以保持身心健康。

(七)笑声调节法

"笑"可以使人心情舒畅、精神愉快、驱除疲劳,那么,我们怎样利用"笑"来调节不良情绪呢?

(1) 自我改变面部表情,使脸上带上微笑。平时,若有几位朋友在一起开怀大笑,旁观者也会跟着开心起来。所以,心情不好的时候,不妨从改变面部表情入手,对着镜子练习微笑,要笑得自然、大方、得体,使自己学会能够轻易地、自然而然地发笑。可以体会一下,当练习微笑时,心情是不是感到轻松。

(2) 不要拘泥于笑的形式,该笑就笑。为了调节不良情绪,为了身心健康,笑就应该无拘无束。一件事引起你发笑时,就要尽情地笑,不要计较笑的形式。凡是发自内心、触动情感、自然的笑,不论是开怀大笑,还是含情脉脉的微笑,都有益于调节情绪,都可以给人带来欣慰和希望。现在的中学生大都处在紧张有余而欢乐不足的气氛中,这就更需要大家创造条件,追求笑。例如英国有一所中学创办了一间"幽默教室",在那里可以用各种方式发笑。当然,笑也要讲究场合,应与客观环境相一致。

三、中学生的情感教育

情感教育是指与人生观、世界观、价值观和人格培养紧密相关的,以亲情教育、友情教育、爱情教育为核心的品德和情操教育,以及由此衍生的相关问题的教育。实施情感教育就是指教师在教育教学工作中有意识地以积极的情感去教育学生、激励学生,让学生从中得出积极的、肯定的反应,从而达到教育目的。

（一）教师应重视自身情感与学生情感的沟通

皮亚杰的日内瓦学派认为,中学生的发展除了自身素质和环境外,还有一个"构造"(或称联系)因素。这个"构造"包括师生关系、教学形式等。师生之间关系的好坏无时无刻不在影响着教育工作的成效。和谐、友好、信任的心理环境为学生健康心理品质的形成提供良好的条件。有的教师由于自身心理品质不健全,教育能力较差,不善于正面积极引导,教育手段背离学生心理发展的规律,甚至对学生惩罚或变相惩罚等。因此学生可能会产生严重的对抗心理和厌学情绪,从而影响学生身心的健康发展。皮亚杰认为,好的"构造"可以使学生在良好的环境和氛围中依靠对教师的认识、模仿、领悟和熏陶,达到优良的同化。"学高为师,身正为范",在对学生进行心理品质的培育时,教师自身的心理品质和严谨的教风显得尤为重要,表现为富有自制力、良好的情感调控能力和强烈的情感传递能力。

（二）帮助中学生确立正确的情感态度

（1）加强心理教育及辅导,帮助中学生正确地认识自我,使他们学会对自己有一个较为全面而客观的评价。要提高他们探究自我的积极性,将认识和了解自己看成一件乐事,并帮助他们积极地评价自我、体验自我和悦纳自我,从而形成一个正确衡量自己的尺度。例如知道什么是善和恶才能评价出自己的为人,知道什么是成熟和幼稚才能评价自己的发展程度等。

（2）建立健全心理预防机制,对心理上有障碍的学生提前进行心理疏导及心理干预,使他们的心理问题得到及早或及时的解决。

（3）心理咨询常态化,对学生进行心理保健。中学生时代可谓"多事之秋",必须让他们在出现心理问题时,能得到及时的帮助和有效的化解,保持乐观向上的健康心态。

（三）组织中学生参加社会实践活动,在活动中培育健康的情感

社会实践活动是培植人们情感的"土壤、空气、水分和阳光",通过积极组织中学生参加社会实践活动,让他们体验生活,从而培育健康的情感。

（1）组织学生开展学习实践活动。设置学习实践活动,例如社会调查活动,可让学生通过走访社会各个行业、各个角落,全面了解社会、认识生活和体验生活,进而学会思考社会问题、享受社会发展的成果,珍惜来之不易的幸福生活,增强他们的民族自豪感和社会责任感。

（2）引导学生推行自主教育和民主管理,让学生在管理中学习,在学习中成长。对于中学生而言,他们不同于小学生,他们已经具有初步的独立自主能力,并且他们拥有"成人感"。我们在教育和管理过程中,应尽可能满足他们的心理需求,引导他们自主教育和民主管理,让他们参与决策、参加管理活动和实现自主教育。这样做能让他们获得"自由",产生心悦口服的学习体验,同时培育他们的成就感。

（四）有目的地培育中学生的积极情感

学校教育要有目的地培育学生正确的人生观和情感价值观,家庭教育要善于从物质需要与精神需求相结合,全社会要共同关心青少年的健康成长。

（1）学校教育要关注学生的情感培育,无论是教师的教育过程还是教学活动,都应把学生的情感教育放在首位。培养学生的社会性情感,提高他们情绪情感的自我调控能力,帮助他们对自我、环境以及两者之间的关系产生积极的情感体验。例如教师必须把"真爱"奉献给学生,切实从爱护学生、关心学生出发,真正做到动之以情、晓之以理,培育学生的自尊心和自信心,保护学生健康成长。

(2)家庭教育要把孩子的情感放在首位。作为家长不仅要关心孩子的物质需要,更要关注孩子的精神需求,积极与子女沟通,从生活中教育子女建立道德观念,培养分辨善恶是非的能力,学会感同身受、欣赏他人等。

(3)全社会要关心青少年的健康成长。社会环境对教育的成败有直接的影响作用。例如市场经济的影响下,社会功利化现象层出不穷,人心浮躁,造成"分、分、分,分是学生的命根,考、考、考,考是老师的法宝",教师的压力过大,学生的负担过重等,有碍于学生积极情感的培养,无益于学生的健康成长。全社会应以平常的心态,共同造就有血、有肉、有情的教育天地,用真情实感培育青少年一代。

拓展阅读 >>>>>

微表情的界定与基本性质

哈葛德(Haggard)和艾萨克(Isaacs)率先发现微表情,认为微表情与自我(ego)防御机制有关,表达了被压抑的情绪。他们的研究当时并未引起其他研究者的重视。因一个偶然的机会,艾克曼(Ekman)和弗里森(Friesen)也独立地发现了微表情。他俩受一位精神病学家的委托,对一段抑郁症患者撒谎以掩盖其自杀意图的录像进行检测。然而,艾克曼和弗里森起初并未从这段视频中发现该患者有任何异常表现:该患者显得很乐观,笑得很多,表面上没有表现出任何企图自杀的迹象。但当对该录像进行慢速播放并逐帧进行检查时,他们发现:在回答医生提出的关于未来计划的问题时,该患者出现了一个强烈的痛苦的表情。在整段视频中,这个表情只占据了两帧的画面,持续时间仅为 1/12 秒。艾克曼和弗里森称之为微表情。微表情与普通表情有所不同,它是一种非常快速的表情,持续时间仅为 1/25 秒至 1/5 秒,因此,大多数人往往难以觉察到它的存在。艾克曼等认为,微表情既可能包含普通表情的全部肌肉动作,也可能只包含普通表情肌肉动作的一部分;它往往在人撒谎时出现,表达了人试图压抑与隐藏的真正情感;它是一种自发性的表情动作,表达了六大基本表情。

微表情具有的上述性质,可能成为我们了解人类真实情感和内在情绪加工过程的一个窗口。目前,微表情的产生与识别机制还有待进一步研究,人们对微表情的机理还知之甚少,只是对控制面部肌肉运动的两条通路具有共识:一条是皮质运动通路,控制随意的面部肌肉运动;另一条是皮质椎体外系通路,控制自发的面部肌肉运动。研究者认为,这两条通路可能与微表情的产生有关,但还没有研究者对此假设进行过检验。微表情的心理和神经机制是微表情研究中亟待解决的重要科学问题。

资料来源:吴奇,申寻兵,傅小兰.微表情研究及其应用[J].心理科学进展,2010,18(9).

思考与训练

1. 中学生的情绪和情感有哪些特点？

2. 作为一名教师，该如何对学生进行情感教育？

3. 不良情绪对人的身心健康有哪些危害？心情不好的时候，你是如何调节的？

参考文献

［1］黄希庭.心理学导论［M］.北京：人民教育出版社，1999.

［2］彭聃龄.普通心理学（修订版）［M］.北京：北京师范大学出版社，2001.

［3］沈德立.普通心理学［M］.北京：高等教育出版社，2002.

［4］叶奕乾.普通心理学［M］.上海：华东师范大学出版社，2004.

［5］（美）理查德·格里格，菲利普·津巴多.心理学与生活（第16版）［M］.王垒，王甦等，译北京：人民邮电出版社，2006.

［6］程正方.心理学（第四版）［M］.北京：北京师范大学出版社，2009.

［7］韩永昌.心理学（第五版）［M］.上海：华东师范大学出版社，2009.

［8］刘萍，陈肖东.新编心理学（第二版）［M］.大连：大连理工大学出版社，2015.

［9］白学军.心理学概论［M］.北京：北京师范大学出版社，2015.

［10］（新西兰）斯托曼.情绪心理学——从日常生活到理论（第五版）［M］.王力，译.北京：中国轻工业出版社，2006.

［11］（美）James W. Kalat，Michelle N. Shiota.情绪［M］.周仁来，译.北京：中国轻工业出版社，2009.

［12］董文.情绪心理学［M］.合肥：合肥工业大学出版社，2011.

［13］孟昭兰.情绪心理学［M］.北京：北京大学出版社，2013.

［14］（美）James W. Kalat，Michelle N. Shiota.情绪心理学（第二版）［M］.周仁来，译.北京：中国轻工业出版社，2015.

第八章 意 志

学习目标

1. 了解意志和意志行动的基本概念及意志行动中目标冲突的基本类型；
2. 领会意志行动的特征、意志行动的心理过程及意志品质的特点；
3. 掌握中学生意志发展的特点及培养良好意志品质的教育方法。

马云的三次高考

图8-1 马云（1964— ）

众所周知，作为中国互联网领袖级人物，马云的阿里巴巴和马云本人都对中国互联网产生了重大的影响，其独特的管理思维，为互联网行业甚至商业领域提供了重要的参照范本。中国前国家总理温家宝曾评价马云是一个拥有不屈灵魂的人。两次获中国经济年度人物的马云通过网上平台，创造了一千万个创业机会，每天有超过一亿人登录消费，帮助许多亚洲企业走上全球化之路。马云之所以让当今的无数草根创业者崇拜，一个重要的原因，就是他曾经也和我们一样，是一个平凡的普通人。比如，在他的求学时代，曾经经历过三次高考。

1982年，第一次高考，遭遇滑铁卢。这一年，马云18岁。高考失败后，他当过秘书、搬运工，后来踩着三轮车帮人家送书。直到有一次，他捡到一本名为《人生》的小说。那是著名作家路遥的代表作，小说的主人公高加林曲折的生活道路给马云带来了诸多感悟。于是，马云下定决心，要参加第二次高考。他报了高考复读班，天天骑着自行车，两点一线，在家里和补习班间游走。

1983年，马云二次参加高考，再次落榜。这一年，电视剧《排球女将》风靡全国，主人翁小鹿纯子甜美的笑容和永不言败的精神给了马云巨大的激励。他不顾家人的极力反对，毅然开始了第三次高考的复习准备。由于无法说服家人，马云只得白天上班，晚上念夜校。到了周日，为了激励自己好好学习，他特地早起，赶一个小时的路到浙江大学图书馆读书。

1984年，第三次高考。历经千辛万苦，马云终于考上了大学。对马云而言，人生路上的三次高考，屡战屡败、屡败屡战，这已经成为他生命旅程中最宝贵的精神财富。"永不放弃"的精神也成了马云精神的象征，影响了每一个阿里人。

资料来源：赵建.马云传：永不放弃[M].北京：中国画报出版社，2008.

第一节 意志概述

一、什么是意志

（一）意志的概念

意志是指人自觉地确定目的，有意识地根据目的调节支配行动，克服困难，实现目标的心理过程。

人对客观世界的反映并非是消极被动的，而是积极主动的。人在反映客观世界的过程中，不仅接受内外界刺激的作用，产生认识和情绪情感，还要采取行动，反作用于客观世界。人根据自己对客观世界的认识，先在头脑中确定行动目的，然后根据这个目的来支配行动，并力求实现这个目的，这种心理活动就是意志。

（二）意志与认知、情绪情感的关系

意志过程、认知过程和情绪过程是心理过程的三个不同的侧面，这三者之间是互相影响、互相渗透的统一的关系。发生在实际生活中的同一心理活动，通常既是认知的，又是情绪的，也是意志的。任何意志过程都包含有认知成分和情绪成分，任何认知过程和情绪过程也都包含有意志过程。

1. 意志过程与认知过程的关系

首先，认知过程是意志过程的基础和前提。意志过程与其他心理现象一样是反映外界客观事实的，是人的认知活动的结果。人对外界客观存在的认识越丰富越深刻，他们的意志活动和目的也就越有意义和价值，越有可能提出实现这一目标的策略、方法和手段，并坚持实现这一目的。相反，一个人对外界客观存在的认识不足，就很难制定出切合实际的目标，对自己确定的目标也会缺乏深刻的认识，也就难以提出适当的策略和措施来实现自己的目的。

其次，意志是在认知活动的基础上产生的，又反过来对认知活动产生巨大的影响。一切有意识的、有目的的认知过程，如学习一种新技术、观察一个事物、了解一个事件等，都需要人的意志努力，也都是意志活动的过程。没有意志活动，就不会有深入完全的认知过程。坚强的意志力会使人勤奋地学习和工作，使人不畏艰险地去探索未知的世界，在困难和失败面前不退缩，坚定信心、鼓足勇气、勇往直前。

2. 意志过程与情绪过程的关系

首先，意志过程受到情绪过程的影响。情绪渗透在人的意志行动的全过程，情绪过程是个体活动的内部动力之一，它既能鼓舞意志行动，也能阻碍意志行动。当某种情绪对人的行动有激励和支持作用时，这种情绪就成为意志行动的动力。热情、兴奋、激动、愉快等积极情绪都能增强一个人的意志。相反，像冷漠、困惑、忧郁、悲观等消极情绪，就会成为意志行动的阻力，甚至可能会动摇和销蚀一个人的意志，使人的意志行动最终不能实现。

其次，意志对情绪有调节和控制的作用。意志坚强的人，能够控制和驾驭自己的情绪，能够化悲痛为力量，把困难转化为动力，把消极情绪转变为积极情绪，做自己情绪的主人。相反，意志薄弱的人，不能调节和控制自己的情绪而成为情绪的俘虏，使行动背离了目的，而达不到

预定的目标。因此,只有锻炼出坚强的意志,才能调节和控制自己的情绪,克服困难,朝着预定的目标不断前进。

二、意志行动的概念及特征

(一)意志行动的概念

人的意志总是与行动密切联系,所以我们也把有意志参与的行动称为意志行动。意志行动是在人类认识世界和改造世界的需要中产生和发展起来的,也是随着人类不断深入地认识世界和改变世界的过程中得到发展的。意志是人的主观能动性的最突出的表现,也是人和低等动物在本质上相区别的特点之一,因此,意志行动是人类特有的活动。

(二)意志行动的特征

1. 意志行动有明确的目的性

意志行动的目的性特征是人与低等动物的本质区别。意志是在有目的的行动中表现出来的,这个目的是自觉的、有意识的。人在活动开始之前,活动的结果已经作为行动的目的而存在于人的脑海中了。在活动过程中,方法的选择、步骤的安排等,始终从属于目的,并以预先所确定的目的作为标尺来评价自己活动的结果。因此,没有目的就没有意志行动。

目的在意志行动中起着极其重要的作用。它既能发动符合于目的的某些行动,同时又能制止不符合于目的的另一些行动。目的的确定,不是凭主观任意决定的,而是受客观现实的制约的。目的越高尚,其社会意义越大,产生的意志力也越大。常言说:"伟大的目的产生伟大的毅力。"反之,则会萎靡不振,知难而退。

2. 意志行动以随意运动为基础,受意识的调节和支配

随意运动是意志行动的基本单位,意志行动表现在随意运动中。人类的行动可以分为不随意运动和随意运动两种。不随意运动主要是指那些不由自主的动作,一般不受意识的支配。例如,心脏跳动;眼受到强光的刺激,瞳孔立即缩小;手碰到刺,立即缩回;等等。随意运动是指受到意识调节和支配的,具有一定目的的,方向性或习惯性的运动。例如,长跑、写字、操纵劳动工具等。随意运动是意志行动的必要组成部分。如果没有掌握这些必要的随意动作,意志行动就无法实现。有了随意运动,人们就可根据目的去组织、支配和调节一系列的动作,组成复杂的行动,从而实现预定的目的。

3. 意志行动与克服困难相联系

意志行动是有目的的行动,目的的确定与实现,通常会遇到种种困难。在人类的活动中,有的行动虽具有目的性和以随意运动为基础,如饭后散步、聊天、赏花观景等,但没有明显的困难而言,故一般不认为这些行动是意志行动。只有那些与克服困难相联系的有目的的随意运动,才是真正的意志行动。因此,克服困难是意志行动最重要的特征,克服困难的过程即意志行动的过程。

意志行动中所遇到的困难有两种:内部困难和外部困难。内部困难一般指消极情绪、信心不足、态度犹豫、知识经验不足、性格胆怯、懒惰等。外部困难主要是指由客观条件造成的某些不利的因素。例如,环境条件恶劣、物资设备不足,或来自他人的讥讽和打击等。困难的性质和程度有轻有重,意志行动有的简单,有的复杂,因此意志力的水平也就有强有弱。要克服这些困难,个体就必须充分发挥自我意识的积极能动作用,就必须对自己的活动和行为进行自觉的组织和调节。因此,教育家们都主张意志锻炼应该从小做起,家长和教师要有意识地创造条件,帮助青少年在克服各种困难的过程中,培养坚强的意志力。

拓展阅读 ···>>>>>

意志的奇迹

马拉松是古希腊的一个地名,位于雅典城东北 30 公里,它三面环山,东临大海。在公元前 490 年,波斯远征军入侵希腊,在马拉松这个地方布阵的消息传到雅典后,雅典就派出一名叫裴里匹底斯的信使前往斯巴达求援。这位信使用 35 小时走完了雅典到斯巴达的 150 公里路程。但是,斯巴达人回答的却是,月圆之后才能出兵。这需要等 10 天左右。至此,雅典人不得不靠自己孤军奋战。结果反而以少胜多,打败了波斯人。这位名叫裴里匹底斯的信使,带着胜利的喜讯,从马拉松跑到雅典城中央广场(跑距为 42.195 公里),向雅典公民高喊:"我们胜利了! 庆贺吧!"随即倒地身亡。专家推测,这位军人在没到雅典以前,已处于死亡状态,但意志竟产生了这样的奇迹。后人为了纪念这位军人,就在 1896 年雅典第一届奥运会设立了马拉松跑项目,全长 42.195 公里。

资料来源:王阳.马拉松战役[J].青年科学,2002(5).

第二节 意志行动的心理过程

意志行动的心理过程是指意志对行为的积极能动的调节过程,它有发生、发展和完成的过程。每个意志行动都可以分为两个阶段:制订行动计划阶段和执行计划阶段。

一、制订行动计划阶段

制订行动计划阶段,也称采取决定阶段。它是意志行动的开始阶段,决定着意志行动的方向和意志行动的动因。一般包括确定行动目的、制订行动计划和作出行动决定等环节。

(一)确定行动目的

意志行动是一种有目标的活动。人们首先确定某种目标,并以这种目标来调节行为,这是意志行动的前提。例如,准备开设一门新课、完成某项科研课题、学习一个新的动作技能等,都是活动的目标,即活动所希望得到的结果。

首先,目的应该是可接受的。目的定得太高,超过主客观的可能性,就会使人望而生畏,或者浅尝辄止,半途而废。如果这种情况经常发生,人便会养成有始无终的工作习惯,就无从发展意志的顽强性。如果目的过于容易,人轻易就能达到,则不能锻炼人与困难作斗争的意志。所以,有助于意志发展的目的,应该是人经过努力能达到的。

其次,确定目的并不是一件孤立的事情,它要受动机的制约。因为目的只是人的行动所要达到的结果,而动机却是推动人去行动的原因,规定某个目的的提出。

由于在意志行动中,人们常常具有两个以上的目标,而这些目标也不可能同时实现,因而引起了意志行动中的目标冲突或动机斗争。人的意志行动通常表现为接近或回避某一目标,根据意志行动的这一特点,可以把冲突分为以下四种类型:

1. 接近—接近型冲突

也称双趋冲突,是指一个人以同样的动机强度追求同时并存的两个目的但又不能兼得时,所产生的内心冲突。如我们常说的"鱼和熊掌不可兼得",又如高考填志愿、顾客选择不同的商品时出现的冲突也属于这种类型。当两种目标的吸引力比较接近时,解决冲突的难度就会增加。

2. 回避—回避型冲突

也称双避冲突,是指当一个人遇到两种力图回避的情境,但又不能完全避开时产生的心理矛盾。例如,某个小朋友得了龋齿感到痛苦,但又不肯就医,因为害怕治疗带来的难受。此时,牙痛和治疗都想回避,但他又必须选择其一,由此引起的冲突就是回避—回避型冲突。

3. 接近—回避型冲突

也称趋避冲突,是指当一个人因为同一目的而同时产生两种对立的动机,一方面既想得到,另一方面又想回避而产生的内心冲突。例如,有位中学生既想参加校庆文艺演出,又怕耽误学习。一般情况下,越是接近目标,想要达到这一目标的愿望就越强烈,同时,回避目标的愿望也相应增长。研究表明,趋避冲突在心理上引起的矛盾冲突的后果最严重,因为它会使人在较长时间内一直处于对立意向的冲突中,从而导致行动的不断失误。

4. 多重接近—回避型冲突

也称为多重趋避冲突,是指当一个人面对两个或两个以上的目的,每个目的都具有吸引和排斥两方面的作用,人们无法简单地选择一个目标而回避另一个目标,必须进行多重的选择时所产生的内心冲突。例如,大学生在择业时往往会面临这样的选择,某一个工作工资收入高,但工作环境恶劣,另一个工作工资收入低,但工作环境很轻松,那么,究竟应该选择哪一个,对于利弊得失的考虑,就会使其陷入多重趋避冲突的斗争。

(二)制订行动计划

目的确定了,接下来就要选择行动的方式和方法,制订行动计划。在制订行动计划时,也可能会遇到许多困难,如客观条件不具备、人力不足、工具不够或舆论上存在压力等。解决这些困难的过程也可以表现出人的意志水平。在制订计划时,要全面了解情况,进行调查研究,收集各种信息,进行认真的分析研究,抓住重点,突出矛盾,制订出切实可行的计划。

(三)作出行动决定

简单的意志行动比较容易作出决定,复杂的意志行动作出决定就比较困难,有时还会有反复。比如说,曾经解决了的动机冲突重新出现,本来确定的目的又发生动摇,计划和方法也可能需要修改或变化。因此,作决定时,要全面审慎地思考,这样作出的决定才会比较可靠,将来反复的可能性也小。

二、执行计划（采取行动）阶段

执行阶段就是实行所作出的决定,实际去完成意志行动的阶段。意志行动只有经过执行阶段,才能达到预定的目的;不实行所作出的决定,就没有意志行动可言。所以,执行决定是意志行动的中心环节。

执行有两种形式:一是采取积极方式来达到目的的外部行动形式;二是制止那些不利于达到目的的抑制外部行动的形式。例如,学生上课时,一方面要积极组织自己的视听活动,进行各种作业操作;另一方面还要抑制各种分心现象和干扰课堂教学正常进行的举动。执行的两种形式体现了意志在实际行动中的相互调节作用。

由于执行决定是在实际行动过程中完成的,因而,所遇到的困难必然会更多、更复杂。在许多场合下,意志行动并非一蹴而就,常常是困难重重的。例如,由于工作条件差、环境复杂而引起的信心不足、动摇以至退缩;由于忍受长期的、巨大的智力或体力紧张而产生的烦躁、厌倦、疲惫等消极的情绪体验;由于新情况、新问题的出现,使人措手不及而产生的惊慌、彷徨;由于知识的缺乏和经验的不足而犯错误,遭受挫折而产生畏难情绪;已放弃的动机、目的、方法在思想上再度活跃起来,抗拒正在进行的行动等。在这些情况下,人只有作出更大的意志努力,才能把行动贯彻始终。

拓展阅读 >>>>>

琼森和他的麦当劳

英国有 1.35 万家麦当劳,拥有它的人是一个叫琼森的人。当初琼森只是一个打工的,根本无法具备麦当劳总部所要求的 75 万美元现款和一家中等规模以上银行信用支持的苛刻条件。只有 5 万美元存款的琼森决意要在英国创立麦当劳事业。但 5 个月,他只借到 4 万元,面对巨大的资金落差,琼森没有放弃,偏要迎难而上。

于是,他叩响了伦敦银行总裁办公室的大门。在听完他的表述后,银行总裁说,让我再考虑考虑吧。琼森心头掠过失望,但立刻镇定下来说:"可否让我告诉你我那 5 万美元的来历呢?"回答是"可以"。"那是我 6 年来按月存款的收获,我每月坚持存下 1/3 的工资,雷打不动,从未间断。6 年里,无数次面对过度紧张或手痒难耐的尴尬局面,我都咬紧牙关挺了过来。我立下宏愿,存够 10 万美元开创自己的事业,现在机会来了,我要提前开创事业。"

送走琼森后,总裁立即驱车前往那家银行,亲自了解琼森的存钱情况。果然 6 年来琼森风雨无阻地准时存钱,总裁听完后大为动容,立即打通琼森家的电话,告诉他伦敦银行可以毫无条件地支持他创建麦当劳事业。

资料来源:东方笑.善待自己:改变命运的 N 个人生哲理[M].西安:陕西师范大学出版社,2011.

第三节　意志品质及培养

意志行动在不同人的身上有不同的表现。例如,有的人能独立地采取决定,而有的人则易受暗示;有的人处事果断,而有的人则优柔寡断;等等。构成一个人行为特点的稳定因素的总和即是意志品质。意志品质在人的意志行动中贯穿始终,并构成意志的性格特征。良好的意志品质是克服困难、完成任务的必备条件,因此,应重视对意志品质的分析和培养。

一、意志品质

(一)意志品质的概念

构成人的意志的某些比较稳定的方面,就是人的意志品质。意志品质是在周围环境的影响下和在执行任务的过程中形成的,是人格的重要组成因素。了解意志品质,对培养良好的意志品质、克服不良意志品质有着重要意义。

(二)良好意志品质的特征

1. 自觉性

意志的自觉性是指对行动的目的有深刻的认识,能自觉地支配自己的行动,使之服从于活动目的的品质。它反映了一个人的世界观、人生观和信念,并贯穿于意志行动的始终。它使人自觉、独立地调节自己的行为,使自身服从于一定的目的任务,而不是靠外力来监督。

与自觉性相反的意志品质是易受暗示性与独断性。易受暗示性的人,行动缺乏主见,没有信心,容易受别人左右,因而会随便改变自己原来的决定。独断性的人则盲目自信,拒绝他人的合理意见和劝告,一意孤行,固执己见。易受暗示性与独断性都是缺乏对事物自觉、正确的认识,分不清是非曲直,而去遵循盲目的倾向。

2. 果断性

意志的果断性是指一个人是否善于明辨是非,迅速而合理地采取决定和执行决定的意志品质。意志的果断性包括两方面内涵,一是明辨是非,二是迅速行动,具备的这两个特点才能称之为果断。简言之,就是能在复杂的情境中冷静而迅速地判断发生的情况。

与果断性相反的意志品质是优柔寡断和草率决定。优柔寡断的人遇事犹豫不决,患得患失,顾虑重重,在认识上分不清轻重缓急,思想斗争时间过长,即使执行决定也是三心二意。草率的人则相反,在没有辨明是非之前,不负责任地作出决断,凭一时冲动,不考虑主、客观条件和行动的后果。优柔寡断和草率决定都是意志薄弱的表现。

3. 坚持性

意志的坚持性是指在意志行动中能否坚持决定,百折不挠地克服困难和障碍,完成既定目的方面的意志品质。意志的坚持性,就是能够以顽强的精神、百折不挠的毅力,战胜挫折和困难,实现自己的目标。

与坚持性相反的意志品质是顽固执拗和见异思迁。顽固执拗的人对自己的行动不作理性评价,执迷不悟,或者是明知不可为而为之。见异思迁者则是行为缺乏坚定性,容易发生动摇,随意更改目标和行动方向,这山望着那山高,庸庸碌碌,终生无为。

4. 自制性

意志自制性是指能否善于控制和支配自己行动方面的意志品质。自制性强的人,在意志行动中,不受无关诱因的干扰,在碰到挫折和失败的时候,可以调节自己的消极情绪,控制自己的言行,不灰心,不气馁,不焦躁,坚持完成意志行动。同时能制止自身不利于达到目的的行动。

与自制性相反的意志品质是任性和怯懦。任性的人自我约束力差,不能有效地调节自己的言论和行动,不能控制自己的情绪,行为常常为情绪所支配。怯懦的人胆小怕事,遇到困难或情况突变时惊慌失措,畏缩不前。

二、良好的意志品质的培养

(一)中学生的意志发展的特点

中学生正处在身心发展的半幼稚、半成熟时期,其意志品质有如下特点:

1. 自觉性有所提高

中学生由于认识的局限性,自觉性和幼稚性仍处在错综矛盾的状态中。但是他们已能把个人目的和社会价值联系起来,使个人目的自觉地服从于社会利益。中学生的自觉性品质是随着年龄的增长而发展的,不同年级表现出不同的特点。

2. 果断性有所发展

果断性是在社会实践中锻炼出来的,往往又在复杂的现实中表现出来。初中生的果断性水平还比较低,轻率往往是他们的主要特点,由于他们反应快,行动快,容易把不假思索的冒失看成是果断行为。高中生的认识能力迅速发展并趋于成熟,较之初中生有以下进步:知识更加丰富,社会和生活经验不断积累,因而在处事的果断性方面有了很大发展;对新事物、新情况反应快,行动也快;懂得珍惜时间,反对因犹豫不决而浪费时间;发现学习过程中的问题能及时解决,对待现实生活中的各种矛盾并不回避,而是以积极态度果断处理。

3. 自制性有所增强

中学生自制性的发展有一个循序渐进的过程。初中生自制力比较差,因为正处于青春发育期,身体的急剧变化,引起身心发展上的各种不平衡,故情绪波动大,对自己的行为举止难于控制,表现为好动、上课时手足不得安宁。所以,品德不良的学生往往多出现在初中阶段。高中的学生情绪比较稳定,道德认识也逐渐成熟,比较能控制和调节个人的行为举止。

4. 坚韧性逐渐形成

坚韧性和学生的兴趣、动机及对任务意义的认识有关。初中生对自己感兴趣的课程,才能够保持较长久的注意力,当学习顺利时劲头十足,一碰到困难就会败下阵来。高中生就不同了,他们的责任感比较强,即使智力水平一般的学生,在学习遇到困难时也不立刻退缩,而是努力解决问题。

总的说来,中学生的意志品质还没有完全成熟,在挫折和失败面前,还易激动,产生动摇、畏难和悲观情绪。

(二)良好意志品质的培养

坚强的意志有利于帮助学生克服前进中的困难,形成健康的心理和人格,对促进班级的班风和学风有重要意义。因此,培养良好的意志品质,可以从以下几个方面入手:

1. 加强对意志品质重要性的认识，培养健康的情感

良好的认知因素是培养坚强意志不可缺少的基础。任何意志的行为首先需要通过认知这一中介环节来调节。对意志重要性认识得越清楚，则锻炼、培养意志品质的自觉性、积极性越高。如果学生对良好的意志品质及其重要性有充分的认识，那么他们就能主动迎接挑战，果断地抓住机会，勇敢地坚持立场，在困难面前顽强不屈，勇于承受挫折。

良好意志品质的形成，仅仅有正确的认知还是不够的，许多情况下并不是有了正确认知就能产生积极的意志行为，还必须把正确的认识转化为积极的情感才能形成意志行为。情感对意志既可起增力作用，又可起减力作用。高尚的情感可激发出无穷无尽的意志力量。积极的意志行动，必须有积极的情感体验支持。这就需要努力培养学生积极、乐观向上的情感，通过激发积极情感，转变其不适应的消极情感，实现从知到行的转化。

2. 组织实践活动，磨练意志品质

意志品质是人们在长期的社会实践与社会生活中形成的较为稳定的心理素质，它是在人们调动自身力量去克服困难和挫折的实践中体现出来的。当代中学生生活经历单一，缺少艰苦生活环境的考验和磨练，对良好意志品质的形成是不利的。有些学生难以接受艰苦生活的挑战；有些学生很想有番作为，却不肯付出努力；也有些学生付出一点努力便觉得应有所回报，不愿持之以恒。解决的办法在于：参与社会实践，从我做起，从身边事情做起，从小事做起。

首先，日常小事是锻炼意志的基本途径。鼓励学生在日常生活、学习、科研、劳动和集体活动中磨练意志。其次，可以在某种具体活动中有意识地磨练意志。意志磨练的过程就是吃苦耐劳、坚韧艰苦的过程。因此，多给学生一些锻炼的机会，多让他们吃一点苦绝不是什么坏事。它不仅有利于克服不良的意志品质，而且有利于使学生的意志力越来越强。运用这些方法可以有意识地使学生系统地完成没有兴趣但有意义的活动，并迫使学生在各种活动中作出意志努力。

3. 建立科学的意志磨练方法

意志磨练作为一种修养方法，最早是孟子提出来的。他认为挫折和艰难困苦的生活，使人在处心积虑中形成"德慧"和"求知"，所以"上天"在将某种历史责任委托给某人时，必先安排一个艰苦的环境，使其身心饱受痛苦，受尽折磨，才能鼓舞其心志，坚韧其性情，提高其才能，然后才能成为能担当起责任的伟人。从此开始，在我国历史上流传着颂扬坚韧和勤奋精神的故事，譬如"头悬梁，锥刺骨"、"卧薪尝胆"、"愚公移山"等。从现代的眼光来看，其精神固然可嘉，方法却有失科学和违背心理健康原则。有的学生仿效古人，为了自己的学业，强迫自己超负荷；有的学生为了达到某一目标，滥用意志力，过分强制自己去做超出自己身心现实的事情；有些学生经常"开夜车"，长时间用脑学习，增加大脑的工作强度，引起大脑皮层神经细胞的倦怠，久而久之，出现倦怠、精神涣散、厌恶、反应迟钝、情绪不安等现象，引起行为活动能力的全面减退。这些意志锻炼方法违背了身心发展、运动规律，强行蛮干，反而使人身心疲惫、损害健康，影响了学业。因此，意志的磨砺应建立在科学的方法上。

首先，意志磨砺要注意循序渐进。在锻炼意志的时候，要注意选择突破口，分阶段有步骤

地进行。目标可以具体地按渐进性方式排列，一个目标完成了，对于个体是一种积极的反馈，能增加其自信，从而更积极地完成下一个目标，进入一个良性循环。这样，意志的行为逐步强化为意志习惯，再慢慢固化成一种意志品质。

其次，意志磨练要培养"慎独"的习惯。"慎独"是一种高度自觉的道德修养，它是指一个人独自居处的时候也要谨慎地注意自己的内心和行为，防止有违背道德的思想或不符合道德要求的行为。中国传统文化历来有"慎独"的告诫："君子戒慎乎其所不睹，恐惧乎其所不闻。莫见乎隐，莫显乎微，故君子慎其独也。"学生要善于培养自己的"慎独"精神，通过"慎独"来加强个人修养。如培养学生养成静下来思考的习惯，对自己的所作所为，经常地、反复地自我反省、自我解剖，这样，就能发扬勤奋进取、严谨负责、积极自信、坚韧自制的良好的意志品质，克服懒惰、盲目、草率等不良的意志品质。

意志不是人生来就具有的，青年期是意志品质逐渐形成定型的时期，又是有较大可塑性的时期，因此，在培养学生良好的意志品质方面，广大教育工作者负有不可推卸的责任。

拓展阅读 >>>>>>

名 人 轶 事

古雅典卓越的政治家、演讲家德摩斯梯尼，年轻时口吃，说话气短，而且爱耸肩。这大概是最不适合学演讲的了，所以他初学演讲时曾被听众哄下台。但他毫不气馁，为了练发音，他嘴含石子练朗诵；为了克服气短，他一面攀登陡坡，一面吟诗；甚至悬起两把剑来改正自己爱耸肩的毛病。经过坚持不懈的长期努力，他终于成为著名的演讲家、雄辩家。

美国第 16 任总统林肯，是闻名于世的大演讲家。他年轻时为了成为一名律师，常常徒步 30 英里，到一个法院听律师们的辩护词，看他们如何辩论，如何做手势。他一边听，一边模仿。后来他还对着树林和玉米地反复练习演讲。

我国开国领袖毛泽东，在其青年时代为了锻炼身体，每天都坚持荡秋千、跳木马、踢毽子，后来又学习游泳和爬山。到了湖南一师后，在老师的影响下，又增加了冷水浴、静坐、风浴、日浴等，在酷日和狂风中锻炼自己的身体，同时，也培养了自己勇敢和坚韧不拔的意志品质。

资料来源：①张煜.演讲口才辩论谈判知识全书[M].北京：企业管理出版社，1997.②孙璨.好孩子必读榜样故事：毅力故事[M].合肥：黄山书社，2010.

思考与训练

1. 什么是意志？意志行动有哪些基本特征？请举例说明。

2. 意志行动的心理过程包括哪几个阶段？请举例说明。

3. 请举例说明在制订行动计划阶段，主要面临的目标冲突类型有哪些？

4. 良好意志品质的特征有哪些？结合中学生意志品质的特点，谈谈应该如何培养良好的意志品质。

5. 请在自己的生活实践中找一个事例，说明意志的表现及其重要性。

参考文献

［1］（瑞士）荣格. 心理类型［M］. 吴康，译. 上海：上海三联书店，2009.

［2］（美）菲尔图. 意志力是训练出来的［M］. 长沙：湖南文艺出版社，2013.

第九章 人 格

学习目标

1. 了解人格的基本含义及特征,理解影响人格形成与发展的主要因素;
2. 了解关于人格的基本理论;
3. 理解气质与性格的基本内涵,并能掌握两者之间的区别与联系;
4. 初步认识几种主要的人格测量方式;
5. 了解自我意识的基本内涵。

当你阅读《水浒传》、《三国演义》等名著,或观看各类影视作品,都会被小说或荧幕中各具风采、光鲜动人的人物形象所吸引。如宋江的忠义,李逵的勇猛,抑或曹操的奸诈,诸葛亮的智慧,一个个栩栩如生的人物流传百年。在现实生活中,我们亦能发现性格迥异的各类人物,有的人活泼开朗,有的人温柔尔雅,有的人慷慨大方,也有的人自私自利。所有的这些心理差异都是人格差异的表现。人格是一种心理特征,它使每个人在心理活动之中表现出各自独特的风采,对此我们也会产生很多疑问,会出现诸多关于人格的问题,如为什么会说"人心不同,各如其面"? 为什么说"江山易改,秉性难移"? 有哪些因素会影响人格的形成与发展? 我们如何测评人格差异? 等等。本章将对这些问题进行全面的解答。我们先从理论角度来探讨人格的基本规律,再描述人格的基本内涵,并辨别如气质与性格的区别与联系,最后分析遗传、环境、教育等因素对人格形成与发展的影响。对于这些知识的了解,将有助于我们对人格的特征进行有效地解释和调整,进而更好地改善和塑造自我。

第一节 人 格 概 述

一、人格的概念

有这样一句格言,"人与人之间差别不多,但差别很大。"这句话几乎总结了人格的基本内涵。我们很想知道,什么东西使你与你身旁的人不同,为什么有人善于交谈而有的人不善言辞,为什么有人容易陷入烦躁当中,这些都与人格有着密切的关系,在回答这些问题之前,先给人格下一个定义。给人格下定义实际上也暗含了"人格心理学应该研究什么"这个问题。如同研究智力一样,心理学家们也很难对这些问题作出一个简单而统一的回答,不同人格心理学家都会有各自不同的侧重点。如某些心理学家可能看重无意识机制,有的可能关注学习及模

仿过程,还有的会关注人的思维过程,这些缺乏一致性的状况可能会让你感到灰心,但正是这些不同向大家展示了一个探索人的复杂性的丰富的框架。

综合很多文献及参考,在本书中给人格作如下定义:"人格是个体在先天遗传物质的基础上,通过与后天社会环境的相互作用而形成的相对稳定而独特的心理行为模式。"

二、人格的结构

人格结构可以分为心理倾向、心理特征、自我意识这三部分。心理倾向即动力系统,或者人格动机系统,决定着个人行为的积极性,主要包括需要、动机、兴趣、目的、理想、信念以及价值观等。心理特征即个性心理特征,是个体身上经常表现出来的稳定的心理特征,它影响个体的活动,主要包括气质、能力、性格等。自我意识也称为自我调控系统,主要指人对自身以及对自己与客观世界的关系的意识。人格结构这三部分既是相对独立,又是相互渗透和制约的。每个人都有自己的心理倾向、心理特征以及自我意识,并存在稳定的差异,这也是构成人与人之间千差万别的因素。

三、人格的特征

(一)人格的整体性

人格的多种特征不是孤立存在的,而是错综复杂地相互联系,由各个紧密联系的成分构成的多个层次、多个水平的有机整体。人格的整体性表现为内在统一性,一个人能够正常地认识和评价自己,及时协调内部世界与外部世界的冲突。

(二)人格的独特性

人们常说"人心不同,各如其面",人格包含个人与其他人不同的心理倾向。人们的兴趣、爱好是多样的,能力也各有差异,甚至不同人所表现出来的气质也各有不同。这种独特不仅仅表现在某些个别的心理或行为上,更主要表现在整体模式上,使人与人之间相互区别开来。当然,在人与人之间会存在某些心理和行为上的共性,例如描述某些人性格外向,这是共性,但在外向的表现上会各有不同,因此从某种程度讲,人格是人的个性与共性的统一体。

(三)人格的稳定性与可塑性

人格的稳定性主要指一个人的人格特征在时间上具有前后一贯性,空间上具有普遍性,在人与外在环境不断相互影响的作用下,逐渐形成一定的行为动机、信念、价值观,并在不同的生活情境中都显示出一贯的品质。例如,某些人性格比较冲动,做事急躁,他会表现在学习上或工作中,甚至在日常生活及人际交往中也会有冲动急躁的表现,会让人觉得他在很长一段时间里都是这样的表现,这就是人格在时间上的一贯性和空间上的普遍性。当然有时候我们会觉得在某些场合或环境中,他的表现根本不像本人,这也说明人格的稳定性也不意味着它一成不变,因为人格具有可塑性。

(四)人格的生物性与社会性

人格不是与生俱来的,而是先天遗传与后天环境相互作用的产物。人格具有生物性,同时也具有社会性,是生物性与社会性的统一。一个人从受精卵开始,遗传物质与环境作用就不可分割地联系在一起,共同对人格的形成和发展发挥作用,一方面外在环境使遗传物质的作用得到表现,同时遗传物质也制约着环境教育的作用,它们相互制约、相互作用,共同影响人格的形成和发展。

四、人格心理学的历史和发展

"心理学有着漫长的过去,但只有短暂的历史。"艾宾浩斯的这句话同样适用于人格心理学的发展情况。人格心理学形成至今已有80年的历史,这段历史时期可以大致分为两个阶段。

第一阶段:20世纪30—60年代,是人格心理学的建立时期。1900年弗洛伊德发表《梦的解析》标志着古典精神分析的形成。在此之后精神分析内部经历多次分裂和整合,最终在20世纪30年代,产生了以霍尼、埃里克森等人为代表的新精神分析学派。与此同时,华生、斯金纳等人在巴甫洛夫动物条件反射理论的基础上,开创了人格心理学的行为学习理论,班杜拉等人进一步提出了社会学习论的人格理论体系。同时,奥尔波特提出了特质论体系。在40年代初期,卡特尔等人进一步发展了人格测量与因素分析技术,完善了人格的特质论体系。在20世纪60年代,马斯洛、罗杰斯等人创立了人本主义的人格理论体系,凯利初步创立了认知主义的人格理论体系。至此,人格心理学中的主要理论体系均已形成。

第二阶段:20世纪70年代至今。这一阶段主要特点是各人格理论体系相互对立和界限逐渐消失,出现综合化趋势。目前,多数人格心理学家倾向于采用各家之长,综合性地运用各种人格理论体系中的思想精髓,对自己感兴趣的问题进行研究探索。综合化的趋势不仅仅表现在理论上,在研究方法上也体现出这种综合性的趋势,如研究焦虑问题,可采用临床观察法、相关研究法、实验法等,从不同的角度去探索焦虑这一现象的本质规律。

随着社会的不断发展,心理学科本身也在不断地发展当中,关于人格的研究也出现了新的趋势。在人格理论上出现了专题化研究和小型化研究的趋势,如在20世纪80年代健康心理学的建立推动了人格与健康关系的专题化研究,并在专题化研究的基础上,出现了一些专门解释某一特殊人格领域,如幸福感、孤独感、完美主义等问题的探索。过去的经典人格理论如精神分析、行为主义等都是大型的人格理论体系,而现在多数人格心理学家并不热衷于构建大型理论体系,而是在自己感兴趣的具体人格研究领域中建构小型理论。

遗传学及脑科学的理论、方法技术的迅速发展,推动了人格的生物基础研究,不少研究者开始从生物遗传与进化角度,以及脑科学角度去探索有关人格方面的问题。重视社会文化因素的影响,使大量跨文化研究产生。现如今越来越多研究者也开始重视生态文化因素对人格及其发展的影响,采用跨国、跨民族及文化等方法探索不同群体之间的人格异同及其原因。

拓展阅读 >>>>>

明尼苏达大学关于分开抚养双生子的研究

在明尼苏达大学关于分开抚养双生子的研究中,研究者对参与研究的双生子进行了智力测验和人格测验。此外,还向这些双生子做了长期的访谈,并得到他们对有关童年的经验、恐惧、嗜好、音乐兴趣、社会态度和性兴趣等问题的回答。结果发现了些惊人的相似性。

成长背景最不同的双生子要属奥斯卡·斯托尔和杰克·伊弗。他们出生在特里尼达，父亲是犹太人，母亲是德国人。刚出生时，他们就被分开。母亲把奥斯卡带到德国，由信奉天主教和纳粹主义的外婆抚养。杰克由身为犹太人的父亲抚养，他在青年时期大部分时光是在以色列的一个集体农场度过的。居住在两地的这一家人从未联系，兄弟俩过着截然不同的生活。二十多年未曾见过面的兄弟俩竟然表现出显著的相似性：都穿着蓝色、双排扣、带肩章的衬衫，都留有短髭，戴金丝眼镜，都喜欢吃辣的食物，喝甜酒，喜欢把涂了黄油的土司放在咖啡里，甚至乘电梯时都会打喷嚏，如此等等，使人难以置信。

另一对同卵双生女子，她们在很小的时候（第二次世界大战期间）被分开，在两个社会经济地位迥异的家庭中长大，分开后第一次见面时已经是家庭妇女了，令人惊讶的是，这次见面时两人手上都戴着七枚戒指。

当然，不存在什么喜欢喝甜酒或戴戒指的基因，但这种相似性反映了更基本的制约人格特征的遗传因素。

资料来源：R. L. Atkinson 等. 心理学导论[M]. 车文博，孙名之等，译. 台湾晓园出版社，1994.

第二节　人格理论

一、弗洛伊德的人格发展理论

(一) 解剖模型

弗洛伊德最初把人格划分为意识、前意识和无意识，这种划分被称为解剖模型。意识是指人们正觉察到的想法，但在大脑存储的信息中，意识处理的信息只占很小的比例。你可以轻易地调集无数的想法到意识中，如今天你午餐吃了什么，你的高中班主任是谁，你上周末去哪玩了等，这些大量可再现的信息构成了前意识。在精神分析理论看来，我们内心的想法主要属于无意识，无意识的内容决定了人的很多日常行为，理解无意识对行为的影响，是理解精神分析的关键。

(二) 结构模型

弗洛伊德发现运用解剖模型描述人格有很多局限性，因此发展了人格的结构模型，把人格划分为本我、自我和超我。正如人们常说的："一部分的我想做这件事情，另一部分的我想做另一件事情。"组成人格的各部分经常会发生冲突。弗洛伊德认为人出生的时候只有一个人格结构，即本我，只与个人欲望有关，本我遵循快乐原则；随着儿童与环境相互作用，人格结构的第二部分逐渐发展起来，即自我部分，其主要工作是在现实环境允许的情况下，满足本我冲动，自我部分遵循现实原则；儿童大约 5 岁的时候，人格的第三部分——超我开始形成，超我代表了社会的，尤其是父母的价值和标准，超我对能做和不能做的事情有更多的限制，遵循道德原则。在每个人的意识中都会存在着本我的放纵、自我的现实约束以及超我的道德标准要求三者之间的紧张状态，而一个健康的人格也是在这三者上互相补充、协调发展而来的。

（三）力比多与死本能

解剖模型提供了心理行为的互动场所,结构模型描述了其相应角色,但究竟什么使心理行为模式处于发展当中,弗洛伊德认为心理行为受到一种强大的内部力量驱使,这种内部力量称为本能。本能分为两大类:生的本能,也称为力比多(Libido),另一种是死的本能,也称为塔娜托斯(Thanatos,希腊神话中的死神)。这两种力量相互交融,成为我们许多行为模式发生的内在力量。

（四）心理性欲发展阶段

弗洛伊德认为我们每个人在童年早期经历了一系列的发展阶段,每一阶段的主要标志是最初的性敏感区,而这些阶段会影响成年期人格,因此被称为心理性欲发展阶段。

儿童经历的第一个阶段是口唇期,这个阶段大约出现在0—18个月,口、唇、舌是主要的性敏感区,具有口唇期人格的成年人往往会依赖别人,嗜烟酒、常把手放进嘴里的成年人,或许就可诊断为具有某种程度上口唇期人格的人。儿童长到18个月时,进入肛门期,肛门区成为这一时期最重要的性敏感区,多数儿童会在这个时候开始如厕训练,如厕训练的创伤会导致肛门期人格的形成,具有肛门期人格的人会过分地爱整洁、固执,这些都取决于他们的如厕训练是如何进行的。儿童大约到3—6岁,便发展到性器期的发展阶段,生殖器成为重要的性敏感区,处于这一阶段的儿童对异性父母产生了性冲动,儿童将经历俄狄浦斯情结,这一名词是根据希腊神话中一个误娶了自己母亲为妻子的人物来命名的,俄狄浦斯情结的解决具有重要作用,儿童最终将压抑自己对异性父母的欲望,开始以同性父母自居,男孩开始习得男性特征,女孩开始习得女性特征,而且这些对父母的自居作用与超我的发展相当吻合。在俄狄浦斯情结解决之后,儿童进入了潜伏期,儿童性欲表现得不那么明显,很长时间男孩只与男孩玩,女孩只与女孩玩,这些特征直到进入青春期以后才会结束。于是儿童便进入了心理性欲发展的最后一个阶段——生殖期,进入青春期后,儿童重新表现出强烈的性欲,并集中于生殖器区域,具备正常的性机能。

弗洛伊德理论是第一个综合性的人类行为与人格的理论,之后,许多心理学家都在弗洛伊德的基础上建立了自己的理论,借鉴精神分析理论中的概念和假设,继续发展和描绘诸多人类行为的人格图景。

参考资料 >>>>>>

埃里克森的人格发展阶段理论

弗洛伊德把自我看成调节本我和超我矛盾的协调者,而埃里克森则认为,自我执行着很多建设性的功能,他认为自我是人格中一个相对独立的部分,其作用是建立人的同一性(identity)和满足人控制外部环境的需要,因此也有人把埃里克森的人格理论称为自我心理学(ego psychology)。根据埃里克森的观点,自我的基本功能是建立并保持同一性。同一性是一种复杂的内部状态,它包括人关于自己的个体性、唯一性、完整性以及从过去到未来的连续性的感觉。很多人在一生中都有一段时期不能确定自我的同一性,不能确定自己的价值观和生活方向。埃里克森所说的同一性通常发生在青少年时期,而同一性的确立与否影响着心理的健康发展。埃里克森认为人格在人的一生中都在不断地发展,他提出了8个阶段,认为人的人格发展都需要经历这些阶段,并且每一个阶段都对人格发展及身心健康至关重要。

表 9-1 埃里克森的人格发展阶段理论

发展阶段	基本心理矛盾	年龄范围	处理心理矛盾所形成的心理品质		重要影响事物
			顺利发展	发展受阻	
1	信任与不信任	0—1 岁	对人信任,安全感	焦虑、恐惧	父母或监护人
2	自主与羞怯	1—3 岁	自我控制、意志	自我怀疑	父母或监护人
3	主动与内疚	3—6 岁	主动好奇	畏惧退缩	家庭与学校
4	勤奋与自卑	6—12 岁	成就感	自卑感	家庭与学校
5	同一性与角色混乱	12—20 岁	自我认同	不确定感	同辈群体
6	亲密与孤独	20—25 岁	亲密感与爱的能力	孤独感	朋友、配偶
7	创造力感与停滞感	25—60 岁	关心他人	自私	家庭、同事
8	自我整合与失望	60—生命结束	智慧	失落、无意义感	人生经历

二、社会学习人格理论

人格可以通过社会学习的方式获得,也可以通过社会学习方式进行改变,社会学习理论属于行为主义理论的范畴,主要强调人的观察学习。所谓观察学习是指人通过观察他人的行为而习得复杂行为的过程,由于看到他人行为被强化(受到奖励或惩罚)而代替自己行为被强化,因而观察者也能学习到示范者的行为。这种观点与强调必须从外部进行强化才能形成行为的经典行为主义观点有所不同。观察学习是一个复杂的行为过程,并不是所有的观察者都能获得示范者的行为模式,这与示范者的性格特征和观察者的性格特征有很大关系,社会学习人格理论沿用了经典行为主义理论中的强化概念,但把强化行为分为直接强化、替代强化和自我强化。直接强化与外在的刺激物有关;替代强化是个体看到他人的行为获得成功或奖励,会增加产生同类行为的倾向;而个体在社会化的过程中,能根据自己设定的标准并根据这种内在的标准来评定和奖励自己的行为,这称为自我强化。个体能够通过观察学习获得替代强化进而控制自我强化,从而使人格得以形成和发展。社会学习理论引起了各方面的广泛关注,在人与环境的相互作用过程中将强化、认知、价值观念等体系联系起来对人的行为发展和变化进行整合,对理解人格的形成和发展有着独特之处。

三、特质理论

(一)奥尔波特的特质理论

特质理论是现代西方人格构成的一种主要理论。这一理论认为人格由许多特质要素构成,特质是构成人格的最小单位,是激发与指导个体的各种反应的恒常的心理结构。

创立人格特质理论的是美国心理学家 G·W·奥尔波特。他在 1961 年的《人格模式和发展》中提出,特质是人格结构的核心部分,是"一种广泛的相似行为的倾向系统",它与"相同刺激"和"相同反应"等要领类似。也就是说,任何情境,当它对个体具有同等意义时,就会激起个体的某种倾向,从而产生各种行为。在这个意义上,特质指"一种心理结构,这种结构使个体能够对许多作用相同的刺激进行反应,并且激活和引导相同形式的适应行为或表现行为"。奥尔波特把特质区分为个体特质和共同特质。个体特质是某个特定的个人具有的那些特质,其特征与共同特质有相似之处,共同特质是许多个体共有的那些特质,和个体特质的区别主要取决于被说明的对象。任何群体都能用他们的特质加以描述,例如,可以把一个群体描述为友好的、攻击的或聪慧的群体;同理,任何个体也能用他或她具有的特质加以描述,例如,可以把一个人描述为友好的、攻击的或聪慧的个体。当特质用来描述一个群体时就称为共同特质,而当它们用来描述个体时就称为个体特质。奥尔波特认为,只有对一个人的生活作大量的研究才能规定出其个体特质。个体特质是指个体身上所独具的特质,可分为三种:首要特质是一个人最典型、最具概括性的特质,如多愁善感的林黛玉;中心特质是构成个体独特性的几个重要特质,在每个人身上大约有5—10个,如林黛玉的清高、率直、聪慧、孤僻、内向、抑郁、敏感,都属于中心特质;次要特质是个体不太重要的特质,往往只有在特殊情况下才表现出来。

(二)卡特尔的人格特质理论

雷蒙德·卡特尔受化学元素周期表的启发,用因素分析法对人格特质进行了分析,提出了基于人格特质的一个理论模型。模型分成四层:个别特质和共同特质,表面特质和根源特质,体质特质和环境特质,动力特质、能力特质和气质特质。卡特尔对人格中共同特质和个别特质研究颇多,他认为奥尔波特列举的特质太多、太繁,于是把1万多个形容人格特质的词归类为171个,然后用统计方法归并为35个特质群,卡特尔称之为表面特质。表面特质是可直接观察的个体行为的外在表现,不是人格的本质。为探究人格的基本特质,卡特尔运用因素分析法对35个表面特质加以分析,获得16个根源特质。表面特质和根源特质是有层次的:前者是表面的,可直接观察的;后者是内蕴的、本质的、隐藏在表面特质后面和人格结构的内层,只能通过表面特质去推知和发现。为此,卡特尔设计了一份16项人格因素问卷(16PF),用以测量16个根源特质(如表9-2所示)。

表9-2　卡特尔16种人格因素含义

人格因素	低分含义	高分含义
A—乐群性	缄默,孤独,冷漠	外向,热情,乐群
B—聪慧性	思想迟钝,学识浅薄	聪明,富有才识,善于抽象思考
C—稳定性	情绪激动,易生烦恼,心神动摇不定	情绪稳定而成熟,能面对现实
E—恃强性	谦逊,顺从,通融,恭顺	好强固执,独立积极
F—兴奋性	严肃,审慎,冷静,寡言	轻松兴奋,随遇而安
G—有恒性	苟且敷衍,缺乏奉公守法的精神	有恒负责,做事尽职
H—敢为性	畏怯退缩,缺乏自信心	冒险敢为,少有顾忌
I—敏感性	理智的,着重现实,自恃其力	敏感,感情用事
L—怀疑性	依赖随和,易与人相处	怀疑,刚愎,固执己见
M—幻想性	现实,合乎成规,力求妥善合理	幻想的,狂放不羁
N—世故性	坦白,直率,天真	精明能干,世故
O—忧虑性	安详,沉着,有自信心	忧虑抑郁,烦恼自扰
Q1—实验性	保守的,尊重传统观念与行为标准	自由的,批评激进,不拘泥于现实
Q2—独立性	依赖,随群附众	自立自强,当机立断
Q3—自律性	矛盾冲突,不顾大体	知己知彼,自律严谨
Q4—紧张性	心平气和,闲散宁静	紧张困扰,激动挣扎

四、人本主义人格理论

人本主义学派和其他学派最大的不同是特别强调人的正面本质和价值，而并非集中研究人的问题行为，并强调人的成长和发展，即自我实现。

（一）马斯洛的需要层次理论

在心理学上，需要层次论是解释人格的重要理论，也是解释动机的重要理论。自我实现是马斯洛人格理论的核心。他认为可以将其"定义为不断实现潜能、智能和天资，更充分地认识、承认了人的内在天性，在个人内部不断趋向统一、整合或协同的过程"。也就是说，个体之所以存在，之所以有生命意义，就是为了自我实现。马斯洛需要层次理论如下所述：

（1）生理需求：生理上的需要是人们最原始、最基本的需要，如吃饭、穿衣、住宅、医疗等。若不满足，则有生命危险。这就是说，它是最强烈的不可避免的最底层需要，也是推动人们行动的强大动力。当一个人为生理需要所控制时，其他一切需要均退居次要地位。

（2）安全需求：安全的需要包括劳动安全、职业安全、生活稳定、希望免于灾难、希望未来有保障等。安全需要比生理需要较高一级，当生理需要得到满足以后就要保障这种需要。每一个在现实中生活的人，都会产生安全感的欲望、自由的欲望、防御的实力的欲望。

（3）社交需求：社交的需要也叫归属与爱的需要，是指个人渴望得到家庭、团体、朋友、同事的关怀爱护理解，是对友情、信任、温暖、爱情的需要。社交的需要比生理和安全需要更细微、更难捉摸。它与个人性格、经历、生活区域、民族、生活习惯、宗教信仰等都有关系，这种需要是难以察悟、无法度量的。

（4）审美需要："爱美之心人皆有之"，每个人都有对周围美好事物的追求，以及欣赏。

（5）自我实现：自我实现的需要是最高等级的需要，是一种创造的需要。有自我实现需要的人，往往会竭尽所能，使自己趋于完美，实现自己的理想和目标，获得成就感。马斯洛认为，在人自我实现的创造过程中，产生出一种所谓的"高峰体验"的情感，这个时候的人处于最高、最完美、最和谐的状态，具有一种欣喜若狂、如醉如痴的感觉。

马斯洛认为五个层次要按照次序实现，由低层次一层一层向高层次递进。只有先满足低层次的需要才能去满足高层次。所以一定程度上，过于机械化。但是我们也要肯定马斯洛理论的完整性，以及他对管理、教育等方面作出的贡献和启示。

（二）罗杰斯的人格理论

罗杰斯提倡人格的自我论。这种自我论的发展，显然受到新精神分析论、场论以及现象论的影响。他不满于弗洛伊德的本能冲动的看法与学习论者控制外在情境的机械的观点，而特别强调"人"本身与其主观经验的重要性。因此，自我论又称为"人本论"。罗杰斯在大量的临床实践中，逐渐接受并使用"自我概念"，他的人格理论也常常被称作自我理论。罗杰斯认为，婴儿便能将经验的一方面同其他方面区分出来而产生自我。随着儿童与外界进行更为广泛的相互作用，儿童开始形成他是谁和他可能是谁的表象，即自我观念。儿童感知其他人对自己的行为所作出的反应，继而发展出一种自我表象的连贯模式。

在罗杰斯看来，自我的发展以及是否能形成健康的自我，取决于儿童在婴儿期所获得的抚慰。在自我的形成和发展中，儿童需要爱的哺育，罗杰斯把这种需要称作"积极性尊重"。他指出,每个人都具有积极尊重的需要,每个婴儿都被驱使着去寻找积极尊重需要的满足,只有那种能获得爱抚,能得到情感上的满足,能深得别人赞扬的儿童,才能得到这种尊重需要的满足。儿童能否养成一种健康的人格,完全取决于这种积极尊重的需要是否能得到充分满足。健全的人就像一个婴儿,他是按照自己机体估价过程而不是价值条件来生活的。这种"忠实于自己"的生活是完善的生活,它标志着一个纯洁的自我和真正的善。幸福并不意味着一个人所有生物需要都得到了满足,如财产和社会地位等。幸福来自实现趋向中的积极参与,体现于持续的奋斗之中。罗杰斯认为健康人格包括五种特征:开放的经验,机体估价过程,无条件的自我尊重,人际关系,和睦相处。

第三节　气质与性格

一、气质

(一) 气质的含义

所谓气质(temperament),是指个体不以活动目的和内容为转移的典型的、稳定的心理活动的动力特性,是一个人心理活动在发生速度、灵活性、强度和指向性等方面特征的综合。心理活动的速度和灵活性,主要指知觉的速度、思维的灵活程度、注意集中时间的长短等;强度主要指情绪的强弱、意志努力的程度等;指向性即个体的心理活动是倾向于外部现实还是倾向于自己的内心世界。气质是指人的心理活动和行为中表现出稳定的动力特点。气质是受遗传影响最大的个性心理特征。气质的稳定性表现在各种活动中,具有跨时间、跨情境的特点。

(二) 气质的基本特征

气质的心理结构十分复杂,它由许多心理活动的特征交织而成。这些特征主要包括:

(1) 感受性。人对内外界刺激的感觉能力,这是神经过程强度特征的表现。

(2) 耐受性。人在接受刺激作用时表现在时间和强度上的承受能力,也是神经过程强度特征的反映。

(3) 反应敏捷性。心理反应和心理过程进行的速度(如记忆的快慢、思维的敏捷程度、注意转移的灵活性等),这是神经过程灵活性的表现。

(4) 可塑性。人根据外界环境变化调节自己以适应外界的难易程度,它与神经过程的灵活性关系密切。

(5) 情绪兴奋性。包括情绪兴奋强弱与情绪外观的强烈程度。情绪兴奋性既和神经过程的强度有关,也和神经过程的平衡性有关。

(6) 倾向性。心理活动、言语和动作反应是表现于外部还是内部的特性。倾向性与神经过程强度有关,外向是兴奋过程强的表现,内向是抑制过程强的表现。

(三) 气质在人类生活中的意义

每个人都有一定的气质特征,气质影响着人的实践活动。

(1) 气质不决定人的智力水平和社会价值。人的气质没有直接的好坏之分。每种气质类型都有积极和消极的两面。任何一种气质既可以是良好性格和突出才能的催化剂,同时也可能成为限制一个人发展的绊脚石。

（2）气质特征是职业选择的依据之一。越来越多的机构开始重视人力资源的合理使用，用人单位利用心理学进行人才选拔，而个人选择职业也根据自己的特点结合职业的要求。只有通过了解自己的气质特征，才能充分发挥自己的气质优势，克服其不利一面的因素。

（3）气质特征是教育工作的依据之一。对于教师来说，了解学生的气质特点，对做好教育、教学工作，引导学生健康地成长具有十分重要意义。教师要帮助学生克服不同气质中的消极特点，同时也要积极引导学生认识到自己气质的优点，使其在学校生活中得到更好发展。

气质是表现在心理活动的强度、速度、灵活性与指向性等方面的一种稳定的心理特征。人的气质差异是先天形成的，受神经系统活动过程的特性所制约。孩子刚一落生时，最先表现出来的差异就是气质差异，有的孩子爱哭好动，有的孩子平稳安静。它只给人们的言行涂上某种色彩，但不能决定人的社会价值，也不直接具有社会道德评价含义。气质不能决定一个人的成就，任何气质的人只要经过自己的努力都能在不同实践领域中取得成就，也可能成为平庸无为的人。气质是人的个性心理特征之一，它是指在人的认识、情感、言语、行动中，心理活动发生时力量的强弱、变化的快慢和均衡程度等稳定的动力特征。主要表现在情绪体验的快慢、强弱、表现的隐显以及动作的灵敏或迟钝方面，因而它为人的全部心理活动表现染上了一层浓厚的色彩。

二、性格

（一）性格的内涵：

人对现实的稳定态度和习惯化了的行为方式中所表现出的个性心理特征即为性格。一个人作为社会成员，生活在集体中，处于各种社会关系的影响下，每个人都意识到社会现实给予他的影响，并对这种影响有其特定的应答活动。也就是说，个人在生活过程中接触到形形色色的人、事、物，会根据自己的认识及其与自己需要的关系产生一种稳定的、评价性的心理倾向，并相应地表现出什么样的行为方式，如追求或放弃，接受或拒绝，保持或改变等。

性格在人的个性当中处于核心地位。这首先是因为性格具有社会评价的意义，人们可以对某种性格特征的社会价值进行评判。相比之下，能力与气质就不具有直接的社会评价意义，而且对个人而言也难以确定其绝对的高下或好坏。因为每个人在能力上各有所长，也有所短；每个人的气质类型在面临不同的环境与活动任务时，也会表现出有利或不利的一面。一个人个性的优劣主要是从性格上体现出来的。其次，性格还在制约着能力与气质的发展方向和表现形式。因此，人与人的个性差异首先是性格的差异，而不是能力水平、气质类型的差异。人的性格是后天获得的，是现实社会关系在人脑中的反映，并在长期生活环境和社会实践中逐渐形成的。性格是表现在个人对现实的态度和行为方式中的较为稳定而具有核心意义的心理特征。

（二）性格的特性

1. 对现实的态度的性格特征

（1）对社会、集体和他人的态度特征：如集体主义、富于同情心、诚实、正直、公而忘私、见义勇为等，相反的如对集体利益和荣誉漠不关心、对人冷酷无情、自私、虚伪、狡诈、唯利是图等。

（2）对工作和学习的态度特征：如勤劳或懒惰、朝气与暮气、乐观与悲观、有责任心或粗心大意、认真或马虎、首创精神或墨守成规、节俭或浮华等。

（3）对自己的态度特征：如谦逊或自负、胆怯以及自我批判精神等。

2．性格的意志特征

（1）行为目的的明确程度的特征（自觉性）：如独立性或易受暗示性，有目的性或盲目性，组织性、纪律性或放纵无羁、散漫性等。

（2）对行为的自觉控制水平的特征（自制性）：如主动性或被动性。

（3）在长期工作中表现出来的特征（坚持性）：如镇定、果断、勇敢和顽强，以及献身精神等；相反的则是惊慌、犹豫不定、软弱怯懦，以及贪生怕死等。

（4）在紧急或困难情况下表现出来的特征（果断性）：严肃认真、有恒心、坚韧性等，与此相反的是轻率马虎、虎头蛇尾、畏难、动摇等。

3．性格的理智特征

不同理智特征的人表现都有所不同，有的多注意细节，有的多注意整体和轮廓，而且在感知的快速性和精确性上都有所不同。还有的人善于独立思考，偏好分析，富于创造性；有的却思想保守不能全面地看问题，表现出主观、片面、爱钻"牛角尖"等特点。

4．性格的情绪特征

（1）情绪的强度特征：例如，有的人情绪高涨、鲜明、富于热情、精神旺盛，有的人情绪安宁、冷漠等。

（2）情绪的稳定性、持久性特征：例如，有的人忽冷忽热只有几分钟的热情，有的人始终保持高涨的情绪。

（3）主导心境特征：例如，有的人可能经常处在精神饱满、欢乐愉快的情绪之中，是个乐观主义者；有的人可能是抑郁消沉、多愁善感者。

（三）性格的类型

根据优势心理机能划分性格类型：英国心理学家培因等根据智力、情感和意志三种心理机能在性格中何者占优势，将性格分为理智型、情绪型和意志型。

根据文化生活的形式区别性格类型：德国心理学家斯普兰格提出，性格可分为经济型、理论型、审美型、权利型、社会型和宗教型。

按照个体独立性程度划分性格类型：顺从型和独立型。

三、性格与气质的关系

性格与气质是容易混淆的两个概念，二者之间既有区别，又有联系。

（一）性格与气质的区别

首先，性格与气质的性质是不同的。由于性格更多受到后天环境的影响，具有较为明显的社会化特性。在不同的社会文化条件下，人们的性格有较大的差异。而气质是人们心理活动和行为稳定的动力特点，受遗传影响较大，人们生来的气质差异就比较明显。其次，性格与气质的生理基础有所区别。气质的生理基础是高级神经活动的类型特点，气质的特点也源于高级神经活动的类型特点。由于高级神经系统不受生活条件的影响,故而气质具有很大的稳定性。而性格的生理基础是两个方面的"合金",一方面是高级神经活动的类型对性格具有影响作用,另一方面是通过经验建立起来的暂时神经联系系统对性格发挥着主导作用。性格的基本机制是在高级神经活动的类型基础之上后天建立的条件反射系统。

(二) 性格与气质的联系

性格与气质之间是相互作用和相互影响的。一方面,基于后天经验的性格可以掩盖和改造气质,指导气质的发展,使它更有利于个体适应周围的生活环境。另一方面,气质也会影响一个人对待事物的态度和行为风格,使性格带上某种气质的色彩。而且,气质还影响性格的形成和发展,对一定的性格特性起着促进或阻碍的作用。

虽然气质对性格的形成与表现产生一定的影响,但它并不决定一个人最终形成什么样的性格。研究表明,气质不同的人形成相同的性格品质是可能的,而同一气质类型的人也可能形成不同性格。

四、气质理论

(一) 气质的体液说

古希腊最著名的气质学说是希波克拉底提出的气质体液说。希波克拉底认为,人体含有四种体液,即血液、黏液、黄胆汁、黑胆汁,并根据哪一种体液在人体占优势,把人分为四种类型:多血质、黏液质、胆汁质和抑郁质。血液占优势的称为多血质,黏液占优势的称为黏液质,黄胆汁占优势的称为胆汗质,黑胆汁占优势的称为抑郁质。虽然由于当时条件有限,希波克拉底用四种体液来解释气质类型缺乏科学依据,但是这四种气质类型分类的名称一直被研究者们所沿用。

(1) 多血质。活泼好动,反应迅速,动作敏捷,思维灵活,但往往不求甚解,注意力易转移,情绪不稳定,感情易表露且体验不深,易适应环境,喜欢交往,做事粗枝大叶,具有外倾性。

(2) 黏液质。安静沉稳,喜欢沉思,反应缓慢,灵活性不足,比较刻板,注意稳定,不易习惯新环境、新工作,情绪不易外露,善于忍耐,坚韧执拗,具有内倾性。

(3) 胆汁质。精力旺盛,反应迅速,智力活动具有极大灵活性,直率热情,表里如一,情绪体验强烈,易冲动,有顽强拼劲和果敢性,但缺乏耐心,整个心理活动笼罩着迅速而突发的色彩,具有外倾性。

(4) 抑郁质。敏锐稳重,情感体验深刻、持久、少外露,行动缓慢,胆小、孤僻、不善交往,遇困难或挫折易畏缩,有较强敏感性,容易体察到一般人不易觉察的事件,具有内倾性。

表 9 - 3　气质类型心理指标

气质类型	感受性	耐受性	敏捷性	可塑性	情绪兴奋性	倾向性	速度
胆汁质	低	较高	灵活	小	高	外向	快
黏液质	低	高	不灵活	稳定	低	内向	慢
多血质	低	较高	灵活	大	高	外向	快
抑郁质	高	低	不灵活	刻板	体验深刻	内向	慢

(二) 气质的神经动类型说

巴甫洛夫在实验研究中揭示,高级神经系统活动的兴奋和抑制有强度、平衡、灵活性三种特性。根据这三种特性的结合,巴甫洛夫将动物的高级神经活动分为四种类型:强而不平衡型(不可遏制型),强、平衡(活泼型),强、平衡、不灵活型(安静型),弱型。

表9-4 高级神经类型与气质类型

神经活动类型	强度	平衡性	灵活性	气质类型
不可遏制型	强	不平衡		胆汁质
活泼型	强	平衡	灵活	多血质
安静型	强	平衡	不灵活	黏液质
弱型	弱			抑郁质

(三) 其他气质理论:

1. 气质的体形说

德国心理学家、精神病学家克瑞其米尔认为,人的身体结构与气质及所患精神病种类是紧密关联的,体形决定人的气质。经过总结,他把人的体形划分成三类:肥胖型、细长型和筋骨型。每一类体形易患的精神病分别为:肥胖型易患躁狂症,细长型易患精神分裂症,筋骨型易患癫痫症。

美国心理学家谢尔顿也是体形说的代表之一。他通过分析几千张大学生的照片,提出划分体形的三个维度:内胚叶型(柔软、丰满)、中胚叶型(发达、健壮)和外胚叶型(高大、细瘦),并发现气质与体形之间的相关达80%。

2. 气质的激素理论

这种理论认为气质特点是由不同的内分泌腺所致。根据内分泌腺的发达情况,把人分成各种类型:甲状腺型、脑垂体型、肾上腺型、副甲状腺型、性腺型。

尽管内分泌腺的活动与人的气质有一定的关系,但内分泌腺是在高级神经系统的调节下活动的,因此将气质简单归结为是内分泌腺活动的结果,这是不合适的。内分泌腺的活动不是气质差异的唯一原因。

五、性格类型理论

性格的类型是指在某一类人身上所共有的性格特征的独特结合。长期以来,心理学家试图按照一定的标准对性格进行分类,提出了多种分类学说,但至今仍未有一个公认的分类标准。以下介绍几种常见的性格类型。

(一) 外向型和内向型

按照心理活动指向于外部世界还是指向于内部世界,可以把人的性格类型分为外向型和内向型。外向型的人心理活动指向于外部世界,表现为活泼开朗,热情大方,不拘小节,善于交际并容易适应环境,但有些人会表现出轻率、散漫和感情用事,缺乏自我批评的态度;内向型的人心理活动指向于内部世界,一般表现为以自我为出发点,感情比较深沉,办事小心谨慎,但有时表现出反应缓慢,不善于交际,适应环境能力较差,特别注重别人对自己的看法。典型的外向型或内向型的人并不多,大多数人都属于中间型,兼有外向型与内向型的性格特点。

(二) 场独立型与场依存型

人的活动有一个核心,即认识。人是按认识来活动的。按照人认识的基本方式,可以将人的性格分为两类:一类属于场独立型,另一类属于场依存型。场独立型的人格特点主要以其本人的储存信息为参照系统,具有坚定的个人信念,善于独立思考,不易受他人的暗示和其他因素的干扰,但有时表现为过于主观武断,喜欢把自己的意志强加给别人;而场依存型的人格特点则主要以认识对象所处的客观场合为参照系统,容易受到外在环境的影响,做事容易缺乏主见,尤其在突发事件面前,常表现为束手无策或惊慌失措。

(三) A 型性格、B 型性格和 C 型性格

根据人们在时间上的匆忙感、紧迫感和好胜心等特点,可将人的性格分为 A 型、B 型和 C 型三种。A 型性格的人常充满着成功的理想和进取心,时间感特别强,他们试图对每一分每一秒都有控制感,事事都希望能亲力亲为,这类人往往智力较高,学习能力很强;B 型性格的人不喜欢充满竞争的氛围,喜欢过悠闲的生活,较少有时间紧迫感,有耐心,能容忍,喜欢娱乐;C 型性格的人喜欢掩藏自己的情绪并加以控制,在生活和工作中尽量回避冲突,容易缺乏主见和目标。

(四) 斯普兰格的六种性格类型

德国教育学家和哲学家斯普兰格(E. Spranger)从心理科学的立场出发,用哲学思辨的方式对人的性格进行分类,他认为人固有的气质是基础,同时也受社会文化的影响。他将主观价值体验和事物的客观价值联系起来,构建起具有价值观意义的性格类型学说。他在《生活方式》一书中提出,社会生活具有六个基本的领域:理论、经济、审美、社会、权力和宗教,人会对这六个基本领域中的某一个领域产生特殊的兴趣和价值追求。据此他将人的性格分为六种类型:理沦型、经济型、审美型、社会型、权力型和宗教型。

六、性格的测评

性格差异的测量,可以帮助我们了解一个人的性格特征、预测其行为,对于因材施教、塑造学生良好性格、选拔人才以及合理使用人才等诸多实用目的,都具有重要意义。

1. 行为评定法

在自然条件下观察、评定一个人的性格,一方面有真切、客观的特点,但要保证观察的可靠性,就需要长时间的观察,实施起来比较费时。并且,避免个体观察者的主观性,还需多个人同时对一个人进行评定,这就增加了这种方法在实际运用中的困难。因此,自然条件下的行为评定方法通常在需要纵深了解一个人性格时才使用。

2. 交谈法

这是通过与被试谈话直接了解人的性格特征的方法。交谈法有两种:一种是有组织的,一种是无组织的。有组织的交谈是研究者事先设计好要问的问题,从而使交谈按照预先期望的进程发展,并获得期望的特殊信息;无组织的交谈是研究者与交谈方从有准备的问题开始,

后面的问题则视对方对前面问题的回答而临时确定。这种方法常用于临床实践和对被试的性格作一般性的了解。

3. 问卷法

问卷法是比较常用的测量性格的方法。性格问卷法的题目编制较为困难。一方面,性格问卷的提问要避免直接提出问题。因为人其实并不容易了解自己,要是直接问"你是否优柔寡断",被试会受近期的经验和典型经验的影响,从而作出片面的反应。另一方面,性格问卷需要避免带有社会赞许性的题目。每个人都期待给别人留下好的印象,所以带有社会赞许性的题目很难得到真实的回答。尽管问卷法性格测量有以上困难,但问卷法仍然是性格测量中首选的方法。因为问卷法克服了行为评定法和交谈法不能进行群体施测的缺点,它可以同时对一群人进行测试和评定。而且,参加测试的人可在相同的条件下,对同样的问题作出回答,个体的性格差异更容易揭示。最后,在多数情况下,问卷法性格测量记分迅速,可以很快获得测量结果。

4. 投射法

投射法的原理是看不清在具有多种反应可能的刺激情境中,反应的不同是由个体的心理差异造成的,个体无意识的内驱力会在不被主体觉察的情况下对主体的行为发生影响。著名的投射测验有罗夏墨渍测验和主题统觉测验(TAT)。瑞士精神病学家罗夏用一些带有墨渍的卡片来测试他的病人,要求他们描述图上都有什么。主题统觉测验是由美国心理学家莫瑞等人开创的一种人格测量技术。罗夏的墨渍图主要用于精神异常者的诊断,而主题统觉测验则主要用来了解人们的需要和成就动机。

投射法是充分的自主反应,能够真实地反映被试的性格特征。避免了问卷法中的强迫选择。同时,这种方法还适合对没有阅读能力的被试进行测验。这种方法的不足,是测验结果难以解释,对将来的行为不能提供较好的预测。另外,由于投射测验适用于个别施测,因而需要花费大量的时间。

第四节　性　格　塑　造

一、影响性格形成的因素

影响性格形成的因素很多。遗传、环境、成熟和教育等因素,都会对人们性格的形成和发展产生影响。人的性格是在与周围环境相互作用的过程中逐渐发展起来的。虽然遗传因素会对性格的形成产生影响,但性格形成中起主要作用的不是遗传,而是社会经历。一个人的全部性格特点,实际上是一个人全部生活历史的积淀。

(一) 遗传的有限作用

人的神经系统在性格的形成中有一定的作用。根据目前的研究结果,在某些不正常性格形成上,可以较为明显地看到遗传因素的作用。但是,在整个性格的形成过程中,遗传因素所起的作用相对较小,而个人成长所处的社会环境则起着决定性作用。

（二）家庭和环境的影响

在性格形成的过程中，家庭和环境起着重要的引导作用。在这里，环境不仅包括家庭环境，也包括学校环境和社会环境，以及个人和其他人结成的复杂的社会联系。在家庭中，父母的责任感和教养态度，是影响儿童性格形成的一个非常重要的因素。家庭气氛对子女性格形成的影响也不容忽视。随着独生子女的增多，独生子女的特殊地位，使之容易成为众人注意的中心。若家长过于娇生惯养，会使他们形成任性、不关心别人、自私自利的不良性格特点，从而使独生子女的教育资源集中优势变为不利因素。

（三）学校教育的影响

学校教育作为系统、长期的影响环境，在儿童性格的形成中有着特殊的地位。儿童所处的学校和班集体，对其性格形成有着特殊的意义。同伴关系是影响儿童社会化，从而影响其性格形成的一个重要因素。

（四）社会实践对性格形成的作用

人是活动的主体。人的性格不是简单、被动地受制于环境的。环境对人的性格的影响，需要通过人在环境中的活动得以实现。因此，对性格起决定作用的不是环境本身，而是人与环境的相互作用。人的性格就是通过其在社会实践活动的过程中与环境发生相互作用而逐渐形成、发展起来的。

二、对学生良好的性格培养

（一）加强人生观、世界观和价值观教育

人生观、世界观和价值观在整个个性结构中处于统帅的地位。要培养学生健全的性格，学校就必须利用各种形式开展教育，使学生形成正确的人生观、世界观和价值观，树立正确的人生目标。只有这样，学生才能正确处理好与他人及集体的关系，正确评价和引导自身的行为，形成积极的生活态度和行为方式，使性格得到健康发展。

（二）及时强化学生的积极行为

性格是在活动中逐步养成的。学校通过日常教学活动的合理组织，可使学生形成勤奋、认真、守纪律等良好的性格品质。除此之外，学校还要组织各种课外、校外活动，开阔学生的眼界，丰富学生的社会经验，增加学生受锻炼的机会。在各项活动中，教师要积极关注每一个学生的行为表现，对良好的行为要及时表扬、鼓励。

（三）充分利用榜样人物的示范作用

社会学习理论强调榜样示范在性格形成中的重要作用。对于学生来说，榜样的力量是无穷的。利用榜样人物的影响往往能收到潜移默化的教育效果。因此，在性格教育中要注意向学生介绍古今中外的优秀人物，引导学生向这些优秀人物学习。特别值得注意的是，在性格教育中，更应该遵循"身教重于言教"的教育原则，教师应该不断地完善自己的性格，提高自己的人格魅力，成为学生性格发展中能够直接模仿的榜样。

（四）利用集体的教育力量

通过集体教育不仅可以培养学生关心集体、维护集体利益的集体主义性格特征，而且其

他许多优良的性格特征如诚实、助人、组织性、纪律性、自信心、自尊心、好胜心、责任感、义务感、荣誉感等也都能得到培养。另一方面也只有使每一个人的个性(包括性格)都获得了充分的发展,才会有真正的集体和集体教育可言。总之,教育了集体,也就教育了每一个人;教育了每一个人,也必然会影响到集体。它们是相辅相成的。

(五)依据性格倾向因材施教

学生性格的发展受他们已有个性特点的影响。同一种教育措施,会因学生的个性差异而有不同的效果。因此,性格教育必须针对学生不同的个性特点,因材施教。

(六)提高学生的自我教育能力

优良性格特征的养成,并非简单地受客观外界因素的影响,而是主客观相互作用的结果。在教育实践中提高学生的自我教育能力,需要通过具体的教育情境帮助他们对自身有客观、正确的认识和评价,促使他们自觉地发展控制和支配自己行为的能力,从而使他们能够在自我意识提高的过程中增强自觉塑造自己良好性格品质的能力。

拓展阅读 >>>>>

"三岁看老"有没有科学性

对于"三岁看老"这样的俗语来说,我们可以把它理解成这样一个问题:在一个较早的年龄阶段,能不能预测一个人一生的发展?而这个较早的年龄阶段我们无法具体的量化,可能比三岁早,也可能比三岁晚些。但是,早到一个什么程度依然是一个问题,是早到当一个受精卵细胞组成时,还是早到一个儿童开始建立完善的知觉和意识(3岁),或者智力发育完全(7—11岁),这是一个问题。既然要谈"三岁看老",我们先谈人"整体的发展",也就是人们的"外貌",而外貌分两部分组成,一个是长相,另一个是气质。

我们说的长相方面是指,当给我们一个多大的儿童时,我们建立的儿童三维图像能够完全预估其成长年龄段所有面孔、身体的变化?这个儿童的年纪是否高于或者低于"三岁看老"的界定?仅仅从身高的俗语上说,"三岁"就不大可能看老。另外,很多时候俗语的模糊性依然制衡了我们精确的探讨,各种"老话"、"俗话"甚至出现自相矛盾的状况,比如"三个臭皮匠顶个诸葛亮",但是为什么"三个和尚没水喝"?这种自相矛盾性迫使我们必须限定俗语的语境,假设条件。

而另一个关乎整体性的问题,就是个人的气质。在心理学上,将个人气质归类为心理活动,这就涉及人格的问题。每个人的心理活动状况,与其际遇、发展密切相关,在不同时间段,每个人的心态也会不同,所以一个人一生中,个人气质都在发展着、变动着。而即便在短时间内,由于际遇的不同,人的心态也会波动,从而影响气质。有研究证实,在婴儿早期就存在天生的"气质差异",不过也证实这种天生的气质并不是一成不变的,能够随着教养和遭遇的不同发生变化,特别是人生中遭遇的第一次大的转折,对人的认知和气质产生很重要的影响。

近年来,由于生物技术的发展——也由于生物方面更容易出成绩——主张先天因素占主导影响的说法，逐渐抬头，这也是一大趋势。其代表要数明尼苏达的双生子研究。选取同遗传基因几乎完全相同的同卵双生子为实验对象，通过对不同因素下他们的生理和心理对比，来分析先天因素的影响。有一句这样评价它的话："这个实验证明，先天因素可能比除了弗洛伊德以外所有的心理学家认为的都要大"。当然，这个实验所遭受的批评也很猛烈。特别是对于它的变量控制的严谨性问题，比如它默认同卵双胞胎（基因型相同）与异卵双胞胎假设相同家庭下的孩子成长环境是相同的，但其实并不同，想想存在一个和你一模一样面容的兄弟或姐妹，你们的人生经历可能发生很大变化。还有许多人批评其忽视了一些可能未知的环境变量，等等。但不得不承认一点，先天因素在这场纷争中打了一场漂亮的翻身仗，从 20 世纪 40 年代横扫心理学领域的行为主义——也就是环境因素决定论——中争取了优势地位。

至于说到决定一个行为被何种因素影响本身，《社会心理学》的作者迈尔斯在总结"斯坦福监狱实验"等情境影响时说，单独的人格特质对于人行为的影响只有 8% 左右，而单纯的情境影响也好不到哪里去，大约在 11% 上下波动，而中间真空的地带，可能是两者交互作用的共同结果。这也许能够让我们有所启发，也许基因和后天环境本身的影响并不绝对地一分为二，甚至目前确立的基因 40% 的影响也很可能混入未被考虑的文化、教养、社会暗示等因素。而本质上，基因和环境更像是两把不同的乐器，在各自按照不同的曲调共鸣中演奏出"我们"。

所以，回到最初的问题：是否能够"三岁看老"？如果给出一个严谨的数据进行支持，我们估计结果也很难站得住脚。就像迈尔斯在讨论行为影响时对人格和情境因素的绝对论嗤之以鼻，我们同样对于先天和后天教养绝对论不屑一顾。我们更喜欢描述两者关系的话是这样的："先天与后天因素的影响，不是简单的叠加，而是如同化学中两种化合物的反应，重新生成了另一种物质。"所以也回应了我们开头定下的大方向——无论是绝对的遗传决定论，还是被人们最常提及的环境决定论，这样极端的态度都是没有市场的，它们自身的影响力都正在减弱，并让位于二者的相互影响说。

最后，用文化心理学家马库斯的一段话来结束我们的讨论："当我们讨论自我的问题时，我们就是讨论一个生物体变成一个人的过程，成为人就是为社会化而努力。独自一个人的时候，你只是一个生物意义上的人，但若成为一个真正的人，成为你自己，你得接触、承担不同化文化的内涵、理念及其实践，做到这些，你才能成为一个人。你不能凭一己之力发展出自我，你可以成为一个生物学上的人，但要成为你自己，你得遵循某种文化规定的特有方式。"

无论你是偏向先天决定论，还是后天环境影响说，我们都要探讨一个问题——就如同我在开头时对"三岁看老"这个题目语义的讨论一样。在我们谈"人"这个词的时候，究竟是基于一种什么样的语境，它所表达的意思是否唯一，还是我们所谓"人"的定义各不相同。如果能全面地考虑"人"的标准，也许我们会发现我们的争论就少了很多。

作者：陈卓

资料来源：http://www.zhihu.com/question/27720060/answer/37812364

第五节 自 我 意 识

一、自我意识的概述

自我意识就是人对自己身心状态及对自己同客观世界的关系的意识。具体来讲就是：自我意识是对自己身心活动的觉察，即自己对自己的认识。它具体包括认识自己的生理状况，如身高、体重、体态等；心理特征，如兴趣、能力、气质、性格等；以及自己与他人的关系，如自己与周围人们相处的关系，自己在集体中的位置与作用等。自我意识是一个人对自己的认识和评价，包括对自己心理倾向、个性心理特征和心理过程的认识与评价。正是由于人具有自我意识，才能使人对自己的思想和行为进行自我控制和调节，使自己形成完整的个性。

自我意识在个体发展中有十分重要的作用。首先，自我意识是认识外界客观事物的条件。一个人如果还不知道自己，也无法把自己与周围相区别时，他就不可能认识外界客观事物。其次，自我意识是人的自觉性、自控力的前提，对自我教育有推动作用。人只有意识到自己是谁，应该做什么的时候，才会自觉自律地去行动。一个人意识到自己的长处和不足，就有助于他发扬优点，克服缺点，取得自我教育积极的效果。最后，自我意识是改造自身主观因素的途径，它使人能不断地自我监督、自我修养、自我完善。可见，自我意识影响着人的道德判断和个性的形成，对个性倾向性的形成更为重要。

自我意识的结构是从自我意识的三层次，即从知、情、意三方面分析的，是由自我认知、自我体验和自我调节（或自我控制）三个子系统构成的。因此，自我意识也叫自我调节系统。

自我认识是自我意识的认知成分。它是自我意识的首要成分，也是自我调节控制的心理基础，它又包括自我感觉、自我概念、自我观察、自我分析和自我评价。自我分析是在自我观察的基础上对自身状况的反思。自我评价是对自己能力、品德、行为等方面社会价值的评估，它最能代表一个人自我认识的水平。

自我体验是自我意识在情感方面的表现。自尊心、自信心是自我体验的具体内容。自尊心是指个体在社会比较过程中所获得的有关自我价值的积极的评价与体验。自信心是对自己的能力是否适合所承担的任务而产生的自我体验。自信心与自尊心都是和自我评价紧密联系在一起的。

自我调节是自我意识的意志成分。自我调节主要表现为个人对自己的行为、活动和态度的调控。它包括自我检查、自我监督、自我控制等。自我检查是主体在头脑中将自己的活动结果与活动目的加以比较、对照的过程。自我监督是一个人以其良心或内在的行为准则对自己的言行实行监督的过程。自我控制是主体对自身心理与行为的主动的掌握。自我调节是自我意识中直接作用于个体行为的环节，它是一个人自我教育、自我发展的重要机制，自我调节的实现是自我意识的能动性质的表现。自我意识的调节作用表现为：启动或制止行为，心理活动的转移，心理过程的加速或减速，积极性的加强或减弱，动机的协调，根据所拟订的计划监督检查行动，动作的协调一致等。

二、自我意识的形成与发展

心理学研究表明,个体自我意识从产生、发展到相对稳定,大约要经过20多年时间,综观自我意识的形成过程,我们可以把它分成四个阶段。

(一) 自我意识萌生时期(生理自我形成发展期)

在生命降生之初,婴儿是没有自我意识的,他们甚至不能意识到自己和外界事物的区别。他经常吮吸自己的手指头,就像吮吸自己母亲的乳头一样津津有味,因为他把母亲当作他自己的一部分。可见,他还生活在主体和客体尚未分化的状态之中。婴儿一般在8个月龄左右,生理自我开始萌生,这是自我意识的最初形态。3岁左右的儿童,自我意识有了新的发展,主要表现在:(1)出现了羞愧感与疑虑感。当做错了事时,会感到羞愧;当碰到矛盾时,会感到疑虑。(2)出现了占有欲和嫉妒感。儿童看到自己喜欢的东西,就想独自占有,不愿与人共享;如果母亲对其他儿童表现出关心和喜爱,他会产生强烈的嫉妒感。(3)第一人称"我"使用频率提高,许多事情都要求"我自己来",开始有了自我独立的要求。应该说,3岁儿童的自我意识已经有了一定的发展,但其行为仍然是以自我为中心的,即以自己的想法解释外部世界,并把自己的想法和情感投射到外界事物上去。

(二) 自我意识形成时期(社会自我形成发展期)

3岁到青春期这段时期,是个体接受社会化影响最深的时期,也是学习角色的重要时期。个体在家庭、幼儿园、学校中游戏、学习、劳动,通过模仿、认同、练习等方式,逐步形成各种角色观念,如性别角色、家庭角色、伙伴角色、学生角色等。这一时期也是获得社会自我的时期,他们开始能意识到自己在人际关系、社会关系中的作用和地位,能意识到自己所承担的社会义务和享有的社会权利等。青春期以前,个体的眼光是向外的,引起他们兴趣和注意的是外部世界,他们对自己的内心世界视而不见。他们虽然已经意识到自己是一个主体,可以充分认识到自己的行为,但却不了解自己的下列状态:他们常常把自己的情绪视为某种客观上伴随行动而产生的东西,不懂得情绪是自己的主观感受;他们还不善于应用自己的眼光去认识世界,只是照搬成人的观点作为对外部世界的认识。

(三) 自我意识的发展时期(心理自我形成发展期)

从青春发育期到青春后期大约10年时间,是心理自我的发展时期,自我观念渐趋成熟。青春期,个人无论在生理、认识或情绪等方面,都有很大变化,如性的成熟、逻辑思维和想象力的发展、感受性的敏感,都是造成自我意识发展的基础。这一时期,个人的自我意识具有以下特点:一是自我意识分裂为观察者的我(I)和被观察的我(me),因而个人就能从自己的观点出发,认识和考量自己的心理活动。二是个体能够透过自我去认识客观世界,即由自我的观点来认识事物而不是从他人的观点去考量事物。三是个体价值体系的发展和理想自我的活动,总是与自我观念的发展相联系。这时,个体常常强调自己所具有的个性特征的重要性,以及认为自己追求的目标对于自己的重要性。由于自我意识的发展,到了青春期,青年要求独立、自治的意识强烈,更想摆脱成年人的影响束缚。一般地讲,青年自我意识的发展,经历着一个特别明显的、典型的分化、矛盾和统一的过程。自我明显的分化,意味着自我矛盾冲突的加剧,即主体我与客体我的矛盾斗争,理想的我与现实的我矛盾斗争的加剧。两个我不能统一,自我形象便不能确立,自我概念也不能形成。于是青年表现出明显的内心冲突,甚至有一定的内心痛苦和激烈的不安感。他们对自我的评价常常是矛盾的,对自我的态度常常是波动的,对自我的控制常常是不自觉、不果断的。他们可能忽而只看到自己的这一方面,又忽而只看到自己的那一方面;时而能较客观地评价自己,时而又不能这样做;时而肯定自己,时而又否定自己;时而感到自己什么都行,时而又感到自己特别幼稚;时而步入憧憬境界,对自己的现实缺乏意识,时而又厌恶自己长大而津津乐道那令人留恋的童年;时而对自己充满自信,时而又感到自己无能,对自己不满等等。

(四) 自我意识完善时期(自我意识统一期)

如果说青春期是自我意识迅速发展并趋向成熟的阶段,那么青年期之后个体的自我意识则是完善和提高阶段。即主体我与客体我、理想我与现实我经过激烈的矛盾和斗争,重新实现统一的时期。这种统一是在新的水平与方向上的协调一致,使现实我努力符合理想我的要求。当然,矛盾斗争的同一结果有两种可能性:积极的结果是形成新的真实的自我统一,使人增强自信,努力奋斗,有利于自身发展;消极的结果是形成歪曲的自我统一,或自卑,或自负,影响自身的成长和发展。自我意识的形成和发展的过程,正是一个人人格成长的过程,忽视了每一阶段的健康成长,都会给人带来终生的遗憾。

思考与训练

1. 在弗洛伊德看来,影响人格发展的主要因素是( )。

   A. 生物因素　　　B. 心理因素　　　C. 社会因素　　　D. 环境因素

2. 罗杰斯将自我划分为( )。

   A. 物质我、社会我和心理我　　　　　　B. 主体我与客体我

   C. 实际自我和理想自我　　　　　　　　D. 身体自我与精神自我

3. 结合实际情况,谈谈你对马斯洛需要层次理论的理解。

4. 小王在看电影迟到被拒绝入场时,不作任何争辩,安静地等待下一场电影,他的气质类型最有可能属于( )。

   A. 多血质　　　B. 胆汁质　　　C. 抑郁质　　　D. 黏液质

5. 与胆汁质气质类型相对应的高级神经活动过程的基本特性表现为( )。

   A. 强、不平衡　　　　　　　　　　　　B. 强、平衡、灵活

   C. 强、平衡、不灵活　　　　　　　　　D. 弱

6. 简述性格测试的主要方式。

7. 简述性格与气质的关系。

8. 结合自身实际,谈谈影响人格形成的主要原因有哪些。

9. 请以"我是一个人"进行造句,多多益善,并从中谈谈对自己的看法。

参考文献

[1] 彭聃龄.普通心理学(修订版)[M].北京:北京师范大学出版社,2001.

［2］沈德立.基础心理学［M］.上海：华东师范大学出版社,2003.

［3］黄希庭.人格心理学［M］.杭州：浙江教育出版社,2002.

［4］（美）赫根汉.人格心理学导论［M］.何瑾,冯增俊,译.海口：海南人民出版社,1998.

［5］（美）弗里德曼,舒斯塔克.人格心理学［M］.许燕等,译.北京：机械工业出版社,2011.

［6］郑雪.人格心理学［M］.广州：暨南大学出版社,2007.

第十章　能　力

学习目标

1. 了解能力的概念以及能力与知识之间的关联；
2. 领会能力的结构和测量；
3. 掌握能力的个体差异；
4. 运用能力相关理论进行中小学教育工作。

澳大利亚前总理霍华德决定到伊拉克访问，选谁为霍华德总理开飞机呢？国防军司令豪斯顿不仅亲自看了空军推荐的三名优秀飞行员的资料和档案，而且还要面试他们，对他们进行深入了解和考查。空军推荐的第一位优秀飞行员叫安德鲁，在皇家空军赫赫有名。豪斯顿司令在询问有关飞机和飞行的一些基本情况时，他对答如流，显得对完成这次飞行任务胸有成竹。空军推荐的第二位优秀飞行员叫汤克斯，是空军中的王牌飞行员，曾多次排除空中险情，被誉为空难的克星。他不仅出色地回答了豪斯顿司令的提问，而且还将自己对此次飞行的准备情况做了详细的汇报。他的出色表现几乎征服了在场的所有人，他们都认为他是最优秀的。空军推荐的第三位优秀飞行员叫杰克逊，当豪斯顿司令问他对此次飞行的看法时，他没有立刻回答司令的提问，而是焦急地上前向司令低声说了几句。

司令听后感到震惊，立刻转身对身边的秘书交代了任务。20分钟之后，秘书回来了。司令听完秘书的报告后，当即决定：此次的飞行任务，由杰克逊来承担。大家有些纳闷：从级别、地位、荣誉、名声、经验等各个方面看，杰克逊都不占优势，可豪斯顿司令为什么偏偏选定了他呢？杰克逊究竟对豪斯顿司令说了些什么呢？

原来，杰克逊向豪斯顿司令说的是："我们三个人来面试，路过机场的跑道时，看到有一架飞机正在做试飞前的准备。听那发动机的声音，我感觉有严重问题。如果这样试飞，后果不堪设想，请司令马上派人去了解情况。如属实，请推迟试飞。"结果证明，杰克逊的判断是完全正确的。于是他果断决定，让杰克逊担此重任。执行任务那天，杰克逊驾机将霍华德总理一行安全地送到了伊拉克南部城市的塔利尔军事基地。在看望了驻扎在当地的澳大利亚士兵之后，霍华德总理决定当天晚上飞往巴格达。可就在飞机起飞后不久，杰克逊就发现了一些不祥之兆，作出了很可能发生事故的判断。他当机立断，调头返回了塔利尔军事基地。当飞机上所有人员刚刚撤离完毕之后，机舱里突然冒出了滚滚浓烟……如果不及时返航，那可真是太危险了！事后，豪斯顿司令感慨地说："看一个人，不仅要看他处理事故的能力，更要看他防患未然的能力。"

第一节 能 力 概 述

一、能力的概念

能力的概念很复杂。一般认为,能力是一种心理特征,是顺利实现某种活动的心理条件。例如,一位画家所具有的色彩鉴别力、形象记忆等,都叫能力,这些能力是保证一位画家顺利完成绘画活动的心理条件。

二、能力与知识的关系

我们都知道,人的能力有大有小,人的知识有多有少,技能有高有低。那么知识、技能与能力的关系究竟怎样? 知识是否就等于能力? 了解了这个问题对做好教育工作和其他工作有特别重要的意义。

知识是人脑对客观事物的主观表征。知识有不同的形式:一种是陈述性知识,即"是什么"的知识,如北京是中国的首都,埃菲尔铁塔在法国巴黎等;另一种是程序性知识,即"如何做"的知识,如骑马的知识、开车的知识、计算机数据输入的知识等。人一旦有了知识,就会运用这些知识指导自己的活动。从这个意义上来说,知识是活动的自我调节机制中一个不可缺少的构成要素,也是能力基本结构中的一个不可缺少的组成成分。

技能是指人们通过练习而获得的动作方式和动作系统。技能也是一种个体经验,但主要表现为动作执行的经验,因而与知识有区别。技能作为活动的方式,有时表现为一种操作活动方式,有时表现为一种心智活动(智力活动)方式。因此,按活动方式不同,技能可分为操作技能和心智技能(智力活动)。操作技能的动作是由外显的机体运动来实现的,其动作的对象为物质性的客体,即物体。心智技能(智力活动)的动作,通常是借助于内在的智力操作来实现的,其动作对象为事物的信息,即观念。操作技能的形成依赖于机体运动的反馈信息,而心智技能则是通过操作活动模式的内化才形成的。总之,这是两种不同的技能。由于技能直接控制活动的动作程序的执行,因此是活动的自我调节机制中的又一个组成要素,也是能力结构的基本组成成分。

知识和技能是能力的基础。但只有那些能够广泛应用和迁移的知识和技能,才能转化成为能力。能力不仅包含了一个人现在已经达到的成就水平,而且包含了一个人具有的潜力。例如一个读书很多的人,可能有较丰富的知识,但在解决实际问题时却显得能力低下,说明他的知识只停留在书本上,既不能广泛迁移,也不能用来解决实际问题。可见,知识与能力是有区别的。

知识、技能并不等于能力,但知识、技能与能力又有密切的关系。首先能力的形成与发展依赖于知识、技能的获得。随着人的知识、技能的积累,人的能力也会不断提高。其次,能力的高低又会影响到掌握知识、技能的水平。一个能力强的人较易获得知识和技能,他们付出的代价也比较小;而一个能力较弱的人可能要付出更大的努力才能掌握同样的知识和技能。所以从一个人掌握知识、技能的速度与质量上,可以看出其能力的大小。

综上所述,能力是掌握知识、技能的前提,又是掌握知识、技能的结果。两者是互相转化、互相促进的。正确理解能力与知识、技能的关系,有助于科学地传授知识、培养技能、发展能力,这对个人和社会都非常重要。

三、能力的种类

(一)一般能力和特殊能力

一般能力是指在很多种活动中表现出来的基本能力,即各种活动都必须具备的能力。例如,观察力、记忆力、思维力、想象力都属于一般能力。学习、工作、创造发明、任何活动的顺利完成,都离不开这些能力。

特殊能力是指在某些专业和特殊职业活动中表现出来的一般能力的某些特殊方面的独特发展。例如,数学、音乐、文学、艺术表演、飞行等方面的能力都是特殊能力。每一种特殊能力都是由该活动性质所制约的几种基本的心理品质构成的。例如,构成音乐能力的基本组成成分有:(1)曲调感,即区分旋律的曲调特点的能力;(2)听觉表象,即能随意地使用反映音高关系的听觉能力;(3)音乐的节奏感,即感受音乐的节奏并能准确地再现它的能力。

一般能力与特殊能力的关系是十分密切的。一方面,一般能力是特殊能力的重要组成部分。人的一般听觉能力既存在于音乐能力中,也存在于言语能力中。没有听觉一般能力的发展,就不可能发展音乐和言语听觉能力。另一方面,特殊能力的发展有助于一般能力的发展。例如,音乐能力的发展会提高一般的听觉能力,并进而影响言语听觉能力的发展。一般能力和特殊能力都是在活动中统一的,离开活动既谈不上特殊能力,也谈不上一般能力。

(二)模仿能力和创造能力

模仿能力是指人们通过观察别人的行为、活动来学习各种知识,然后以相同的方式作出反应的能力。如儿童在家庭中模仿父母的说话、表情,从电视中模仿演员的动作、服饰,从字帖上模仿前人的书法等。模仿不但表现在观察别人的行为后立即作出的相同反应中,而且表现在某些延缓的行为反应中。模仿是动物和人类的一种重要的学习能力。

创造能力是指产生新的思想和新的产品的能力。一个具有创造力的人往往能超脱具体的知觉情景、思维定势、传统观念和习惯势力的束缚,在习以为常的事物和现象中发现新的联系和关系,提出新的思想,产生新的产品。作家在头脑中构思新的人物形象,创造新的作品;科学家提出新的理论模型,并用实验证实这些模型,都是创造力的具体表现。

模仿力和创造力是两种不同的能力。动物能模仿,但不能创造。模仿只能按现成的方式解决问题,而创造力能提供解决问题的新方式与新途径。人的模仿力和创造力有明显的个别差异,有的人既善于模仿又富有创造力,了解这一点对选拔和使用人才具有现实意义。模仿能力与创造能力有密切的关系。人们一般先有模仿,然后才进行创造活动,模仿可以说是创造的前提和基础。把能力划分为模仿能力和创造能力是相对的,模仿能力包含有创造能力的成分,创造能力包含有模仿能力的因素。在实际活动中两种能力是相互渗透的。

(三)流体能力和晶体能力

液体能力是指在信息加工和问题解决过程中表现出来的能力,如对关系的认识,类比。如演绎推理能力,形成抽象的能力等。它较少地依赖于文化和知识的内容,而决定于个人的禀赋。流体能力的发展与年龄有密切关系。一般人在 20 岁以后,流体能力的发展达到顶峰,30岁以后将随年龄的增长而降低。此外。心理学家们也发现,流体能力属于人类的基本能力,其个别差异受教育文化的影响较少。因此,在编制适用于不同文化的所谓文化公平测验时,多以流体能力作为不同文化背景者智力比较的基础。

晶体能力是指获得语言、数学知识的能力。它决定了后天的学习,与社会文化有密切的关系。晶体能力一生一直在发展,25 岁之后发展速度趋缓。晶体能力依赖于流体能力。如果两个人具有相同的经历,其中一个有较强的流体能力,那么他将发展出较强的晶体能力。然而一个有较高流体能力的人如果生活在贫乏的智力环境中,那么他的晶体能力的发展将是低下的或平平的。把能力分为流体能力和晶体能力,使我们对个体能力发展的多维性有了更好的了解。不同的能力具有不同的发展速度,达到成熟和出现衰退的时期也是不同的。

(四) 认知能力、操作能力和社交能力

认知能力是指人脑加工、储存和提取信息的能力,即我们一般所讲的智力,如观察力、记忆力、想象力等。人们认识客观世界,获得各种各样的知识,主要依赖于人的认知能力。操作能力是指人们操作自己的肢体以完成各项活动的能力,如劳动能力、艺术表演能力、体育运动能力、实验操作能力等。操作能力是在操作技能的基础上发展起来的,又成为顺利掌握操作技能的重要条件。操作技能与认知能力不能截然分开。不通过认知能力积累一定的知识和经验,就不会有操作能力的形成和发展。反过来,操作能力不发展,人的认知能力也不可能得到很好的发展。

社交能力是在人们的社会交往活动中表现出来的能力,如组织管理能力、言语感染力、判别决策的能力、调解纠纷的能力、处理意外事故的能力等。这种能力对组织团体、促进人际交往和信息沟通有重要作用。

第二节　能力的个体差异

一、一般能力的个体差异

一般能力的差异主要指智力的差异。

所谓个体差异,是指个体在成长过程中因受遗传与环境的交互影响,使不同个体之间在身心特征上所显示的彼此不同的现象。人的智力方面的个别差异是十分显著的。西方各国心理学家经过大量测验研究,基本上得到一个共同的结论,即智力的个别差异在一般人口中都呈常态曲线式的分布。

人的智力差异还表现在知觉、表象、记忆、想象、思维的类型和品质方面。

在知觉方面,有的人属于综合型,具有综合整体知觉的特点,分析能力较弱;有的人属于分析型,具有较强的分析能力和对物体细节感知清晰的特点,整体性不够;还有的属于分析综合型,兼有上两类的特点。此外,在观察能力与观察品质上存在广狭、粗细、深浅等明显差异。

在表象活动方面,有一些人(画家等)以视觉表象占优势,另一些人(音乐家等)以听觉表象

占优势,还有一些人(运动员等)以运动表象占优势,有人几乎在同等程度上运用各种表象,因而形成了视觉型、听觉型、运动型和混合型四种表象类型。

在记忆能力方面,有记忆类型差异,也有记忆品质的差异。有人善于视觉记忆,有人长于听觉记忆或动作记忆。有人(如艺术家)需要高度发展的形象记忆,而另一些人(如数学家)则要求高度发展的抽象数字符号记忆。有人记忆敏捷准确,保持长久,提取运用方便;有人则记忆迟钝,遗忘得快,再认回忆的效率差;还有的人虽记得缓慢,但记得扎实,保持长久。

在想象方面,个别差异首先表现在想象力的强弱程度上。想象力强的人,想象表象鲜明生动,似乎看到听到或触摸到当前并不在面前的对象;想象贫乏的人,则想象表象较模糊。此外,在想象范围的广阔性、想象内容的丰富性、想象形式的独创性及想象活动的敏捷性等方面也存在着个别差异。

思维的个别差异主要表现在思维活动的敏捷性、深刻性、灵活性、独创性等方面。有的人思维敏捷、反应速度快,有人则思维迟钝、反应慢。有人统计5—18岁的"超长"学生的数学运算速度,他们做题所用时间为正常学生的1/2—1/3。有的人思路灵活,善于采用发散式的方法;有的人思维呆板,只限于用聚合的方法。有的人思路清晰、深刻、逻辑性强;有的人则思路凌乱、模糊、肤浅,缺乏条理性。有的人善于独立思考,有批判性,有创新精神;有的人则依赖性强,易受暗示,过于保守,缺乏变通。另外,思维的个别差异还表现在类型上:有人长于动作思维,有人习惯于形象思维,有人则善于抽象逻辑思维。

以上一般能力各方面的差异,在同一个人身上总是互相联系着地、统一地表现出来。例如,视觉表象占优势的人则善于视觉记忆;听觉表象占优势者长于听觉记忆;动作记忆好的人则动作表象占优势,其思维往往带有实践性,习惯于动作思维;具体形象记忆强的人,则想象力丰富,思维活动往往带有具体形象的特点;而抽象记忆强的人,思维活动则带抽象逻辑性强的特点。

二、特殊能力的差异

特殊能力是一般能力在专门职业与活动中的特殊表现。它们的独特结合表现出个人的才能特点。

具有文学方面才能的学生,往往表现为具有敏锐而又深刻的观察自然和社会的能力,具有丰富的创造想象能力和高度发展的运用语言表达思想的能力,具有良好的阅读、欣赏和写作能力,他们总是趣味盎然地感受着现实的影响。

具有技术方面才能的学生,在研究、设计和制作机械、教具或有关模型时,能深入考察它们的细节和细节之间的关系,表现出极为细致的技术观察力;具有较合理的操作能力、设计能力、空间构造的创造想象能力和技术思维的能力等。

具有绘画才能的学生,知觉不仅具有完整的特性,而且善于区分最能突出整体轮廓的重要特点;视觉的敏感性(线条感知、比例感知、色调感知等)强;艺术的创造想象力丰富;具有较强的形象记忆力以及手指运动的高度灵活性和准确性等特点。

人的各种能力都有发展水平的差异。人的智力水平的高低,通常表现为一种正态分布,一般可分为超常、中常、低常三级水平。智力的发展水平显著地超过同龄儿童的叫超常儿童;智力发展有严重障碍的为低常儿童;智力发展水平相当于同龄儿童的是中常儿童。

1. 超常儿童的心理特点

(1)有浓厚的认知兴趣与求知欲望。这些儿童一般较早表现强烈的好奇心,爱问这问那,并追根究底,在很小的时候就对知识产生了浓厚的兴趣,且兴趣相当广泛。

(2)注意力集中,记忆力强。这类儿童注意力既广又能高度集中,对他们感兴趣的事情,注意力能集中几个小时而不受外界干扰,短时记忆能力明显高于同龄儿童,记忆不仅快,而且能长久保持。

(3)感知敏锐,观察仔细。在感知能力上明显高于同龄儿童,他们的视听觉辨别力发展突出,能清楚地辨别汉字音形的细微差别。

(4)思维敏捷,理解力强,有独创性。在概括和推理水平上,不仅超过同龄儿童,而且还超过比自己大两三岁的儿童。他们的思维极为敏捷,理解力强,且具有一定的独创性。

(5)自信、好胜、有坚持性。这类儿童都比较自信,有进取心,爱与别人比高低,处处不甘落后。他们有主见,不易受暗示,坚持性和自控力强,不受外界干扰坚持完成任务,有着优良的意志品质。

2. 智力落后儿童的心理特点

智商在 70 分以下的儿童为智力落后的儿童。智力落后并不是某一心理过程的破坏,而是各种心理能力低下所致,其明显的特点是智力低下和社会顺应不良。具体表现为:知觉速度缓慢,范围狭窄,内容笼统、贫乏;对词和直观材料的记忆都差,再现时歪曲和错误较多;在认知活动中缺乏概括力;严重丧失生活自理能力。

智力落后儿童一般分为三个等级。(1)轻度或可教育的智力落后儿童:智商 50—69,生活能自理,能从事简单的工作,但不擅应付新奇、复杂的环境,很难领会学校中抽象的科目,难以胜任小学高年级的学习。其智龄到成人时,不超过 10 岁的儿童。(2)中度或可训练的智力落后儿童:智商 25—49,生活能半自理,动作基本可以或部分有障碍,在别人的帮助下可做简单的工作。在言语方面只会简单的生活用语,连贯叙述有困难,数概念缺乏或极简单。其智龄到成人时,不超过六七岁的儿童。(3)重度或需监护的智力落后儿童:智商 25 分以下,生活不能自理,动作困难,缺乏语言或只会发单音,不识数。

智力落后一般属于病理范围,其病因有的是遗传的染色体畸变,有的是中枢神经系统受到损伤,有的是代谢疾病或毒性疾病,有的是产程中缺氧引起的,还有的是大脑受到感染和脑外伤所致。研究表明,日常生活中人与人的联系交往产生的社会刺激对儿童的智力发展是很重要的。如果增加社会刺激,及早地进行适当的教育和训练,中、轻度的智力落后儿童的智力会得以改善。

三、能力表现早晚的差异

能力不仅在类型上存在着差异,在发展速度上也是有差异的,有的人很小就表现出非常的聪明,能作曲,能写诗,有极高的运算能力,人们常把这种儿童叫"神童"。古今中外能力早慧者不胜枚举,如:奥地利作曲家莫扎特5岁就创作了他的第一首乐曲,8岁时举办独奏音乐会;唐初四杰之一的王勃10岁能作赋,13岁写出著名的《滕王阁序》。有的人则大器晚成,到了中年甚至老年才创造出成果。如:我国的画家齐白石,本来长期做木匠,40岁才显露绘画才能,成为著名的国画家;我国明代医学家李时珍,在61岁时才写成《本草纲目》。造成能力个体差异的原因是很多的,除先天素质外,后天环境是更主要的原因。女性人才分布不合理及智力表现中的受压抑状况,就与后天环境有很大关系。大器晚成的人可能是因为早期没有得到良好的受教育和发展的机会,可能是因为早期的生活道路比较坎坷,也可能是因为成果的创造需要长期的准备和积累。

早慧与晚成的人毕竟是少数。大多数有成就的科学家都属于中年成才。美国学者莱曼曾研究了几千名科学家、艺术家和文学家的年龄与成就,发现25—40岁是成才的最佳年龄。中国学者张笛梅统计了从公元600年到1960年间1 234位科学家的1 911项重大发明,发现科学家发明的最佳年龄在35岁左右,与莱曼的观点相一致。

科学家研究的最佳年龄在中年,这绝非偶然。要在科学上某个领域作出大的贡献,除了需要良好的品质外,还需要丰富的知识和成熟的经验以及符合该领域要求的高水平的专门能力与创造能力。这些条件正是人在中年所具备的。他们没有老年之保守,也没有少年之幼稚,又有成年人的老练、持重和年轻人的思想活跃、好奇探索之心,处于年富力强、精力充沛之际,且在记忆力、比较判断力方面呈最佳状态。这些都有助于中年人做出杰出成绩。

第三节　能　力　的　培　养

一、能力形成、发展的条件

(一) 遗传的因素

遗传因素主要指的是一个人的素质,或叫天赋,即一个人生来具有的解剖生理特点,包括他的感觉器官、运动器官及神经系统构造和机能的特点。素质是能力发展的自然基础和前提,例如,先天盲的人是没法成为画家的,先天聋的人是没法成为音乐家的。关于遗传因素对能力发展影响的研究,早期最有影响的是英国学者高尔顿进行的研究。高尔顿用的是谱系调查的方法,他选了977位名人,考察了他们的谱系,再与普通人家来比。结果发现,名人组中,父辈是名人的,子辈中的名人也多;普通人组中,父辈没名人,子辈中只有一个名人。他根据一系列这样的研究得出结论:遗传是能力发展的决定因素。这种研究的漏洞就在于谱系只说明了遗传因素对能力发展的影响,但没法排除环境因素的影响。利用双生子所进行的研究比较有说服力,因为同卵双生子的遗传素质相同,他们能力上的差异可以看作是环境因素造成的;异卵双生子的遗传素质不同,他们能力上的差异则既有遗传的因素也有环境因素的作用。可以根据遗传因素和环境因素造成的能力上的差异来计算在能力发展上遗传力作用的大小。许多国家,包括我国的某些地区用这种方法对遗传力所做的估计,其数值大约在0.35—0.65之间。这一结果说明遗传力对能力发展的影响并不是很大的。

（二）环境和教育的因素

利用养子养女与亲生父母和养父母能力发展的关系，来研究环境因素对能力发展的影响是一种较好的方法。因为养子女进入收养家庭就等于换了一个环境，长大后的养子女与生父母、养父母，及其在原来家庭长大的兄弟姐妹之间能力发展上的相关与差别，说明了环境因素对能力发展的作用。遗传决定了能力发展的可能的范围或限度，而环境则决定了在遗传所决定的范围内能力发展的具体程度。研究表明，遗传潜势不同的人，在不同的环境中，其能力发展会有不同的情况。遗传潜势较好的人，能力发展可塑的范围大，环境的影响也大。例如，在环境差的条件下，他们的智商发展可能只有 50—60；而在良好的环境条件下，他们的智商可能发展到 180 左右。遗传潜势差的人，他的遗传条件限制了他的智力发展的可能，环境能够起到的作用也比较小。环境包括儿童正常发育的条件、儿童的家庭、所在的学校，以及他所处的社会环境。儿童正常发育的基本条件是营养。儿童身体的各个器官和神经系统都处在不断成长的过程中，出生前后如果缺乏营养，必将影响身体器官和脑的发育，也必将影响智力的正常发展。疾病和药物也是影响儿童发育的重要因素。不仅儿童本身的疾病会影响其身体的正常发育，而且母亲怀孕期间患病和服用药物，也会对胎儿造成严重的损害。环境因素还包括环境的刺激，如母亲对孩子的科学的哺育和爱抚，家人和其他人，特别是母亲与孩子的交往，适宜的玩具和丰富变化的环境等都对儿童的智力发展有重要的影响。早期的环境影响更为重要，脱离人类社会，在动物哺养下长大的孩子，即使回到人类社会，其智力发展也难以达到正常人的水平。学校教育是对儿童进行有计划、有组织的影响，这种影响不仅是让儿童掌握知识和技能，而且还要发展儿童的能力，培养他的健全的人格。外界的条件是通过儿童自身的活动才发生作用的，因此，儿童的个性、意志品质、对知识的兴趣以及主观努力都会影响到他的能力的发展。发达的社会经济条件、丰富的社会文化生活是能力发展的肥沃土壤，和谐的家庭氛围是能力发展的基石，而教育则是能力发展的关键。

（三）实践活动的影响

人的各种能力是在社会实践活动中最终形成起来的。离开了实践活动，即使有良好的素质、环境和教育，能力也难以形成和发展起来。关于这一点，我国古代思想家王充早就提出"施用累能"，即能力是在使用中积累的。长期从事管理工作的人，组织领导的能力得到发展，他们善于观察群众的情绪和思想动向，善于处理人群中的各种人际关系，善于在纷繁复杂的情况下作出正确的决策。长期工作在高炉前的炼钢工人，发展了根据火焰颜色判断壁炉温度的能力，他们能从火焰颜色的变化，正确判断壁炉温度的变化。这些都说明长年累月、坚持不懈地参加某种社会实践，相应的能力就能得到高度发展。

（四）能力的发展和人的主观能动性

能力的提高离不开人的主观努力，即人的自觉能动性。一个人刻苦努力，积极向上，具有广泛的兴趣和强烈的求知欲，他的能力就可能得到发展。相反，一个人饱食终日、无所用心，工作上没要求，事业上无大志，对周围的一切事物态度冷淡、没兴趣，他的能力就不可能有较好的发展。因此，人的能力的发展是与其他心理品质的发展分不开的。高尔基指出：才能不是别的什么东西，而是对事业的热爱。当人们迷恋自己的工作，对工作情绪洋溢时，会给能力的发展提供巨大的动力。坚强的意志对能力的发展也有重要意义。一些人的成功往往不是因为他们具有高于常人的天分，而是由于他们有坚强的意志品质，由于他们具有明确的目的性、果断性、自制力、独立性与顽强性。我国著名数学家华罗庚先生说得好："根据我自己的体会，所谓天才就是坚持不懈的努力。"最后还应指出，努力的发展还依赖于自我分析与自我评价的能力。一个善于进行自我评价的人，才能及时发现自己在能力方面的优点和弱点，并通过自己的努力提高自己，使能力朝向确定的目标发展。

二、能力的培养

（一）适时进行早期教育

有人担心"早熟早衰"，因而轻视早期教育。美国心理学家推孟用斯坦福—比奈量表进行测验，为早期发现和培养人才的主张提供了依据。早在 1912 年前后他挑选了 1 500 名从幼儿园到中学平均智商为 150 左右的儿童，进行了长期追踪研究。1939—1940 年，1951—1952 年，两次测验，1 000 余人的成绩都超过一般人水平。1950 年时，800 个男子个案平均年龄 40 岁，其中有 78 人获博士学位，48 人获医学学位，85 人获法学学位，74 人在大学任教，51 人进行基础理论研究，104 人任工程师。科学家中有 47 人编入 1949 年年鉴。所有以上数字和从总人口中任意选取 800 个相应年龄的人相比较，几乎大 10—20 倍甚至 30 倍。他对 800 名男性被试中成就最大的 20％与成就最小的 20％的人，作了比较研究。发现在这两组人中，最明显的差异是个性特点不同。成就最大者在谨慎、自信、不屈不挠、进取心、坚持性、不自卑等个性品质上，明显地优于成就最小者。其次是家庭背景不同，前者 50％的家长大学毕业，家中有许多书籍，家长重视早期教育；后者只有 15％的家长大学毕业。可见，超常儿童能否在事业上取得成就，在很大程度上取决于社会生活条件和他的个性特点。因此，我们在超常儿童的教育方面，既要重视培养他们的能力，更要重视德智体全面发展的教育。

但是，也有人否认儿童的年龄特征和早期能力的人体差异，向幼儿提出了过高的要求或采用了不适当的方法，结果反而挫伤了儿童的积极性，不利于能力的发展。目前，许多家长和托儿所、幼儿园都普遍重视早期教育，在学龄前期进行拼音、汉字、外语、计数等教学，以及音乐、绘画、体育等特殊能力与才能的培养。这是可喜的尝试。但是，我们一定要按教育与心理规律办事，要继续重视和总结这方面的经验，为尽早发现和多出人才作出贡献。早期教育应重视对儿童进行观察力、注意力和兴趣品质的培养，重视言语能力和行为能力的培养。

（二）通过教学活动培养学生的能力

学习领会知识、掌握技能对能力的形成与发展起着重大的作用。

当代人类的知识经验的积累几年就翻一番的情况，迫切需要青年一代尽快学习和掌握前人的知识经验及最新的科学成果。这就要求教师采用特殊教学方法与手段，既向学生传授知识，训练各种技能，又要传授学习知识和训练技能的方法，培养学生的自学能力，促进学生各种能力尤其是创造能力的发展。

人的思维活动有聚合式与发散式两种基本类型，有的称之为求同思维或求异思维。前一种形式是求得一个正确的答案，后者则要找出两个或两个以上可能的答案、结论、解决方案或假说。这两种活动形式都是人类必需的,前者有利于知识经验的巩固与强化,后者有利于创造。而促进能力的教学,既要发展求同思维,也要鼓励求异思维;既要传授知识,又要使学生学会自己去学习和运用知识;既不要轻视程序式的传统教学法,又要提倡"发现式教学"。教师应根据不同的目的灵活运用教育手段与方法,以促进学生能力的发展,培养学生多种能力与才能。

(三)在科技与课外活动中培养兴趣促进能力发展

有益的活动可以调剂人的精神,增强体质,陶冶情操。青少年正是长身体、长知识、心理飞跃发展的时期,过于沉重的负担,精神长期紧张,刺激太单调,内容太枯燥,容易引起疲劳,降低学习兴趣,影响身心健康,适时地组织有益于身心健康的活动是非常重要的。

有益的活动可以促进学生兴趣的养成和观察、想象、思维能力的发展。根据学生的年龄特点,组织学生开展游戏、棋类、谜语、球类、航模、科技、桥牌、文艺(包括文学、戏曲、诗歌、舞蹈、音乐)等多种形式的活动,可以使学生趣味盎然,增进知识,培养勇敢、团结、互助的品质,锻炼学生的观察仔细、想象丰富、思路敏捷、判断正确、反应灵活的良好心理品质。

有益的文艺、体育、科技活动可以培养许多专门人才。长期积累的实践经验表明:在中小学课外活动的基础上,选拔人才参加市区业余体校、少年宫、科技站活动,是培养未来体坛健儿、文艺新秀、科技新星的一条重要途径。

(四)注意能力的个别差异,实行因材施教

首先,应对超常儿童予以特殊形式的教育,以满足他们的学习和能力发展的需要。对能力超常儿童的教育已引起世界各国的重视。德国曾经为具有异常才能的学生开办了专门学校;美国也曾经实行一项专门发掘有数学天才学生的计划,让超常儿童在少年期就到大学和研究院攻读;中国科技大学及其他大学也曾开设过少年大学生班等。目前,国内外对能力超常的儿童采取了能力分组(根据学生智龄设专门班或专修小组)、加速教育(为高才生增加学习内容)、专门开设实验班等多种培养方法。在超常儿童的教育中,根据初步探讨,应注意以下几点:①要求合理。要求太低不利于能力的发展,太高易挫伤学习的积极性。②全面教育。在注意智育的同时,特别要注意德育、体育和美育。不要滋长学生自高自大和追求名利的思想,不要对他们过分宣扬以避免产生特殊感和背上"超常"的包袱,应使学生心无杂念,全力以赴朝既定目标前进。③全面发展。要在发展一般能力的基础上去发展他们的特殊能力,不能因发展特殊能力而忽视一般能力的培养。

其次,对于常态范围的学生,也要针对他们的特点,进行有效的教育。

对常态范围的优等生的个别教育应注意以下各点:帮助学生端正学习态度,踏踏实实,切戒骄满;要提更高的要求,吃一点"偏饭",以满足他们学习与能力发展的需要;要帮助学生及时发现自己在德、智、体各种能力方面的优点和缺点,扬长补短,全面发展,不断前进。

对中等生也应重视。中等生是不稳固的,可能向两极分化。在能力上有很大差异,有的能力还可以,但不努力,爱要小聪明;有的能力差点,但学习努力,能保持一般成绩。我们应帮助他们克服弱点,向优等生转化。

此外,对那些生理或智力有缺陷的学生,我们应耐心、热情,不要歧视、厌弃,要坚持长期不懈地教育和训练,应予以特殊的照顾和教育,以促进学生能力的发展。

霍金的故事

科学家霍金小时候的学习能力似乎并不强,他很晚才学会阅读,上学后在班级里的成绩从来没有进过前10名,而且因为作业总是"很不整洁",老师们觉得他已经"无可救药"了,同学们也把他当成了嘲弄的对象。

在霍金12岁时,他班上有两个男孩子用一袋糖果打赌,说他永远不能成才,同学们还带有讽刺意味地给他起了个外号叫"爱因斯坦"。谁知,20多年后,当年毫不出众的小男孩真的成了物理界一位大师级人物。这究竟是什么原因呢?

原来,随着年龄渐长,小霍金对万事万物如何运行开始感兴趣起来,他经常把东西拆散以追根究底,但在把它们恢复组装回去时,他却束手无策,不过,他的父母并没有因此而责罚他,他的父亲甚至给他担任起数学和物理学"教练"。

在十三四岁时,霍金发现自己对物理学方面的研究非常有兴趣,虽然中学物理学太容易、太浅显,显得特别枯燥,但他认为这是最基础的科学,有望解决人们从何处来和为何在这里的问题。从此,霍金开始了真正的科学探索。

思考与训练

一天师傅将徒弟们叫到跟前说:"你们今儿可以下山去了,后院的苹果差不多熟了,走之前摘些回来给你们路上带着。"于是师傅领着徒弟们去摘,师傅为了尽最后的师徒之情就亲自将摘到的苹果放在地上让徒弟们去捡。聪明的徒弟挑又红又大的捡,有个性的徒弟挑自己喜欢的捡,勤奋的徒弟不会挑但会拼命地捡!结束后徒弟们手上提满了苹果,而唯独有个徒弟手上什么也没有。师傅问他"你怎么没捡到呢?"他答:"我一直在看您摘苹果!我已经学会了怎么摘!"师傅满意地笑着对他说:"你可以出师了!"

从上述案例中,我们能发现什么?请回答。

参考文献

[1] 彭聃龄.普通心理学(第4版)[M].北京:北京师范大学出版社,2012.

[2] 李传银.普通心理学(第2版)[M].北京:科学出版社,2011.

[3] 孟昭兰.普通心理学[M].北京:北京大学出版社,2015.

第十一章 学生学习心理

 **学习目标**

1. 了解学习概念及其分类，领会并运用行为主义、认知学说、人本主义、建构主义等学习理论促进教学；

2. 了解学习策略的分类，掌握认知策略、元认知策略和资源管理策略促进教学；

3. 了解学习迁移的分类，领会形式训练说、共同要素说、概括化理论、关系转换理论、认知结构迁移理论，掌握有效促进学习迁移的措施促进教学；

4. 了解学习动机的功能，领会动机理论，掌握激发与培养学生学习动机的方法。

我们每天在学习，那么，什么是学习？动物会不会学习？心理学家又是如何来认识学习的？我们又会从中受到哪些启发？我们如何提高学习效率？如何将知识转化为能力？如何做到举一反三的效果？如何将"要我学"转变为"我要学"？这或许是我们经常思考和感到困惑的问题，也是师范生将要面临的疑虑，本章就是紧紧围绕这些问题逐一展开的。

第一节 学 习 概 述

一、学习的本质

什么是学习？从词源的角度分析，"学"（學）字的上半部分是人的左右两只手正在结渔网，同时也意味着经验的积累，而下半部分则表示一个小孩站在门口观察；"习"（習）字的上半部是两根"羽毛"，像鸟的翅膀，下半部分则是一个"太阳"（小篆中的"日"与"白"很相近，故由"日"变成了"白"），表示鸟在阳光里练习飞翔。这里的学习对象包含人类和动物。

人们曾从不同的学科角度，运用不同的方法，对学习问题做了大量的研究，并形成了较为丰富的研究成果。从心理学视角研究学习的应追溯至德国著名心理学家艾宾浩斯所报告的记忆实验研究。鲍尔和希尔加德在其名著《学习论》中主张学习是主体在一定情境中由重复经验引起的行为或行为潜能的变化，且这种变化既不是先天反应倾向的直接结果，又不是成熟机制的直接作用，还不是诸如疲劳、醉酒之类暂时状态的直接影响。也就是说，婴儿一出生就吃奶，不是学习的结果，而是人的本能；婴儿从蹒跚学步到独立行走，也往往不是学习的结果，是自然发展的结果；产生幻觉是疲劳导致的，运动员服用兴奋剂导致成绩的提高，仅仅是暂时的，皆不是学习。所以，广义上的学习是指人和动物在生活过程中，凭借经验而产生的行为或行为潜能方面的持久性变化的活动。而狭义层面上的学习是指人类的学习,即人在社会实践过程中,以语言为中介,自觉地掌握社会和个体经验的活动。在这里,学习特指学生的学习活动。学生的学习是作为人类学习的特殊形式,在教师的指导下,有目的、有计划、有组织、有系统地进行的,是在较短的时间内利用直接经验接受人类间接经验的活动过程。

学习最终是一种变化活动,学习的特征我们可从途径、内容及持续时间来理解:

第一,从获得方式上看,学习必须通过个体的经验获得,这样学习必须注重个体体验,在实践中产生变化。个体体验又有不同的层次,如听觉、视觉、意志行动,它们对学习的效果往往是不同的,故"听不如看,看不如做"。

第二,从范围上看,学习不仅包括行为的变化,还包含心理的变化,我们把后者称为潜在的,或者隐形变化,这就是斯金纳的"潜在学习",也就是潜移默化。学生的学习大多数是潜在变化的,尤其能力、态度与道德品质等方面,因为学生的学习是为将来的发展做准备,故我们不免常听到"读书无用"论调。在一定程度上,也就不难解释"大学,我把金钱给了您,我把青春给了您,您到底给了我什么"这样的嗟叹。

第三,从持续时间看,学习引起的变化,是相对持久的,如先天反应、成熟、疲劳甚至药物导致的变化,都是暂时的。其实,这也不难解释,因为学习本身就是经过反复实践获得的,不可能很快消失。这又和桑代克提出的"练习率"如出一辙。

二、学习的分类

任何复杂事物根据不同的标准,可以划分为不同的类别,可谓"横看成岭侧成峰,远近高低各不同"。学习作为一种复杂心理活动,概莫能外。

(一)布卢姆的学习领域分类

早在 20 世纪 50 年代,布卢姆等人就探索用分类学的方法对学生的学习划分为认知领域、情感领域和动作技能领域三类学习,每一领域的学习又按学习的水平(结果)由低到高分出若干层次。认知领域的学习被分成"知识、领会、运用、分析、综合和评价"六个水平层次,情感领域的学习被分成"注意(接受)、反应、评价、组织和价值的性格化"五个水平层次,动作技能领域的学习被分成"整个身体的运动、细致动作的协调、非言语沟通和言语行为"四个水平层次。

(二)加涅的学习分类

最有代表性、影响最为深远的分类当属美国著名的教育心理学家、教学设计专家罗伯特·加涅的学习分类。他的学习分类的思想集中体现在《学习的条件》一书,此书于 1970 年、1977 年和 1985 年先后三次修订再版,最后一版的书名为《学习的条件和教学论》。

1. 学习水平层次分类

1965 年,加涅根据学习情境的简繁、学习水平的低高,将学习依次分成八类,并由此构成一个完整的学习层级结构。

第一类是信号学习。信号学习是指对某种信号刺激作出一般性和弥散性的反应。这是一种最简单的学习,其先决条件主要取决于有机体先天的神经组织。在马路上行人看见红灯马上停下来,看到绿灯继续前行,就属于信号学习。

第二类是刺激—反应学习。这种学习使一定的刺激或情境与一定的反应相联结，并以某种反应来获取某种结果。其中强化在该类学习中起到非常关键的作用。驯兽师手下的动物作出的每个动作皆属于此类。

第三类是连锁学习。它是指联合两个或两个以上的刺激—反应联结，形成系列性刺激—反应的动作联结。个体首先要习得每一个刺激—反应联结，并按照特定的顺序反复练习，同时还应接受必要的及时强化。每种技能的掌握都与此类学习紧密相关，因为任何技能都是由一系列动作组成的。

第四类是言语联结学习。言语联结学习也有人称之为词语联想学习，是指形成一系列言语单位的联结，实现言语连锁化。将单词组合为合乎语法规则的句子或将单句组成复句就属于言语联结学习。言语学习比动作的学习往往要复杂。

第五类是辨别学习。它是指学习对不同刺激尤其是类似刺激作出相应的适当反应。对相似的、易混淆的单词比较，找出其差异的过程，巴甫洛夫的"分化"都属于辨别学习。

第六类是概念学习。它是指认识一类事物的共同属性，并对同类事物作出同样的反应。将一系列事物的共同点抽取的学习，如对"动物"、"人"等概念的学习，都属于概念学习。

第七类是规则（原理）学习。规则学习是指学习两个或多个概念之间的关系，形成概念连锁。如浮力定律、万有引力定律等的学习即是规则学习。

第八类是解决问题学习。解决问题的学习是指学会在不同条件下，运用规则（原理）解决现实问题。亦指高级规则的学习。在各种具体情境下应用规则或规则的组合去解决现实中的复杂问题皆属于此类。

上述八类学习是分层排列的，由简单到复杂，由低级到高级。同时又具有累积性，每类学习都以前一层次的低级学习为前提，较高级、较复杂的学习是建立在较低级、较简单的学习基础之上的。

1971年，加涅又将八类学习的层级结构简化成为"连锁学习、辨别学习、具体概念学习、定义概念学习、规则（原理）学习和高级规则学习（相当于解决问题的学习）"六类。即将前四类学习合并成为"连锁学习"一类，并把第六类学习具体分成"具体概念学习"、"定义概念学习"两类。定义概念是抽象的，如张三、李四是具体概念，而人是定义概念。

2. 学习结果分类

1977年，为了更好地结合教学的实际情况，加涅在《学习的条件》一书中将学习结果称为能力，并根据学习结果的差异，将学习分为智慧技能、认知策略、言语信息、动作技能、态度五种学习类型。

第一类智慧技能。它是指利用符号与环境相互作用的能力，即学习"怎么做"的知识（人称"过程知识"）。应用一些原理、法则去解答实际问题就属于智慧技能的学习。

第二类认知策略。它是指内部组织起来的，用于调节学习者自己内部注意、学习、记忆与思维过程的技能。注意的选择，问题解决的方式与方法，时间管理，资源利用诸如此类的调节控制，都得靠认知策略来完成。

第三类言语信息。它表现为学会陈述观念的能力，学习事物的名称、事件的特性以及有组织的观念就属于言语信息的学习。这里不仅指社会科学,也含自然科学。

第四类动作技能。它表现为平稳而流畅、精确而适时的动作操作能力。动作技能是在不断练习的基础上形成的,是由有组织的、协调而统一的肌肉动作构成的。

第五类态度。它表现为影响个体对人、对物、对事的选择性倾向。个体的行为选择要受态度的影响。个体通过直接的事件经历、间接的观察模仿等途径来形成态度。

(三)奥苏泊尔的学习分类

奥苏泊尔根据学习进行方式分类,把学习分为接受学习与发现学习。接受学习是学习者在教师的指导下接受事物意义的学习。如全日制助学自考就是接受学习。发现学习则是学习者通过自己的实践活动能动地发现知识、掌握知识的过程。如自考生的学习就是典型的发现学习。

根据学习材料与学习者原有知识的关系,学习分为机械学习与有意义学习。机械学习是死记硬背,没有与旧知识建立实质性的联系。而意义学习是将新知识与学习者已有的认知结构建立起实质性的、非人为的联系的过程。这种实质性的、非人为的联系是事实上的逻辑关系。

当然,接受学习也不仅仅是机械学习,发现学习也不等于有意义学习,如为搞清两个概念的关系,这里既需要接受学习也需要有意义学习;再如不断尝试错误的过程中既包含机械学习,也是发现学习的过程。总之,它们是按两个不同的标准进行的划分,它们之间是交叉关系。

第二节 学 习 理 论

学习理论是对学习的本质、过程及其规律的系统解释与阐述,故它是本章的核心内容。中国古人早就提出"学而不思则罔,思而不学则殆"、"博学之、审问之、慎思之、明辨之、笃行之"等学习思想,但对学习的本质及过程进行深入系统研究应推至美国著名的教育心理学家桑代克1903年《教育心理学》的出版。西方教育心理学家从不同的视角,采用不同的方法,对学习心理现象进行了大量的、卓有成效的研究,形成和积累了丰富的学习成果,并以此推进了学习理论的发展。主要有以下四种学习理论。

一、行为主义(联结主义)学习理论

桑代克构建的以"刺激—反应"为核心的联结主义学习理论,它的最基本的思想观点是,所有的学习活动都是通过条件作用实现的,是在刺激 S 与反应 R 之间建立直接联结的过程,在刺激—反应联结的建立过程中强化和练习起着重要的作用。桑代克最大的特点是首先采用实验的方法来研究学习现象,这为行为主义心理学家对学习理论的全面深入研究提供了宝贵的方法参考。

(一)桑代克的尝试—错误说(即试误学习理论)

1. 经典研究

饿猫实验的目的是让一只饥饿的猫学会打开"迷箱"(Puzzle Box,人称"桑代克迷箱")的

门,出逃并取得箱外的食物。其过程是将饥饿的猫放入迷箱之中,并在迷箱之外,即饥饿的猫可望而不可即的地方放置食物。饿猫刚刚进入迷箱时,乱叫、乱抓。后来,偶然的机会,触动了开门的机关设施,得以出逃并取得食物。在以后的实验中,饿猫在迷箱中尝试开门的错误和盲目动作随尝试次数的增加而逐步减少,直至最后一放入迷箱之中就会触动开门的机关,出逃并取食。

图 11-1 桑代克实验用的迷箱

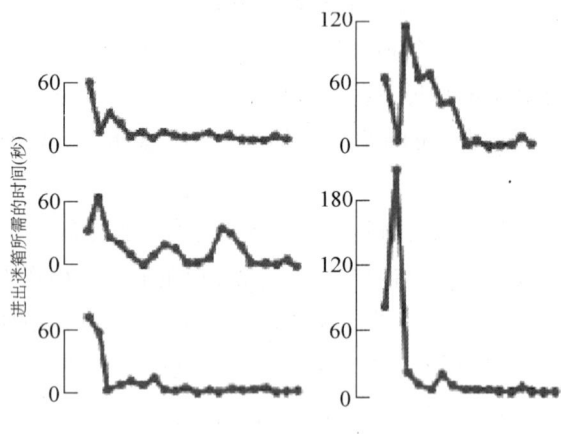

图 11-2 尝试的次数

2. 基本思想

学习的实质就是在某种情境(即刺激)与某种反应之间建立联结。所谓联结是结合、关系、倾向,指某种情境只能引起某种反应。桑代克认为:"学习即联结,大脑就是人的联结系统。"这种联结的形成需要通过一个尝试错误的过程,且这种尝试错误往往不是一次就完成的。学习过程是一个"尝试—错误—再尝试"的循环往复的过程,学习就是试误学习。以 S 和 R 分别代表情境(刺激)和反应的符号,以"→"作为引起、导致反应的符号,其学习(联结)的公式是"S→R"。情境(刺激)与反应之间的联结不需要中介作用,是直接发生的。这种联结有先天与后天之分,先天的联结主要是本能,后天的联结主要是习惯。且随着练习次数增多,联结越牢固。"一朝被蛇咬,十年怕井绳"就是典型的联结反应。

在学习实验的研究过程中,桑代克发现学习活动存在准备律、练习律及效果律等基本规律。

(1) 准备律

刺激与反应之间的联结的力量变化,以学习主体本身的心理准备和心理调节状态为转移。开展学习活动时,学习主体事先处于有准备的反应状态,在反应中就会感到满意,进而促进刺激与反应之间联结的形成;事先处于无准备或不准备实现的反应状态,就会感到不满或烦恼,并会阻碍联结的形成或削弱联结的力量。在本实验中,猫处于饥饿状态,本身就是建立联结的最好准备。

(2) 练习律

学习活动中的任何刺激与反应之间的联结,其联结的力量或牢固程度,既会随着练习的强化或增多而加强,又会随练习的缺失或减少而减弱。桑代克又进一步将其中的"随练习的强

心理学新编

化而加强"称之为"应用律"，而将"随练习的缺失而减弱"称为"失用律"。在本实验中，猫随着实验次数的增多，打开笼门的时间随之减少，即是明证。

（3）效果律

在学习活动过程中，刺激与反应之间的联结一方面会因促成满意的结果而得到加强，另一方面又会因导致不满意尤其是烦恼的结果而得到减弱。即决定学习的最重要因素是学习主体的行为后果，凡是导致满意后果（奖赏或肯定）的行为就会得到加强，而带来烦恼的行为（惩罚或否定）则会被削弱甚至淘汰，且奖赏与惩罚的效果并不相等，奖赏比惩罚更有成效。在本实验中，猫每次得到食物是导致下一次时间缩短的关键。

3．教育启示

（1）准备律给中小学的基本启示是，课前预习，带着问题听课，激发学生兴趣与学习责任感，结合学生的生活实际授课，教师布置作业或设置悬念等形式，有利于学生形成联结。

（2）练习律给中小学教学的基本启示是，教学过程中的练习次数必须充足，但也不是越多越好，即达到"过度学习"（150％）效果最佳。同时，教师必须精心设计和悉心组织练习，力求从量和质两个方面使练习的效果最大化。

（3）效果律对于中小学教学的重要启示是，教师应对学生正向的学习效果，及时给予强化，包括物质奖励与精神认可与鼓励。教师应看到每个学生的每次进步，有的学校设置进步奖，是值得提倡的。谨慎使用惩罚手段。

（二）巴甫洛夫的经典性条件反射论

1．经典实验

作为生理学家和心理学家，巴甫洛夫的动物消化腺实验研究在其学习研究中堪称经典。巴甫洛夫发现，在助手开始对狗喂食的时候，狗只有吃到食物，才会分泌唾液。而多次重复地"喂食—吃食"之后，他进一步发现，狗只要见到食物，就会分泌唾液。持续重复后，他又发现，狗甚至在听到喂食助手的脚步声后，也会分泌唾液。巴甫洛夫将狗的这种提前分泌唾液的现象称之为"心因性分泌"，并由此开始了其著名的条件作用研究。

在巴甫洛夫的经典实验中，狗被置于经过严格控制的隔音实验室内，食物是通过遥控装置送到狗面前的食物盘中的。狗的唾液分泌量，可以通过仪器随时测量并记录。实验开始后，首先向狗呈现铃声刺激，铃响半分钟后便给予食物。当铃声与食物反复结合并配对呈现多次之后，仅仅呈现铃声而不出现食物，狗也会分泌唾液。实验开始时，食物可诱发狗的唾液分泌反应，而铃声不能诱发狗的唾液分泌。这时的食物是无条件刺激（Unconditioned Stimulus，UCS），铃声是中性刺激（Neutral Stimulus，NS），由食物诱发唾液分泌称作为无条件反射（Unconditioned Reflex，UCR）。铃声与食物经过多次结合配对出现之后，单独呈现铃声而没有给予食物时，

图 11-3 经典性条件反射

狗也会分泌唾液。此时,作为中性刺激的铃声就变成了条件刺激(Conditioned Stimulus,CS)。单独呈现条件刺激所引起的唾液分泌反应叫条件反射(Conditioned Reflex,CR)。这就是经典性条件反射的形成过程。

2. 基本思想

巴甫洛夫认为,学习就是暂时神经联系的形成,所有学习均由条件反射构成,条件反射是学习的基本形式。条件反射是在后天环境下经暂时神经联系而形成的反射活动。巴甫洛夫研究的条件反射就是学习反射,其神经机制就是在大脑皮层上形成暂时神经联系。巴甫洛夫研究的条件反射被后人称为"经典性条件反射(作用)"。

巴甫洛夫认为,在实际生活中的条件反射活动常常以条件反射系统的形式出现(即信号系统),单一的条件反射活动很少独立存在。反映具体事物的信号系统叫第一信号系统,为人类和动物界所共有。而人类因为拥有抽象思维和概括化的语言,语言成为了第二信号(即第一信号的信号),能够反映事物的本质规律和内在联系,所以人还具有第二信号系统。在日常的学习、工作和生活实践中,人的两个信号系统是协同活动、密不可分的。

经典性条件反射的学习活动具有获得律与消退律、刺激泛化与分化律等基本规律。

(1)获得律

条件作用是通过条件刺激(CS)反复与无条件刺激(UCS)的结合和匹配而实现的。在中性刺激与无条件刺激之间形成联结,建立条件反射,是一个习得的过程。原本铃声不会引起唾液分泌,但经过多次联结,即每次出现食物前,先出现铃声,铃声直接导致唾液的分泌。这说明是习得的结果。中性刺激与无条件刺激之间的时间间隔是形成条件作用的重要因素。一方面,条件刺激和无条件刺激必须同时或几乎同时呈现,间隔太久则难于建立联系;另一方面,条件刺激作为无条件刺激出现的信号,必须先于无条件刺激而呈现,否则也将难以建立联系。

(2)消退律

条件反射建立之后,如中性刺激重复出现多次而没有无条件刺激相伴,则既有的条件反射会逐渐减弱直至消失。狗因听见铃声后吃不到食物而消退的过程,称为消退律。或者条件刺激是在无条件刺激之后才出现的,形成条件反射的可能性很小,即使有,其联结的力量也很弱小。但过一段时间以后,当条件刺激再次单独出现时,条件反应仍会重新出现,只是强度可能会弱小一些。进一步的消退训练会使这种条件反应变得更为弱小。但要完全消除一个已经形成的条件反应,要比获得这个反应困难得多。

(3)刺激泛化律

刺激泛化指个体学会了对某特定条件刺激作条件反应之后,其他与之相类似的刺激也会诱发其条件反应。在条件反射形成的初期,类似的刺激与条件刺激一样,也会引起条件反射,普遍存在刺激泛化的现象。与条件刺激的相似程度越高,出现泛化现象的可能性就越大。如,狗对一定频率的铃声形成了分泌唾液的条件反应后,在听到相近频率的铃声后也会分泌唾液。泛化条件反应的强度取决于新刺激和原条件刺激的相似程度。新刺激与原条件刺激越相似,其诱发的条件反应就越强。事实上,在自然生活情境中,刺激很少每次都以完全相同的形式出现,这就需要借助于刺激泛化将学习范围扩展到原特定刺激以外。"爱屋及乌"、"一白遮百丑"皆是不断泛化的结果。但是,刺激泛化有时候也会带来麻烦,如厌学情绪产生,很可能因为某老师的一句伤自尊的话,继而对该教师产生偏见,从而不愿学习其教的课程,最终导致厌学甚至弃学。

（4）刺激分化律

刺激分化指的是通过选择性强化和消退,使个体学会对中性刺激和与条件刺激相类似的刺激作出不同反应的一种条件作用过程。通俗地讲,通过辨别学习,识别相似刺激物并及时强化的过程。如,引导学生分辨类似概念的学习——猫与虎。

刺激泛化和刺激分化是互补的过程。泛化是对事物的相似性的反应,分化则是对事物的差异的反应。泛化使我们的学习从一种情境迁移到另一种情境,而分化则使我们对不同的情境作出不同的恰当反应,从而避免盲目行动。

3. 教育启示

（1）获得律告诉我们,对于预期的学习效果应及时给予强化。

（2）消退律告诉我们,对于我们厌恶的结果,置之不理即可。

（3）刺激泛化律启发我们,在教学中,利用相似情景形成迁移能力。

（4）刺激分化律启发我们,在教学中,培养学生的辨析与细微观察能力。

（三）华生的行为主义学习观

巴甫洛夫的实验是从认知的角度说明学习活动的,而华生则是从情感的视角说明,情感也是可以后天学习的。

1. 经典实验

华生与其助手做过一个著名的恐惧实验。实验被试是一个叫阿尔伯特的 11 个月大的婴儿,实验过程中,每当阿尔伯特去触摸或与小白鼠玩耍时,实验人员就在其身后制造尖锐的令其害怕的声音,直至他表现出恐惧行为,不敢触摸小白鼠。多次实验后,阿尔伯特看到小白鼠就哭并迅速躲避。继而,他的恐惧情绪泛化到小白兔、有毛的玩具甚至圣诞老人的胡须等物上。

2. 基本思想

（1）频因律

华生认为,在其他条件相等的情况下,某种行为练习得越多,习惯形成就越迅速。因此,练习的次数在习惯形成中起重要作用。在形成习惯的过程中,有效动作之所以保持下来,无效动作之所以消失,是由于有效动作比任何一种无效动作出现的次数都多,这是因为每一次练习总是以有效动作的发生而告终的。

（2）近因律

华生认为,当反应频繁发生时,最新近的反应比较早的反应更容易得到加强,因为在每一次练习中,有效的反应总是最后一个反应,所以这种反应在下一次练习中必定更容易出现。由此,他把反应离成功的远近,作为解释一些反应被保留、另一些反应被淘汰的原则。在他看来,习惯反应必然是离成功时机最近出现的反应。

3. 教育启示

（1）某一反应若保留下来,必须增加刺激次数,练习次数越多,联结越巩固。这就告诉我们无论好习惯的养成还是学习成果的取得,都必须增大练习量。

(2) 对于刚取得的学习成果,必须及时巩固,或者把较难学习的材料放到最后学习。

(四)斯金纳的操作性条件反射论

1. 经典实验

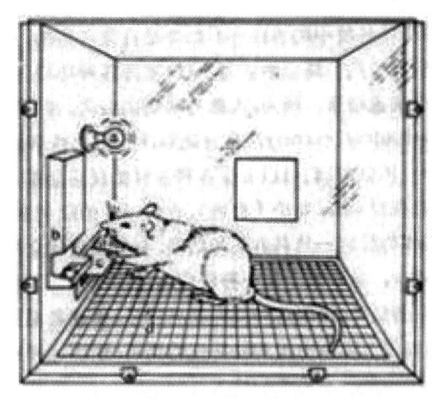

图 11-4 斯金纳箱

作为新行为主义心理学的创始人物,美国的斯金纳设计出了一种被人称为"斯金纳箱"的实验装置。箱内装上一操纵杆,操纵杆与另一个提供食丸的装置相连接。把饥饿的白鼠放进箱内,白鼠偶然踏上操纵杆,供丸装置就会自动弹出一粒食丸。饥饿的白鼠经过多次尝试,最后不断按压操纵杆,直到吃饱为止。即形成了按压操纵杆与取得食物之间的联结。通过更为复杂的设计,白鼠还可以学会分化行为。例如,当电灯亮时按压操纵杆可以取得食物,而在电灯灭时,按压操纵杆却得不到食物。

2. 基本思想

斯金纳认为学习是外界刺激与学习主体反应之间建立联结或联系的过程,这个联结(联系)的形成与巩固取决于对行为反应的强化(reinforcement)。经典条件反射仅仅能解释小部分行为,大部分行为的形成是通过操作性条件反射建立的。学习存在两种类型:一是由刺激情景引起的应答性反应,是有机体的被动反应,它与经典性条件反射相类似;另一种是操作性条件反射,它不由刺激情景所引发,而属于学习主体的自发行为。与操作性条件反射相应的学习是操作学习。斯金纳认为人类的学习大多数属于操作学习,人一般不是被动地等待刺激,而是积极主动地对环境进行探索。先有反应之后,才知道结果,并根据反应的结果去调节反应的行为。影响行为巩固的关键因素是行为过后的行为结果。学习过程就是形成操作性条件反射的过程,主要受强化规律的制约。

(1) 强化与惩罚

斯金纳认为强化也是一种操作,其作用是改变同类反应的发生概率。强化物是一些刺激物呈现或撤除可增加反应发生的概率。斯金纳发现,强化是增强一定反应概率的重要因素,在塑造行为和保持行为力度的过程中处于不可或缺的地位。

强化有正强化与负强化之分。无论是正强化,还是负强化,最终目的都在于提高反应的概率。正强化是指呈现能够提高反应概率的刺激的过程,其中所呈现的刺激被称作为正强化物。对学习进步、刻苦的同学提出表扬就属于正强化物。负强化是指取消厌恶性刺激以提高反应概率的过程,其中的厌恶性刺激即负强化物。负强化与惩罚不同,惩罚的主要目的在于抑制或消除反应的发生。换言之,负强化是通过厌恶刺激的排除来增加相应反应的发生概率,而惩罚则是通过厌恶刺激的呈现来降低相应反应的发生概率。对违反课堂纪律的同学,罚值日一周,是惩罚。值日两天该同学课堂表现良好,免除后几天值日,就属于负强化。

（2）消退

消退是指曾被强化过的反应，不再有强化物相伴，这一反应在日后发生的概率就会降低的过程。在操作性条件作用中，无论是正强化的奖赏，还是负强化的逃避与回避条件作用，都在于增加某种反应的发生概率，以达到塑造行为的目的；而消退则属无强化的过程，其作用在于降低某种反应的发生概率，以达到消除某种行为的目的。如无灯光时多次按压杠杆后也不滚出食丸，白鼠就会不再按压杠杆，属于消退行为。

3. 教育启示

（1）对于学生出现的正面行为，首先采用正强化，其次运用负强化，谨慎使用惩罚手段。因为负强化有利于引导学生积极发展，而惩罚只能暂时抑制学生的不良行为，而不能从根本上解决问题。

（2）消退是一种零强化，可作为减少不良行为、消除坏习惯的有效方法。

（3）根据斯金纳的程序教学原理，教师可根据教学内容，设置具体易操作的教学目标并运用练习及时强化教学活动；学生也可根据自己实际情况，制定目标实现个性化的自主学习。

（五）班杜拉的社会学习理论

1. 经典研究

模仿学习的实验也称为"波波"玩偶实验。班杜拉让4岁儿童单独观看一部电影。在电影中一个成年男子对充气娃娃表现出踢、打等攻击行为，影片有三种结尾。将孩子分为三组，分别看到的是结尾不同的影片。奖励攻击组的儿童看到的是在影片结尾时，进来一个成人对主人公进行表扬和奖励。惩罚攻击组的儿童看到另一成人对主人公进行责骂。控制组的儿童看到进来的成人对主人公既没奖励，也没惩罚。看完电影后，将儿童立即带到一间有与电影中同样的充气娃娃的游戏室里，实验者透过单向镜对儿童进行观察。结果发现，看到榜样受到惩罚的孩子表现出的攻击行为明显少于另外两组，而另外两组则没有差别。在实验的第二阶段，让孩子回到房间，告诉他们如果能将榜样的行为模仿出来，就可得到橘子水和一张精美的图片。结果，三组孩子（包括惩罚攻击组的孩子）模仿的内容是一样的。说明替代性惩罚抑制的仅仅是对新反应的表现，而不是获得，即儿童已学习了攻击的行为，只不过看到榜样受罚，而没有表现出来而已。

2. 基本思想

斯金纳认为学习是一个渐进的过程，在这个过程中，有机体必须主动且直接地进行经验学习。但社会学习理论认为，人类具有认知能力，其大部分行为是通过对他人（榜样）的观察而习得的，人类学习的实质应该是观察学习。观察学习就是学习者通过观察他人（榜样）的行为，获得示范行为的象征性表象，并引导自己作出相应行为的过程。观察学习又可以称作为榜样化（modeling），它是人类学习的主要途径。

班杜拉认为观察学习包括四个部分：（1）注意过程。如果没有对榜样行为的注意，就不可能去模仿他们的行为。能够引起人们注意的榜样常常是因为他们具有一定的优势，如更有权力、更成功等。（2）保持过程。人们往往是在观察榜样的行为一段时间后，才模仿它们。要想在榜样不再示范时能够重复他们的行为，就必须将榜样的行为记住。因此需要将榜样的行为以符号表征的形式储存在记忆中。保持效果要受到学习者的符号编码、认知组织及其练习活动的直接影响。(3)动作再生过程。观察者只有将榜样的行为从头脑中的符号形式转换成动作以后,才表示已模仿成功。要准确地模仿榜样的行为,还需要必要的动作技能,有些复杂的行为,个体如不具备必要的技能是难以模仿的。同时要受到自我观察和矫正反馈的制约。(4)强化和动机过程。班杜拉认为学习和表现是不同的。人们并不是把学到的每件事都表现出来。是否表现出来取决于观察者对行为结果的预期:预期结果好,他就会愿意表现出来;如果预期将会受到惩罚,就不会将学习的结果表现出来。因此观察学习主要是一种认知活动。这就是为什么人们看过罪犯犯罪整个过程而不去去以身试法的原因。

在动机过程中强化具有重要的意义,动机过程不仅受制于外部的直接强化,而且受制于替代强化和自我强化。直接强化为斯金纳等人所强调,是指学习者直接受到外部强化的影响。而班杜拉则认为直接强化不是唯一的强化,人还要受替代强化和自我强化的影响。替代强化是指学习者因看到他人(榜样)受强化而改变自己的行为动机。如同学因学习优异得到教师表扬,其他同学竞相效仿的过程。自我强化则是学习者根据自己所设立的标准来评价自己的行为,从而影响自己的行为动机。

3. 教育启示

社会学习理论认为通过观察榜样的行为可获得学习,因此榜样对儿童有重要影响。

首先,对儿童来说,不仅教师、父母、同伴是重要的榜样,大众传媒与网络内容也是重要的榜样。这就要求教师和父母以身作则,严格要求自己,为儿童树立正面的榜样。

其次,要注意儿童与同伴交往,在青少年时期,同伴的影响力甚至超过长辈。还应关注其阅读的书籍,观看的电影、电视、网络内容是否健康等。

最后,营造扬善惩恶的社会风气,加强校园文化建设,以方便学生进行自我强化和替代强化。

二、认知主义学习理论

与行为主义学习理论不同,源于格式塔学派的认知主义学习理论主张在刺激与反应之间还有一个中介因素(即认知因素)在起作用。认为学习不是在外部环境的支配下被动地形成"刺激—反应"(S—R)的联结,而是主动地在头脑中构造认知结构;不是通过练习和强化形成反应习惯,而是通过顿悟和理解获得期待;学习者当前的学习依赖于他原有的认知结构和当前的刺激情境,还要受其预期的引导。作为学习理论的又一大流派,认知主义学习理论在与行为主义的抗衡中得到了迅猛的发展。它将学习看成是有认知因素参与的过程,主要有格式塔学派的顿悟论、布鲁纳的认知—结构学习论及奥苏贝尔的有意义接受学习论等。

(一) 格式塔的完形—顿悟说

1. 经典实验

完形—顿悟说是格式塔学派的代表性学习理论,源于科勒的系列猩猩实验。格式塔是德文 Gestalt 一词的音译,因为从含义上多被翻译为"完形"、"形态"或"模式",所以格式塔学派又常常被称为完形学派。

（1）叠箱实验

科勒将香蕉悬挂在笼子的顶部，笼内放有几只空木箱。笼内饥饿的猩猩基加见到香蕉，又钩又跳，但无济于事。停下来的时候，基加在一只木箱上坐下又站起，但没有利用箱子的意思。此时，特塞拉（另一只猩猩的名字）正躺在另一只木箱上。特塞拉离开时，基加好像突然想起了什么，他立即搬来并站在特塞拉躺过的木箱上取香蕉，但仍然够不着。基加又坐回原来的箱子上。突然，基加又好像想起了什么，迅速搬起刚坐着的木箱，叠在另一只箱子上，并爬到箱顶取到香蕉。三天后，面对稍微改变的情境，基加仍能用已有的经验解决新的问题。

（2）接竿实验

科勒将已学会用一根竹竿取食的苏丹装入笼子内，并在苏丹用四肢够得着的地方放两根大小不一的竹竿，而在苏丹用四肢够不着的地方摆放一些香蕉。起初，苏丹反复用单根竹竿拨香蕉，一会儿用小竿，一会儿用大竿。后来，苏丹将两根竹竿都拿在手上挥舞。突然，无意之中，它把小竹竿插在大竹竿内，两根竹竿因此连成了更长的竹竿。在苏丹用它拨到了香蕉后，它不断地演练接竿取食的动作。在次日的重复实验中，苏丹能很快地使用接竿经验取得食物。

2. 基本思想

格式塔理论认为，学习实质上就是在学习者内部构造完形，它由顿悟（insight，即领悟）来实现。学习的过程就是完形的不断建构和重组的过程。完形是一种心理结构，是对事物样式和关系的认知，属于一种在技能上相互联系、彼此制约的整体结构。学习属于突然的领悟和理解，是脑的本能，领悟是对问题情境中事物关系的理解，是对情境全局的知觉，也就是完形的组织过程，而不是动作的积累或盲目的尝试。简而言之，学习就是顿悟。所以格式塔学派的学习理论又被称为完形—顿悟学习论、顿悟学习论。

3. 教育启示

实际上，在复杂问题的解决过程中，顿悟与试误多是交替出现的，尝试错误较多地表现在行为操作方式上，而顿悟则集中表现在心理活动上。解决问题普遍始于尝试错误，而终于顿悟。这就告诉我们，学习之初，我们不免鼓励学生大胆尝试，勇于探索，可以通过强化激发学习积极性，但到一定阶段，必须鼓励积极深入思考，这样才能由认识事物表面现象到本质，且深入体会到学习成就感。

（二）布鲁纳的认知—结构学习论

1. 经典研究

布鲁纳是美国著名的教育心理学家，他出版的《教育过程》成为 20 世纪 60 年代美国基础教育改革的理论指南。他与数学家迪因斯合作，具体设计并实施了一项关于"发现学习"的教学实验。

教学内容是引导 8 岁的小学生发现二次方程式的因式分解规律，即$(A+B)^2 = A^2 + 2AB + B^2$。在实验教学中，先让小学生熟悉表示数量的积木块。小学生可以玩弄这些积木块：大正方形（x×x）、长方形（1×x）、小正方形（1×1），以获得知觉经验。在教给学生用 x^2 表示两边都是 x 的正方形之后，让他们将所提供的积木块拼成更大的正方形，并将思维操作的进程说出来或写出来。

学生说：大正方形是由 x^2 正方形($x \times x$)，加上 2 个长条块($1 \times x$)，再加 1 个小方块(1×1)组成的，可以写成：$x^2 + 2x + 1$。同时，新组合的大正方形的边长是($x + 1$)，可以按边长写成：($x + 1$)($x + 1$)。因为 $x^2 + 2x + 1$ 与($x + 1$)($x + 1$)两个式子都表示同一个正方形(即新组合的大正方形)，所以它们是相等的。于是，写下了 $x^2 + 2x + 1 = (x + 1)(x + 1)$。

……

经过布鲁纳的逐步提问和启发，小学生在按要求搭出一个比一个大的正方形的过程中不断进行各种操作和探究，并对其记录、对照。他们逐渐领悟到隐藏于如下记录中的重要规律：

$x^2 + 2x + 1 = (x + 1)(x + 1)$

$x^2 + 4x + 4 = (x + 2)(x + 2)$

$x^2 + 6x + 9 = (x + 3)(x + 3)$

$x^2 + 8x + 16 = (x + 4)(x + 4)$

$x^2 + 10x + 25 = (x + 5)(x + 5)$

……

最后引导学生归纳：$(A + B)^2 = A^2 + 2AB + B^2$。

2. 基本思想

布鲁纳认为学习的目的在于以发现学习的方式，使学科的基本结构转变为学生头脑中的认知结构。他的理论常被人称作为认知—发现说、认知—结构论。

布鲁纳认为，学习的本质不是被动地形成刺激—反应的联结，而是主动地形成认知结构。他把认知结构定义为反映事物之间稳定联系的内部认知系统，是用来感知和概括新事物的一般方式，它是在过去经验的基础上形成的，并在学习过程中不断变化。布鲁纳十分强调认知结构在认知活动中的作用，认为认知结构是进一步学习和理解新知识的重要内部因素和基础。教学的最终目标在于促进学生对学科结构的一般理解。学科的基本结构是指学科的基本知识、基本方法和基本态度。学生理解了学科的基本结构，有利于掌握整个学科的具体内容，有利于记忆学科知识，有利于实现学习迁移，有利于促进学生能力的发展和综合素质的提高。

布鲁纳还强调学习主动性的重要性。他认为，学习任何一门学科的最终目的在于构建学生良好的认知结构，在教学中最好首先画出构建学生的认知结构所包含的组成要素，并以激发学生的内在动机，调动学生对学习内容的兴趣为主。

发现学习也是布鲁纳提出的一种学习方法，它是指让学习者自己去发现教材的结构、结论和规律的学习方法。这种方法要求学生像科学家那样去思考、探索未知，最终达到对所学知识的理解和掌握。

3. 教育启示

(1) 学科结构是客观存在的，认知结构则是个体对学科结构的认识、建构与组织的结果，教学的最终目标在于促进学生对学科结构的一般理解。把学科结构转变为认知结构仅靠教师的"灌输"是不够的，必须激发学生学习兴趣，提高其学习积极性。

(2) 大胆鼓励学生质疑、发现学习，积极主动探究知识。当然，学生的发现学习也和教师的精心设计、启发诱导分不开的。

（三）奥苏贝尔的有意义接受学习理论

1. 经典研究

奥苏贝尔积极开展实验研究，探究有意义学习的策略（即先行组织者策略），并取得了出色的研究成果。先行组织者指先于学习材料之前，所呈现的一个抽象概括水平较高的引导性材料，诸如概念、定律、文字说明乃至图表之类。根据作用分，组织者有两类：一是陈述性组织者，其作用是为新知识的学习提供起固定作用的旧知识；二是比较性组织者，它的作用是比较新知识与认知结构中相关或相似知识的区别和联系。

（1）用陈述性组织者增强旧知识的可用性实验。1960年，奥苏贝尔以"钢的性质"为教学内容，通过比较实验组和控制组的学习成绩，证明了陈述性组织者在促进学习迁移上的有效作用。实验组在学习关于"钢的性质"之前，先学习一个陈述性组织者。陈述性组织者强调了纯金属材料与合金材料的异同，在用途上的不同性能以及冶炼合金的理由。控制组在学习之前也接受一个引导性材料，这个材料简要介绍了钢铁冶炼方法的历史发展。这个材料只能提高被试的学习兴趣，但没有提供任何有助于理解钢的性质的框架性概念。两组被试在学习完"钢的性质"内容之后，进行同等的学习测验。结果显示：实验组的学习成绩明显好于控制组，且陈述性组织者对言语和分析能力较低的学习者具有更明显的作用。实验说明，陈述性组织者在新知识的学习中起到了促进作用。陈述性组织者的作用在于以容易理解的材料，为学习者提供适当的固定点，提高其有意义学习的心向。

（2）用比较性组织者增强新旧知识的可辨性实验。奥苏贝尔与约瑟夫一起做实验，他们将被试分为两组。两组被试都先学关于佛教的材料，后学关于禅宗佛教的材料。但实验组在学习佛教材料之前，先学习一个比较性组织者（该组织者指出了佛教与基督教的异同），而在学习禅宗佛教材料之前也学习一个比较性组织者（该组织者比较了佛教与禅宗佛教的异同）。控制组在学习佛教材料之前先学习一个不起比较作用的历史材料，而在学习禅宗佛教材料之前也学习一个不起比较作用的传记性材料。之后的测验结果表明：前一个比较性组织者对佛教知识的学习与保持起到了显著的促进作用；而后一个比较性组织者对禅宗佛教知识的学习与保持未起到显著的作用，其原因可能是先前佛教知识的学习本身在客观上为后继禅宗佛教知识的学习起到了比较性组织者的作用，从而部分地冲淡或抵消了所安排的后一个比较性组织者的作用。

2. 基本思想

奥苏贝尔认为，学习是认知结构的重组过程，而认知结构的重组又属于新旧知识的同化过程。所以，他的学习理论又被称为认知结构同化论。

意义学习的实质：意义学习是将符号所代表的新知识与学习者认知结构中已有的适当观念建立非人为的和实质性的联系。实质性的联系是指表达的语词虽然不同，但却是等值的，即这种联系是非字面的联系。非人为的联系是指有内在联系，即新知识与原有认知结构中有关的观念建立在某种合理的或逻辑基础上的联系。意义学习与机械学习是相对的。

意义学习分类：意义学习是原有观念对新观念加以同化的过程。原有观念与新观念之间有三种关系，即类属学习、总括学习和并列结合学习。类属学习即下位学习，是把新观念归入原有观念的适当部分，并使之相互联系的过程。它以原有观念为总观念，以新学习的观念为从属观念。如在学习"动物"概念的基础上,再学习"猫"、"虎"、"狮子"、"老鹰"等。总括学习即上位学习,指在若干已有的从属观念的基础归纳出一个总观念。还是以学习"动物"为例,如先学习"猫"、"虎"、"狮子"、"老鹰"等动物,再学习"动物"概念。并列结合学习则指新观念与认知结构中原有观念既不是从属关系,也不是总括关系,仅仅是与原有认知结构中的整个内容存在一般性联系。如先后学习的"猫"、"虎"、"狮子"、"老鹰"之间的关系就属于并列结合学习。

意义学习的条件:分为客观条件与主观条件。意义学习的客观条件,即学习材料本身必须具有逻辑意义,这是意义学习的前提。主观条件有两个:其一,学习者必须具有能够同化新知识的适当的认知结构,以便与新知识进行联系,这是"能不能"问题;其二,学习者必须具有积极主动地将符号所代表的新知识与认知结构中的适当知识加以联系的倾向性,这是"愿不愿"问题。三个条件缺一不可。

接受学习的实质:接受学习是指在教师指导下,学习者接受事物意义的学习。奥苏贝尔最欣赏的是有意义的接受学习和有意义的发现学习,并认为学生的学习主要是有意义的接受学习。因此,奥苏贝尔的学习理论又称为有意义接受学习理论。

先行组织者技术:针对学生的接受学习,奥苏贝尔提出了"先行组织者"的教学策略(技术)。他认为影响接受学习的关键因素是认知结构中起固定作用的观念的可利用性。所谓"先行组织者"是先于学习任务本身呈现的一种引导性材料,它的抽象、概括和综合水平高于学习任务,并且与认知结构中原有的观念和新的学习任务相关联。其目的是为新的学习任务提供观念上的固着点,增加新旧知识之间的可辨别性,以促进学习的迁移。如学习三角形相关概念时,教材先编排"三角形"的学习,接下来才是"等腰三角形"、"全等三角形"与"直角三角形"。"三角形"内容就属于先行组织者。

3. 教育启示

学习新知识前,需要学习相关的知识,尤其易于混淆的知识;应养成新旧知识"联想"习惯;博览群书,为新的学习任务提供"底座"。

三、建构主义学习理论

作为一场继认知主义之后的学习理论变革,建构主义更强调学习者的主体作用和学习的主动性、社会性和情境性。建构主义学习理论认为,世界是客观存在的,但对世界的理解和赋予意义却是由学习者自己来决定的,因为每个人经验或者观念是不同的,导致了其对外部世界理解的差异。

建构主义在知识、学生、学习和教学等基本问题上的认识是一致的。建构主义者普遍强调知识的动态性、发展性和情境性。没有放之四海而皆准的知识,而必须结合具体的情境加以运用,如毛泽东思想就是中国化的马克思主义。也就不难理解中国许多谚语、成语看似矛盾,实则是统一的,因为在不同情境运用不同的知识。它还强调学生经验世界的丰富性和差异性,同样看到毛泽东塑像挥着一只手,但一小朋友则认为这位爷爷在向出租车招手示意停下来。建构主义者认为,学习者是信息意义的主动建构者,信息也不是简单的积累,还包含新旧经验冲突所引发的观念和结构的重组。所以毕淑敏在解释生命意义时说"生命本身没有意义,而是你赋予它何等意义"。教学也不是传递知识的过程,而是充分利用学生已有的知识经验,促进知识经验的重组、转换和改造,实现知识的建构的过程。

四、人本主义学习理论

人本主义心理学是 20 世纪五六十年代在美国兴起的一种重要的心理学思潮。它既反对行为主义把人看作是动物或机器,不重视人类本身的特征,又批评认知心理学忽视了人类情感、价值、态度等对学习的影响。人本主义心理学认为,心理学应该探讨完整的人,而不是把人的各个侧面(如行为、认知、情绪等)割裂开来研究。人本主义心理学强调人的价值,强调人有发展的潜能,而且有发挥潜能的内在倾向,即自我实现的倾向。马斯洛和罗杰斯是人本主义学习理论的主要代表。

罗杰斯主张学习不是刺激与反应之间的机械联结,而是一个有意义的心理过程。学习的实质在于意义学习,这种意义学习是一个没有结论的过程,即学习是一个无限"求真"过程。它不同于奥苏贝尔强调新旧知识之间联系的有意义学习,罗杰斯强调学习内容与个人之间的关系,所以,教学内容一定让学生体会知识的价值,即实用性。其意义学习不仅仅是理解记忆的学习,而且是学习者自主、自觉的学习,它涉及学习者整个人的参与,并包含着四个要素:一是学习者自我参与——整个人都要参与到学习之中,既包括认知参与,也包括情感参与,"吾爱真理"中的"爱"是情感参与的典型体现。二是学习者自我发起——内在动力在学习中起主要作用,即学习内在动机非常重要。三是影响的渗透性——它会使学生的行为、态度以及个性等都发生变化,这种变化是从外在到内在的。四是学习的结果由学习者自我评价——学生知道自己想学什么,自己学到了什么。所以考试作弊显然是自欺欺人、掩耳盗铃的行为。

拓展阅读 >>>>>

我给儿子99分

儿子喜欢读书,可是他对写作没有兴趣,让我这个身为作家的父亲十分头疼。

有一次,几位文友来家里玩,谈话中恭维起我刚发表的一篇小说。没想到儿子在旁边插嘴说:"这有什么?我也能写出那样的作文来。"我一听,立即鼓励他说:"我知道,你是很优秀的。只要你坚持每天练笔,你肯定写得会比这更好。"

当天晚上,儿子还真的写了一篇记叙文。尽管作文存在着很多缺点,水平在一般偏下,我还是给了儿子极高的评价,给他打了 99 分。儿子一见,竟高兴地笑出声来,这是他小学五年级以来作文得到的最高分。高兴之余,他又天真地问我:"爸爸,为什么不给我打 100 分呢?"我给他指出几个错误的标点符号,扣去了他一分。儿子信服地点点头,表示以后要多注意,争取得满分。

此后,在我的鼓励下,儿子每天坚持写作。可他始终没有得到他祈盼的那一分,因为这一分由原先的标点符号扩展到了字词,到了句法,到了语法,到了写作技巧;练习的文种也从记叙文到应用文,到散文,到议论文,到诗歌,到小说。

时间在儿子努力追求那一分的过程中不断逝去。在他读初中时,已有不少的"豆腐块"见诸报刊。高考后,他如愿被北京大学中文系录取。起点高了,视野宽了,他的写作水平也有了很大提高。每次发表作品,他都邮寄给我。每次我都给他打99分,然后指出需要改进的地方。

前不久的一天,正读大三的儿子突然回家了。原来他的一篇小说在全国大学生征文比赛中获得了一等奖,他不惜奔波两千多里路,来与我共享成功的喜悦。他的这篇小说写得确实不错,可以说无懈可击,但我还是给他打了99分。

儿子要走了,我伸长胳膊搂住他的头,说:"儿子,以后你就不用给我寄作品了,既麻烦又浪费钱的。现在你已经长大了,我把那最后一分的权利交给你。"儿子一听,愣了一会儿,既而认真地对我说:"爸爸,不用了。其实,我早已把它放在我的心里了。每次作文或做事,我都想尽办法去得到和超越这一分。正是在这苦苦的追求和超越中,我已经逐渐长大了。所以我要真心地谢谢你,我的好爸爸!"

作者:凝冰

第三节　学　习　策　略

一、学习策略的概念及其分类

(一)学习策略的概念

目前,学术界对学习策略尚未取得一致的看法。根据已有文献可归纳为如下几种观点:一是把学习策略看作是内隐的学习规则系统,二是把学习策略看作是具体的学习方法或技能,三是把学习策略看作是学习的程序步骤,四是把学习策略看作是学生的学习过程。

可将之概括为,学习策略是指学习者为提高学习的质量,有意或无意地制定的学习规则、方法、技巧及调控方式。

(二)学习策略的分类

关于学习策略的种类,心理学家依据不同的标准,提出了不同的分类,其中最具有代表性的是根据学习策略包含的内容,将学习策略分为认知策略、元认知策略和资源管理策略。其中认知策略又包括复述策略、精细加工策略和组织策略。元认知策略包括计划策略、监控策略和调节策略。资源管理策略包括时间管理策略、学习环境管理策略和社会资源利用策略。

二、认知策略

认知策略是学习者加工信息的一些方法和技术。所谓信息加工包括信息输入、编码、储存与输出,还包含对信息加工过程的监测与控制。主要有这样几种方法和技术:

1. 复述策略

复述策略是在工作记忆(短时记忆)中为了保持信息,运用内部语言在大脑中重现学习材料或刺激,以便将注意力维持在学习材料之上的方法。可利用随意识记和有意识记;利用位置系列效应,把最重要或最难记忆的放在开头与结尾;将整体识记和分段识记结合;利用感觉器官多管齐下的原则;复习形式多样化,如练习、提问、讨论、回忆等方式复习同一内容;尤其是掌握根据重点划线技术;最后把握批注技术,这其实是思考的书面化体现。

2. 精细加工策略

精细加工策略是一种将新学材料与头脑中已有知识联系起来从而增加新信息的意义的深层加工策略。如利用各式各样记忆术帮助记忆,记笔记也是深层加工策略。但记笔记并不是机械地照搬教师的讲课内容,而是把握课堂重点、难点,将自己的疑问记录的过程,甚至只记关键词,待课下整理补充,前提是不能影响听课。这就要求教师最好做到重点突出,板书简洁,注重逻辑层次。

提问也是一种很好的学习策略,包括师生相互对话,还包含学生自己对自己的发问。尤其强调生成性学习,即用自己的话将学习内容表达出来。最后提及一点是,学生只有把所学知识与原来的知识经验和生活实际结合,知识才能内化。

3. 组织策略

组织策略是整合所学新知识之间、新旧知识之间的内在联系,形成新的知识结构。如果说复述策略与精细加工策略注重新知识内容的增加,组织策略则注重对认知结构的改变。具体方法为:列提纲,如写作提纲、论文摘要等;利用图形,如系统结构图、流程图、思维导图等;采用表格形式,如一览表与双向表等。

三、元认知策略

元认知是对认知的认知,是个体关于自己认知过程的知识和调节这些过程的能力。元认知策略是学生对自己认知过程的认知策略,包括对自己认知过程的了解和控制策略,它有助于学生有效地安排和调节学习过程。具体分为:

1. 计划策略

计划策略包括设置学习目标、浏览阅读材料、产生待回答的问题以及分析如何完成学习任务。其实就是学习前的筹划与准备工作。

2. 监控策略

监控策略包括阅读时对注意加以跟踪、对材料进行自我提问、考试时监视自己的速度和时间。这是学习者在学习过程中为完成学习计划或目标,及时跟踪监督所采取的措施。包括领会监控与集中注意力。

3. 调节策略

调节策略与监控策略有关。这是学习者在具体执行学习计划时随机应变、实事求是的体现。例如,当学习者意识到他不理解课的某一部分时,他们就会退回去读困难的段落;在阅读困难或不熟的材料时放慢速度。

四、资源管理策略

资源管理策略是辅助学生管理可用的环境和资源的策略。它主要包括时间管理策略、学习环境管理策略、社会资源利用策略等。

（一）时间管理策略

1. 统筹安排学习时间

学生最主要的活动是学习，必须对自己的时间作一个统筹安排，达到职业规划，小到每节课的学习目标，重在落实。并且具体写在书面上，优先安排重要任务，最好找个学习同伴，养成在固定地点做固定的事的习惯，避免拖延的毛病。

2. 高效利用最佳时间

一般来讲，就一年来说，"一年之计在于春"，气候适宜，适宜学习。就一天来说，利用位置系列效应，早晨与临睡前学习效率高。当然，因生物周期不同，个体学习最佳时间因人而异。

3. 利用零碎时间

零碎时间大多是学习的低效时间，如课余、饭前饭后、等人等车、乘车乘船等，这些时间也可以加以灵活利用。大家早就知道欧阳修利用"三上"读书的故事。这并不是不注重劳逸结合。尤其当今信息泛滥、外界诱惑颇多，极易把时间碎片化。这里提出利用零碎时间学习还是有时代意义的。这里必须提及的是，上网前必须明确自己的目的，否则很容易浪费时间。

（二）学习环境管理策略

学习环境是可以人为地选择、改善与创设的。管理学习环境是为了使周围的环境更有利于学习活动的展开。对大学生而言，学习最好到图书馆或自修室学习，因为那里有浓烈的学习氛围。如在家，最好设置自己的学习空间，以防家人干扰。

（三）社会资源利用策略

资源包括物与人两大块。物主要包括参考资料、工具书、图书馆、广播电视及电脑与网络，尤其值得一提的是，利用4G手机可"移动学习"，随时随地利用网络获取学习资源。广播电视固然有娱乐功能，但它也是知识传播的重要载体，我们必须树立在生活中学习的理念。人包括教师、同伴及他人。所以孔子曰：三人行必有我师焉。

第四节　学　习　迁　移

一、学习迁移的概念及其分类

（一）学习迁移的概念

学习是一个连续的过程，任何学习都是在学习者已有知识经验的基础上进行的，而新的学习又会对原有的知识经验等产生影响，这种以一种学习对另一种学习的影响，或习得的经验对完成其他活动的影响就是学习的迁移。通过知识积极迁移最终形成能力。

迁移现象广泛地存在于人们的日常生活和学习中，"举一反三"、"触类旁通"、"一叶落而知天下秋"等均是典型的迁移形式。

心理学新编

(二) 学习迁移的分类

这是根据迁移的作用和表现形式不同,迁移可以分为不同的种类。

1. 正迁移与负迁移

根据迁移的影响效果不同而划分的一种类型。

正迁移指一种经验的获得对另一种学习起积极的促进作用,如会驾驶三轮车的人易学会小轿车。负迁移是指一种经验的获得对另一种学习起干扰和阻碍作用,如会骑自行车的人不易学会脚蹬三轮车。

2. 水平迁移与垂直迁移

这是根据迁移内容的不同抽象与概括水平而进行的划分。

水平迁移也称横向迁移,是指处于同一层次(抽象和概括程度相同)的学习间的相互影响,学习内容之间的逻辑关系是并列的。如通过乘法学习后获得的一些运算技能会促进除法运算学习等。这类迁移又可分为顺向迁移(先行学习对后继学习的影响)和逆向迁移(后继学习对先行学习的影响)。

垂直迁移又称纵向迁移,指处于不同层次(概括和抽象程度不同)的各种学习间的相互影响,也可以说是上位的较高层次的经验与下位的较低层次的经验之间的相互影响。例如,小学生学习掌握了"三角形"这一上位概念,要学习"等边三角形"这一下位概念,如果告诉学生"等边三角形"是一种"三角形",学生就很容易掌握"等边三角形"这一概念,这种迁移就是垂直迁移。垂直迁移又可分为两种,即自上而下的迁移(指上位的较高层次的经验影响着下位的较低层次的经验的学习)和自下而上的迁移(指下位的较低层次的经验影响着上位的较高层次的经验的学习)。

3. 一般迁移与具体迁移

这是根据迁移内容的不同而进行划分的。

一般迁移也称普遍迁移、非特殊迁移,是将一种学习中所习得的一般原理、原则、方法、策略和态度等迁移到另一种学习中去。具体迁移是将原理、原则和态度具体化,运用到具体的事例中去。具体迁移也称特殊迁移,是指学习迁移发生时,学习者原有的经验组成要素及其结构没有变化,只是将一种学习中习得的经验要素重新组合并移用到另一种学习之中。如学生做同类型习题时按基本相同思路和步骤解答。

二、形式训练说

代表人物是 18 世纪德国心理学家沃尔夫。理论基础是官能心理学。认为各种心灵的官能可以由一种科目或一种题材受了训练而整体发展起来。迁移是通过对组成心理的各种官能进行训练,提高各种能力而自动实现的,从而转移到其他学习上去。形式训练说认为教学的最重要目标是训练和改进心理的各种官能,强调"形式"和"训练"的重要性,要求严格而充分的练习。它强调提高学生的基本素质,强调要掌握基本的学习方法和学习技能。培根提出:"读书使人充实,讨论使人机智,笔记使人准确,读史使人明智,读诗使人灵秀,数学使人周密,科学使人深刻,伦理使人庄重,逻辑修辞使人善辩。凡有所学,皆成性格。"列夫托尔斯泰提倡"记忆体操"。上述观点与这种理论是不谋而合的。

三、共同要素说

美国的教育心理学家桑代克和武德沃斯通过 1901 年所做的一系列知觉训练迁移的实验，完成了《一种心理机能的改善对于他种心理机能的效率的影响》论文报告。并断言："任何单独心理机能的改善，未必能使其他通常所谓有同一名称的那些机能的能力得到改善，也可能会损害它。"通过某种活动增加训练，可以普遍迁移的注意力、记忆力……是不存在的。桑代克指出，"只能当机能具有相同要素时，一种机能的变化才能改变另一种机能。"他认为，学习上的迁移就是相同联结的转移，两种学习情境的相同或相似之处越多，则前一种学习越能对后一种学习发生迁移作用。这种理论仅可解释具体或特殊迁移。

四、概括化理论

代表人物美国心理学家贾德。他认为学习活动之间存在的共同要素，只是产生迁移的必要前提，而产生迁移的关键是学习者在两种活动或经验中通过概括产生泛化的共同原理。这个理论认为，只要一个人对他的经验进行了概括，就可以完成从一个情境到另一个情境的迁移。他突出强调了经验概括的重要性，并强调理论知识在学习迁移中所起的重要作用。且贾德在 1908 年设计了水下击靶实验加以验证。这个理论可有效解释一般迁移。

五、关系转换理论

代表人物德国心理学家科勒。关系转换理论是概括化理论的继续和发展。他们强调"顿悟"是迁移的一个决定因素，认为迁移不是由两个学习情境具有共同成分、原理而自动产生的某种东西，而是学习者突然发现两个学习经验之间存在着关系的结果，即领悟学习情境中的关系是实现迁移的根本条件。对情境中的一切关系的顿悟是迁移的实质。这个理论更强调个体的作用，认为学习的主体越能认清和了解或者说是发现事物之间的关系，就越能加以概括化，越易产生迁移，迁移的作用也就越普遍。科勒在 1929 年用"小鸡觅食"实验和黑猩猩与一个三岁女童为被试进行的实验支持上述观点。

六、认知结构迁移理论

代表人物美国教育心理学家奥苏伯尔。主要内容和观点是：(1)学生已有的认知结构是影响学习迁移的重要因素。(2)影响迁移的认知结构变量主要有三个，即可利用性、可辨别性和稳定性。认知结构中的原有观念，对新的学习能提供最佳联系和固着点。即学习新知识前，个体必须有相关的知识经验。可辨别性是指当学习者面对新的学习任务时，原有起固定作用的观念与要学习的新观念的差异应清晰可辨。这就要求对学过的知识尤其基本概念原理必须真正理解。稳定性指认知结构中原有起固定作用的观念应十分巩固，即基础知识必须扎实牢固。(3)利用先行组织者促进学习迁移。奥苏伯尔认为当学生认知结构不同或认知结构中不具备上述三个变量时，可以利用"先行组织者"去促进学习迁移。所谓"先行组织者"是一个引导性材料,它通常先用学生能懂的语言在介绍学习材料本身以前呈现出来,以便建立有意义学习的心向。"先行组织者"可以帮助学习者认识到把学习材料同原有的认知结构的特别有关的方面联系起来,以便能有意义地学习这些材料的各个组成部分。先行组织者比学习材料更一般、更概括,是新旧知识联系的"认知桥梁"。组织者可分为陈述性组织者和比较性组织者两类。

七、教学过程中促进学习迁移的方法

怎样利用迁移规律做到"为迁移而教",促进有效教学,以下可供参考:

(1)增加学习对象之间的相似性。练习时考虑与教师讲授的范例力求一致。

(2)确定明确而具体的教学目标。在确定学习目标的同时,我们应该明确未来学习迁移的方向。因此,在实际教学过程中,在每个新的单元教学或每节课之前确立具体的教学目标,使学生明确学习目的,这是促进学习迁移的重要前提。

(3)加强基本概念和原理的教学和学习,并力求概括原理的共同成分,把握事物的本质和规律,以便以不变应万变,产生广泛的迁移。

(4)提倡大量阅读和预习,增大原有知识,改变原有认知结构。同时,学校需精选教材,提供给学生注重逻辑结构尤其是从一般到个别、由浅入深及从已知到未知的安排的教材。

(5)加强变式练习训练,打破定向思维的意识。加强自主学习和迁移意识。

(6)加强对学生学习态度和学习方法的指导。学习态度是一种比较稳定的心理反应倾向,良好的学习态度一经形成,就会促进其他方面态度的形成。学习方法的实质是在头脑中形成的一种认知或解决问题的策略。良好的学习方法需要教师的指导和在个人实践基础上才能被掌握,良好的学习方法掌握的过程也是学习能力形成的过程。

(7)在教学实践活动中,应给学生提供适当的实践活动,教师要及时给予适当的指导,以促进学生的正迁移。

(8)利用教学评价,引导积极迁移发生。在教学评价中要重视对知识理解以及通过运用各种知识、技能解决问题等进行应用层面能力的评价,如在平时作业和考核中增大应用型题目的比重。

第五节　学　习　动　机

一、学习动机及其分类

(一)学习动机的概念

动机是引起和维持个体的活动,并使活动朝向某一目标的内在心理过程或内部动力。动机的产生是内在条件与外在条件共同作用的结果。内在条件就是人的需要,外在条件即诱因。诱因是指引诱人们去行动的外部物质或精神因素,是满足人们需要目标的事物,如财物、名誉、权力、地位等。

学习动机是指激发个体的学习活动,维持已引起的学习活动,并使行为朝向某一学习

目标的一种内在过程或内部心理状态。学习动机有两个基本的组成成分：按照奥苏贝尔的分类，一是认知内驱力，即好奇心，属内在需要；二是自我提高内驱力与附属内驱力，前者是为获得相应的地位和威望的需要，后者为了获得长者（如教师、家长等）的赞许，属诱因。

（二）学习动机的分类

1. 高尚的动机与低级的动机

从学习动机的社会意义来看，学习动机有高尚与低级之分。如古代读书人把读书看作"治国平天下"的最高理想，属高尚动机，有的人则追求"书中自有颜如玉，书中自有黄金屋"，属于低级动机。

2. 近景的直接性动机与远景的间接性动机

近景的直接性动机与学习活动直接相联系，来源于学习过程本身与学习的直接结果。如有些大学生上大学就是为拿个毕业证或找个好工作，属于近景的直接性动机。而有的同学则为终身所追求的事业而学习。当然，二者是相对的，同时必须将二者有机结合起来，才能调动他们的学习积极性。

3. 内部学习动机与外部学习动机

这是根据学习动机的来源来划分的。内部学习动机即是对学习活动本身感兴趣，学习动力往往比较稳定与持久；而外部学习动机是由追求学习以外的东西引起的，具有较强的功力色彩，往往比较被动与短暂。

4. 主导性学习动机与辅助性学习动机

这是根据动机对学习活动的作用大小来划分的。驱使学生学习的动机有多种，在学生的学习活动中处于支配地位，起主导作用的动机就是主导性学习动机，其他处于从属地位，起辅助作用的动机就是辅助性学习动机。如一大学生上大学的主要目的就是明理，这是主导动机；同时找个好工作，建立自己的人脉，更好地孝敬父母都属于辅助性学习动机。这与矛盾论中的主要矛盾与次要矛盾是对应的。

二、学习动机的功能

1. 对学习行为的指向作用

学习动机总是指向预定的学习目标，为学习行为指明前进方向。有的同学大一非常喜欢读书，对所读专业甚感兴趣，于是确定考研动机。

2. 对学习行为的激活作用

学习动机在目标明确基础上，发起学习行为，朝着预定的学习目标前进。一旦确定考研，首先确定专业，接下来要确定报考学校，准备学习资料，最后复习。

3. 对学习行为的维持作用

学习行为启动之后还要继续坚持下去，直到达到预定的学习目标，这又强化了学习动机。

三、动机理论

（一）强化理论

代表人物是美国的心理学家桑代克和斯金纳，他们认为，学习的实质是刺激与反应之间建立稳定的联结，人们受到刺激（即遇到问题）就会作出相应的反应（即相应的学习行为），学习行为出现的频率依赖于外部强化。所谓强化是指促使个体的某种反应（行为）出现的频率增加的激励手段，具有强化作用的刺激物就是强化物。增加积极、阳性强化物，学习行为频率出现次数增多，称为正强化。如每次作业老师都提出表扬，下次就更愿做作业。撤销或减少消极或厌恶强化物，学习行为频率出现次数增多，称为负强化。如某生上课经常迟到被罚站，学习积极性大减，突然取消此措施，该生学习更加努力。

根据强化物的来源来分，强化可分为外部强化与内部强化。外部强化就是对学生施加的外部激励；内部强化就是自我强化，指学生在学习中因取得成功而获得自我满足。如取得好成绩后的自我满足感和成就感，即是内部强化。根据强化的时间来分，强化可分为立即强化与延缓强化，后者根据延缓时间不同，又可分为固定时间的间隔强化与变化时间的间隔强化。如每月初发工资属固定时间的间隔强化，而彩票中奖属变化时间的间隔强化。

（二）需要层次理论

马斯洛认为，人天生有七种需要，且有一定的层次。由低到高依次为生理需要、安全需要、归属与爱的需要、尊重需要、求知需要、审美需要与自我实现需要。只有低一级的需要得到基本满足之后，个体才会产生高一级的需要。学习需要正是认知需要，之所以有的学生缺乏学习动机，很可能是由于某种缺失性需要没有得到基本满足，诸如家境清贫使得温饱得不到满足，父母离异使得归属与爱的需要得不到满足，师长的严厉、苛刻和批评、训斥使得安全需要和尊重需要得不到满足等。

（三）成就动机理论

20世纪四五十年代，心理学家麦克利兰和阿特金森提出成就动机理论。所谓成就动机（achievement motivation）是指个体努力克服障碍、施展才华、力求又快又好地解决某一问题的愿望或趋势。这种动机是在成就需要的基础上产生的，它推动人们去从事自认为有价值的工作。它为人类所独有，具有社会意义。对于学生而言，取得优秀的学业成绩，考上高一级学校是他们学习的主导动机，这种动机就属于成就动机。

成就动机有两种，即追求成功的动机（Ts）与回避失败的动机（Tf）。其实，这是一个问题的两个方面。人们追求成功是为了获得奖赏，回避失败是为了避免惩罚。阿特金森提出了著名的期望—价值理论，认为个体的成就动机强度是由成就需要、期望水平和诱因价值三者共同决定的。用公式表示：动机强度（T）=f（需要×期望×诱因）。如用 M 代表成就需要，用 P 代表期望水平（即成功或失败的概率），用 I 代表诱因价值（即成功带来的满足感），则这一公式用字母表示：$T = M \times P \times I$。追求成功的动机（Ts）为：$Ts = Ms \times Ps \times Is$；回避失败的动机（$Tf$）为：$Tf = Mf \times Pf \times If$。在同一行为中，成功的概率与失败的概率相加之和为1，即$Ps + Pf = 1$。

根据学生对待学习的态度以及追求成功的动机与回避失败的动机在其学习中所占的地

位来分,可将学生分为力求成功者与回避失败者。力求成功者会选择成功概率在 0.5 左右的学习项目,而回避失败者可能会选择太容易或太难的学习项目。学习项目太容易,他们轻易就过关,即避免了失败;学习项目太难,即使失败,他们也便于找到借口,为自己推脱责任。

(四) 成败归因理论

海德是最早提出归因理论的心理学家。他认为,人们有理解世界和控制环境的两种需要,而使这两种需要得到满足的最根本手段就是行为归因和行为预测。行为的原因或者在于外部环境,或者在于个人内部。如果把行为原因归于他人影响、奖励、运气、工作难易之类的外部环境因素,则个人对行为结果可以不负责任。如果把行为原因归于自己的人格、动机、情绪、态度、能力和努力之类的个人内部因素,则个人对行为结果应当负责。

1966 年,罗特进一步提出了控制点概念(locus of control),还由此将个体分为"内控型"和"外控型"两类。到 20 世纪 70 年代,美国心理学家维纳以海德和罗特的研究为基础,对行为结果归因作了系统的探讨,发现人们倾向于将活动成败(行为结果)的原因归结为六个因素:能力高低、努力程度、任务难易、运气(机遇)好坏、身心状态、外界环境。并将这六个因素归为三个维度:内部归因与外部归因、稳定性归因与非稳定性归因、可控制归因与不可控归因。

成败归因与学习动机的激发密切相关,一般来讲,经常把成败原因归结为主观因素的学生,学习动机更为强烈。而经常把自我成败的原因归结为客观因素的学生,学习动机更为微弱,他们倾向于把学习中的成败原因归结为外界的客观因素,如环境、运气、任务难易等,他们往往会推卸责任。

(五) 自我效能感理论

自我效能感理论是社会学习理论的创始人班杜拉提出来的。自我效能感是指个体对自己能否成功地从事某一行为活动的能力所作出的主观判断。班杜拉的自我效能理论认为,个体的行为受行为的结果因素和先行因素的共同影响。行为的结果因素即常说的强化,强化包括直接强化、替代强化与自我强化。

他的"期待"概念除了传统的期待概念中的结果期待之外,还包括效能期待。结果期待是个体对自己的某种行为会导致某一结果的推测。个体预测到某一特定行为会导致某一特定结果,则这一行为就可能被选择或激活。如,学生认识到通过自己努力可以获得奖学金,自己才会继续努力。效能期待是指个体对自己能否实施某种成就行为的能力的判断,实际上它是对自己行为能力的推测。个体确信自己有能力进行某一活动,就会产生高度的"自我效能感",并会具体实施这一活动。如,学生只有在认识到经过自己努力,自己有能力获得奖学金,这时才会继续努力。

四、激发与培养学生的学习动机

学习动机直接关系到学生学习的积极性,是影响学生学习活动的重要因素,它不仅影响学习的行为,而且还影响到学习的效果。"培养"是指采取某种措施使学生从无学习动机到有学习动机;而"激发"是指采取某种措施,使学生的学习动机从潜伏状态到活动状态或觉醒状态。但根本目的是一致的,都是学习动机从无到有、从小到大的过程。

（一）让个体体验成功的快乐

学习是个循序渐进的过程，成绩不良的实质问题，多半是在知识技能的掌握或应用上存在障碍。摸清其学习"基线"，即原有知识结构，在此基础上，及时强化；同时降低对其期望值。

（二）保护学生的好奇心，满足其探究欲

好奇心是一个人与生俱来的东西，学生提出的任何疑问，教师都应认真对待，切不可置之不理，更不可讽刺挖苦。教师在教学中力求做到有趣、有用，能和实际生活结合起来，且让学生参与进来，增强自身的体验。

（三）创设问题情境，实施启发式教学

启发式教学是区别于传统的"注入式"教学的教学指导思想，其侧重调动和利用学生的学习积极性的基本要义。问题情境是指具有一定难度，需要学生努力克服，而又是力所能及的学习情境。根据阿特金森的成就动机理论，当问题的难度系数为50%时，学生的学习动机最强，故应设置中等难度的问题。这也符合最近发展区理论。

（四）根据作业难度，恰当控制动机水平

学习动机与学习效果之间存在一种相互制约的关系。一般情况下，动机水平提高，学习效果也会提高。但是，动机水平也并不是越高越好，动机水平超过一定限度，学习效果反而更差。美国心理学家耶克斯和多德森的研究发现，动机水平与学习效果之间呈倒"U"形曲线关系。

（五）及时反馈，正确奖惩

布克与诺维尔的研究发现：有关学习结果的反馈信息，对学习动机具有激发作用，有利于提高学习成绩，无论积极反馈还是消极反馈，当然，积极反馈比消极反馈效果更佳。表扬是常用的奖励手法，但表扬一定要具体明确，且一定是在正向行为之后。

（六）正确指导结果归因

根据维纳的归因理论，归因不同会引起人们产生不同的心理变化。就稳定性维度看，学生将学习的成功或失败归因于能力、任务难度等稳定因素，则对未来的学习结果也会抱成功或失败的预期，并会增强其自豪感、自信心或产生羞耻感、自卑感。如果学生将成功或失败归因于努力、运气、环境等不稳定因素，则不会影响其对未来成功或失败的预期和学习行为。所以，教师应指导学生学会科学全面归因，既要重视稳定因素，也不可忽视不稳定因素的存在。

思考与训练

1. 结合现实生活的一些言论，谈谈你对学生的学习特点的理解。
2. 结合几大学习理论论述学习理论是如何逐步发展的。
3. 通过学习学习策略，对你今后学习有哪些启发？
4. 请你谈谈能力与迁移的关系。
5. 假如你是一名中学教师，如何调动学生的学习积极性？

参考文献

[1] 王效红,张芳,刘春梅.教育心理学[M].长春：吉林人民出版社,2004.

［2］邵瑞珍.教育心理学［M］.上海：上海教育出版社,1988.

［3］易小文,陈杰.教育心理学［M］.北京：北京工业大学出版社,2006.

［4］闵卫国,傅淳.教育心理学［M］.昆明：云南人民出版社,2004.

［5］钟毅平,刘志军.教育心理学［M］.长沙：湖南教育出版社,2003.

［6］华东六省一市教育学院.教育心理学［M］.福州：福建教育出版社,1983.

［7］路海东.教育心理学［M］.长春：东北师范大学出版社,2002.

第十二章 中学生心理辅导

 **学习目标**

1. 了解中学生身心发展的特点,掌握性心理的特点,指导中学生正确处理异性交往;
2. 了解心理健康的标准,熟悉中学生常见的心理健康问题;
3. 了解心理辅导的主要方法。

"青春"一个多么美好的字眼,它代表着朝气,代表着阳光,代表着活力。从幼稚的孩童,到懵懂的少年,再到帅气的少男、羞涩的少女,仿佛毛毛虫蜕变成美丽的蝴蝶,真正的人生之路就是从这里开始。作为中学教师的你,责任是何其重大。本章首先介绍中学生的身心发展特点,让你明其所思,知其所想,并分析中学生常见的心理问题,详细介绍心理辅导的一般方法。

第一节 中学生的身心发展

一、中学生身心发展的特点

中学阶段,一般在十一二岁到十七八岁。其中,初中在十一二岁到十四五岁,为少年期;高中在十四五岁到十七八岁,为青年初期。总称青少年期或青春发育期。这是人的一生中身心发展最快的时期,也是各年龄发展阶段中的最佳时期,故称人生的黄金时期。青少年生理和心理的发展,为中学学习奠定了必不可少的基础。

(一)中学生生理发展的特征

中学生在生理的发展上处于青春发育期。一个人的一生要经历两次生长发育高峰期,一次是出生后的第一年,另一次就是青春发育期。一般说来,女生从十一二岁到十五六岁,男生从十三四岁到十七八岁,正处于这一阶段。青春发育期生理上变化多端,发展迅猛,主要有包括体形、内脏和性在内的三大变化。

1. 身体外形剧变

由于内分泌的发育,四五年之内,少男少女们的身体外形发生急剧变化,身高、体重、胸围、头围、肩宽、骨盆等都加速增长,骨架粗大,肌肉壮实,外形、外貌以及外部行为动作也随之变化。特别是,身子突然窜高,每年可长 6—8 厘米,甚至 10—11 厘米;体重迅速增加,每年可增5—6 公斤,甚至 8—10 公斤。

2．体内机能增强

人体内各种器官和组织的各种机能在青春发育期迅速增强，逐步趋向成熟。中学生心脏的发育，从心脏形体、恒定性、血压、脉搏等指标变化来看，日渐接近成人，大致在 20 岁以后趋向稳定。12 岁前后开始肺发育得又快又好，男生到十七八岁，女生到十六七岁，肺活量可以达到或接近成人。肌肉发达，骨骼增粗。特别是脑和神经系统的发育最快，脑的重量和容积 12 岁时已经接近成人，十三四岁时脑已基本成熟，大脑皮质的沟回组织已经完善、分明，神经元细胞也完善化和复杂化，神经系统的结构与机能接近成人，大脑兴奋与抑制过程逐步平衡，到十六七岁后则能协调一致，第二信号系统逐步占据优势，并在概括与调节作用上显著发展。

3．性的发育成熟

人体内部发育成熟最晚的部分是性的器官与机能。性的成熟则标志着人体全部器官接近全部发育成熟。中学时期是人的性成熟最快的关键阶段。少男少女们到了青春发育期，性的器官与机能便迅速发育成熟，性发育的外部表现"第二性征"逐步凸现，性的成熟给他们的心理发展带来重大的变化，使他们感到自己长大了，是大人了。

（二）中学生心理发展的特征

中学时期是人的一生中心理发展的金色年华。专家认为，整个中学阶段，学生的心理具有过渡性、闭锁性、社会性和动荡性等四个特点。而从教育与发展的视角审察，中学生心理发展主要表现为两大特征。

1．智力飞跃发展

身体的迅速发育，特别是脑和神经系统的结构与机能的迅速发展，为心理的迅速发展提供了必要的生理基础，中学生各科知识的学习因此得到有力的促进。随着年龄的增大，体内机能的增强，社会实践的增加，在小学的基础上，中学生包括口头言语、书面言语和内部言语在内的言语必然得到很大的发展。言语（特别是内部言语）的发展，势必促进思维的发展，促进智力的开发。有关研究表明，初中二年级到高中二年级是中学生智力发展的关键时期。青少年的思维开始从经验型走向理论型。他们逐步摆脱对感性材料的依赖，应用理论来指导抽象思维活动，发展了思维的深刻性，出现了思维的独立性和批判性，表现为喜欢独立思考、寻根究底和质疑争辩，思维日趋成熟。思维力是智力的核心。思维力的发展，促进观察力、记忆力、联想力和想象力的同步发展，使整个智力水平都得到飞跃式的提高。

2．个性逐步形成

随着身体的发育和智力的发展，中学生的个性逐步形成。个性心理包括动机、兴趣、理想、信念、世界观等个性意识倾向性和能力、气质、性格等个性心理特征。其中，世界观是个性意识倾向性的集中表现，反映人对世界的根本看法，影响着人的整个精神面貌。中学阶段是人的世界观由萌芽到初步形成的时期。一般说来，人的世界观萌芽于小学初中衔接时期，初步形成于高中阶段。当然，它还不成熟，也不稳定，具有很大的可塑性。与此同时，青少年进入"心理断乳期"，力图摆脱成人的关照和约束，独立支配自己；也出现心理"闭锁性"，除了知心朋友以外，一般不让别人了解自己的内心世界。但是，就总体而言，中学生是朝气蓬勃、天真活泼、热情奔放、奋发向上的。

二、中学生性心理

性心理是指在性生理的基础上，与性生理特征、性欲望、性行为有关的心理状态和心理过程，也包括了与异性交往和婚恋等心理状态。随着第二性征的出现和性机能的成熟，中学生对性的关注加强，处于青春期的中学生性心理发展最主要的特征就是性意识的逐渐觉醒和对性的敏感。具体表现在以下几个方面：

（一）性意识的出现

性意识是指人对性的认识和态度，是人类关于性问题的思维活动，它左右着人的性行为。中学生性意识的特点为：（1）渴望了解性知识；（2）对异性充满好奇和爱慕；（3）在异性面前容易紧张和兴奋；（4）出现性冲动和性欲望。

（二）性情感的发展变化

性情感是指在两性活动中有关爱慕、吸引或憎恨等感情的发展变化。中学生性情感的发展要经历以下几个阶段：（1）疏远异性阶段；（2）接近异性阶段；（3）异性眷恋阶段；（4）择偶尝试阶段。

第二节　中学生心理健康

一、心理健康的标准

心理健康是一种良好的、持续的心理状态与过程，表现为个体具有生命的活力，积极的内心体验，良好的社会适应，且能够有效地发挥个人的潜力以及积极的社会功能。

心理健康标准是心理健康概念的具体化。由于确立心理健康标准的依据不同，国内外学者提供的判断标准也不同。

我国一些教育工作者从四个方面阐释了中小学生心理健康的标准：

（1）充满自信，了解自己，能作客观的自我评价。了解自己的优缺点；对自己持肯定态度而且怀有信心，有良好的自我形象，自尊、自爱、自信；对自己的未来充满合理的期望。

（2）对学校生活有兴趣，喜欢自己担负的学业和工作任务，能在学习和工作的活动中发挥自己的智慧和才能，获得成就感，认识并肯定自己的价值，从而热爱学习和班级工作。

（3）有良好的人际关系。良好的人际关系是心理健康的标准之一。在学校里，与老师和同学有比较多的接触，与他们建立友好和谐的关系，共同分享快乐，分担忧虑；喜欢结交朋友；能帮助别人，同时也愿意接受别人的帮助。

（4）具有良好的心理适应能力，即能根据环境的变化调整自己，积极地适应环境变化；能面对自己的成长变化，学习调整自己；遇到失败和挫折，不过分焦虑不安，具有一定的挫折耐受力。

二、中学生常见的心理健康问题

心理障碍、行为障碍、心理异常、心理困扰、行为适应不良、人格适应不良、心理疾病等指称各种心理健康问题的词语，在不太严格的意义上常常交替使用，它们仅在强调的侧重点上以及反映心理健康问题的严重性程度上，存在着一些差别。习惯上，人们用心理困扰、心理障碍和心理疾病分别指称严重程度由低到高的几类心理健康问题。

（一）抑郁症

抑郁症又称抑郁障碍，以显著而持久的心境低落为主要临床特征，是心境障碍的主要类型。临床可见心境低落与其处境不相称，情绪的消沉可以从闷闷不乐到悲痛欲绝，自卑抑郁，甚至悲观厌世，可有自杀企图或行为，甚至发生木僵；部分病例有明显的焦虑和运动性激越；严重者可出现幻觉、妄想等精神病性症状。每次发作持续至少2周以上，长者甚或数年。多数病例有反复发作的倾向，每次发作大多数可以缓解，部分可有残留症状或转为慢性。

抑郁症可以表现为单次或反复多次的抑郁发作，以下是抑郁发作的主要表现：

1. 心境低落

主要表现为显著而持久的情感低落，抑郁悲观。轻者闷闷不乐、无愉快感、兴趣减退，重者痛不欲生、悲观绝望、度日如年、生不如死。典型患者的抑郁心境有晨重夜轻的节律变化。在心境低落的基础上，患者会出现自我评价降低，产生无用感、无望感、无助感和无价值感，常伴有自责自罪，严重者出现罪恶妄想和疑病妄想，部分患者可出现幻觉。

2. 思维迟缓

患者思维联想速度缓慢，反应迟钝，思路闭塞，自觉"脑子好像是生了锈的机器"、"脑子像涂了一层糨糊一样"。临床上可见主动言语减少，语速明显减慢，声音低沉，对答困难，严重者无法顺利进行交流。

3. 意志活动减退

患者意志活动呈显著持久的抑制。临床表现行为缓慢，生活被动、疏懒，不想做事，不愿和周围人接触交往，常独坐一旁，或整日卧床，闭门独居，疏远亲友，回避社交。严重时连吃、喝等生理需要和个人卫生都不顾，蓬头垢面，不修边幅，甚至发展为不语、不动、不食，称为"抑郁性木僵"，但做仔细的精神检查，发现患者仍流露痛苦抑郁情绪。伴有焦虑的患者，可有坐立不安、手指抓握、搓手顿足或踱来踱去等症状。严重的患者常伴有消极自杀的观念或行为。消极悲观的思想及自责自罪、缺乏自信心并萌发绝望的念头，认为"结束自己的生命是一种解脱"、"自己活在世上是多余的人"，并会使自杀企图发展成自杀行为。这是抑郁症最危险的症状，应提高警惕。

4. 认知功能损害

研究认为抑郁症患者存在认知功能损害。主要表现为近事记忆力下降，注意力障碍，反应时间延长，警觉性增高，抽象思维能力差，学习困难，语言流畅性差，空间知觉、眼手协调及思维灵活性等能力减退。认知功能损害导致患者社会功能障碍，而且影响患者远期预后。

5. 躯体症状

主要有睡眠障碍、乏力、食欲减退、体重下降、便秘、身体任何部位的疼痛、性欲减退、阳痿、闭经等。躯体不适的体诉可涉及各脏器，如恶心、呕吐、心慌、胸闷、出汗等。自主神经功能失调的症状也较常见。病前躯体疾病的主诉通常加重。睡眠障碍主要表现为早醒，一般比平时早醒2～3小时，醒后不能再入睡，这对抑郁发作具有特征性意义。有的表现为入睡困难，睡眠不深。少数患者表现为睡眠过多。体重减轻与食欲减退不一定成比例，少数患者可出现食欲增强、体重增加。

（二）焦虑症

焦虑症，又称为焦虑性神经症，是神经症这一大类疾病中最常见的一种，以焦虑情绪体验为主要特征。可分为慢性焦虑（广泛性焦虑）和急性焦虑发作（惊恐障碍）两种形式。主要表现为：无明确客观对象的紧张担心，坐立不安，还有植物神经症状（心悸、手抖、出汗、尿频等）。

注意区分正常的焦虑情绪，如焦虑严重程度与客观事实或处境明显不符，或持续时间过长，则可能为病理性的焦虑。

学生中常见的焦虑反应是考试焦虑。其表现是随着考试临近，心情极度紧张；考试时不能集中注意，知觉范围变窄，思维刻板，出现慌乱，无法发挥正常水平；考试后又持久地不能松弛下来。

（三）强迫症

强迫症（OCD）属于焦虑障碍的一种类型，是一组以强迫思维和强迫行为为主要临床表现的神经精神疾病，其特点为有意识的强迫和反强迫并存，一些毫无意义甚至违背自己意愿的想法或冲动反反复复侵入患者的日常生活。患者虽体验到这些想法或冲动是来源于自身，极力抵抗，但始终无法控制，二者强烈的冲突使其感到巨大的焦虑和痛苦，影响学习工作、人际交往甚至生活起居。

强迫症的症状主要可归纳为强迫思维和强迫行为。

强迫思维又可以分为强迫观念、强迫情绪及强迫意向。内容多种多样，如反复怀疑门窗是否关紧，碰到脏的东西会不会得病，太阳为什么从东边升起西边落下，站在阳台上就有往下跳的冲动等。强迫行为往往是为了减轻强迫思维产生的焦虑而不得不采取的行动，患者明知是不合理的，但不得不做。比如患者有怀疑门窗是否关紧的想法，相应地就会去反复检查门窗确保安全；碰到脏东西怕得病的患者就会反复洗手以保持干净。一些病程迁延的患者由于经常重复某些动作，久而久之形成了某种程序，比如洗手时一定要从指尖开始洗，连续不断洗到手腕，如果顺序反了或是中间被打断了就要重新开始洗，为此常耗费大量时间，痛苦不堪。

强迫症状具有以下特点：

（1）是患者自己的思维或冲动，而不是外界强加的。

（2）必须至少有一种思想或动作仍在被患者徒劳地加以抵制，即使患者已不再对其他症状加以抵制。

（3）实施动作的想法本身会令患者感到不快（单纯为缓解紧张或焦虑不视为真正意义上的愉快），但如果不实施就会产生极大的焦虑。

（4）想法或冲动总是令人不快地反复出现。

（四）恐怖症

恐怖症是以恐怖症状为主要临床表现的一种神经症。患者对某些特定的对象或处境产生强烈和不必要的恐惧情绪，而且伴有明显的焦虑及自主神经症状，并主动采取回避的方式来解除这种不安。患者明知恐惧情绪不合理、不必要，但却无法控制，以致影响其正常活动。恐惧的对象可以是单一的或多种的，如动物、广场、闭室、登高或社交活动等。

恐怖症的核心症状是恐惧紧张，并因恐怖引起严重焦虑甚至达到惊恐的程度。因恐怖对象的不同可分为以下几种：

1. 社交恐怖症

主要是在社交场合下几乎不可控制地诱发即刻的焦虑发作，并对社交性场景持久地、明显地害怕和回避。具体表现为患者害怕在有人的场合或被人注意的场合，出现表情尴尬、发抖、脸红、出汗或行为笨拙、手足无措，怕引起别人的注意。因此回避诱发焦虑的社交场景，不敢在餐馆与别人对坐吃饭，害怕与人近距离相处，尤其回避与别人谈话。赤面恐怖是较常见的一种，患者只要在公共场合就感到害羞脸红、局促不安、尴尬、笨拙、迟钝，怕成为人们耻笑的对象。有的患者害怕看别人的眼睛，怕跟别人的视线相遇，称为对视恐怖。

2. 特定的恐怖症

特定的恐怖症是对某一特定物体或特定的情境强烈的、不合理的害怕或厌恶。儿童时期多发。典型的特定恐怖是害怕动物（如蜘蛛、蛇）、自然环境（如风暴）、血、注射或特定的情境（如高处、密闭空间、飞行）。患者会因此而产生回避行为。

（五）人格障碍

人格（personality）或称个性（character），是一个人固定的行为模式及在日常活动中待人处事的习惯方式，是全部心理特征的综合。人格障碍（personality disorder）是指明显偏离正常且根深蒂固的行为方式，具有适应不良的性质，其人格在内容上、特质上或整个人格方面异常，由于这个原因，病人遭受痛苦和/或使他人遭受痛苦，或给个人或社会带来不良影响。尽管在人格障碍的治疗上已取得一些进步，找到有效改变的方法。但对人格障碍的处理很大程度仍然是根据人格障碍者的不同特点，帮助其寻求减少冲突的生活道路。

人格的形成与先天的生理特征及后天的生活环境均有较密切的关系。童年生活对于人格的形成有重要作用，且人格一旦形成具有相对的稳定性，但重大的生活事件及个人的成长经历仍会使人格发生一定程度的变化，说明人格既具有相对的稳定性，又具有一定的可塑性。

人格障碍通常开始于童年、青少年或成年早期，并一直持续到成年乃至终生。部分人格障碍患者在成年后有所缓和。

人格障碍可能是精神疾病发生的素质因素之一。在临床上可见某种类型的人格障碍与某种精神疾病关系较为密切，如精神分裂症患者很多在病前就有分裂性人格的表现，偏执性人格容易发展成为偏执性精神障碍。人格障碍也可影响精神疾病对治疗的反应。

人格障碍与人格改变不能混为一谈。人格改变是获得性的，是指一个人原本人格正常，而在严重或持久的应激、严重的精神障碍及脑部疾病或损伤之后发生，随着疾病痊愈和境遇改善，有可能恢复或部分恢复。人格障碍没有明确的起病时间，始于童年或青少年且持续终生。人格改变的参照物是病前人格，而人格障碍主要的评判标准来自于社会、心理的一般准则。

对于人格障碍和疾病的区分并不容易做到，区别的关键是不正常行为持续的时间，如果一个人原来行为正常，后来在生活的某一阶段出现异常，就可以认为是疾病，如果其行为由幼年起一直不正常，则说明是人格障碍，如果行为隐渐发生改变（偏执性精神障碍）则不容易区分。

关于人格障碍的概念，过去曾有人认为人格障碍是精神病的轻症表现，与神经症是同一反应过程，但近年研究不支持以上见解，认为"人格障碍"是"行为的根深蒂固的适应不良类型"，在少年阶段或更早阶段即可发现，并贯穿整个生命过程。

（六）性偏差

性偏差是指少年性发育过程中的不良适应，如过度手淫、迷恋黄色书刊、早恋、不当性游戏、轻度性别认同困难等。一般不属于性心理障碍。但对这些不适应行为，应给予有效的干预。手淫本身不是心理障碍，对身体并无损害，也不是罪恶。应该注意的是对手淫的错误观念引起的心理冲突。对于过度手淫则要采取转移注意、转向与参加文体活动的方法予以纠正。

（七）进食障碍

进食障碍是以进食行为异常为显著特征的一组综合征。这组疾病主要包括神经性厌食症（Anorexia Nervosa，AN）和神经性贪食症（Bulimia Nervosa，BN），属于精神类障碍。神经性厌食的主要特征是患者用节食等各种方法有意地造成体重过低，拒绝保持最低的标准体重；而神经性贪食的主要特征是反复出现的暴食以及暴食后不恰当的抵消行为，如诱吐、滥用利尿剂或泻药、节食或过度运动等。

（八）睡眠障碍

睡眠量不正常以及睡眠中出现异常行为的表现，也是睡眠和觉醒正常节律性交替紊乱的表现，可由多种因素引起，常与躯体疾病有关，包括睡眠失调和异态睡眠。睡眠与人的健康息息相关。调查显示，很多人都患有睡眠方面的障碍或者和睡眠相关的疾病，成年人出现睡眠障碍的比例高达 30%。专家指出睡眠是维持人体生命极其重要的生理功能，对人体必不可少。

可包括两类：一类是睡眠量过度增多，如因各种脑病、内分泌障碍、代谢异常引起的嗜睡状态或昏睡，以及因脑病变所引起的发作性睡病。这种睡病表现为经常出现短时间（一般不到 15 分钟）不可抗拒性的睡眠发作，往往伴有摔倒、睡眠瘫痪和入睡前幻觉等症状。另一类是睡眠量不足的失眠，整夜睡眠时间少于 5 小时，表现为入睡困难、浅睡、易醒或早醒等。失眠可由外界环境因素（室内光线过强、周围过多噪音、值夜班、坐车船、刚到陌生的地方）、躯体因素（疼痛、瘙痒、剧烈咳嗽、睡前饮浓茶或咖啡、夜尿频繁或腹泻等）或心理因素（焦虑、恐惧、过度思念或兴奋）引起。一些疾病也常伴有失眠，如神经衰弱、焦虑、抑郁症等。

（九）网络成瘾

网络成瘾是指上网者由于长时间地和习惯性地沉浸在网络时空当中，对互联网产生强烈的依赖，以至于达到了痴迷的程度而难以自我解脱的行为状态和心理状态。

第三节　心理辅导的主要方法

一、心理辅导概述

心理辅导是指心理辅导者与受辅导者之间建立一种具有咨询功能的融洽关系，以帮助来访者正确认识自己，接纳自己，进而欣赏自己，并克服成长中的障碍，改变自己的不良意识和倾向，充分发挥个人潜能，迈向自我现实的过程。

学校心理辅导，是指教育者运用心理学、教育学、社会学、行为科学乃至精神医学等多种学科的理论与技术，通过集体辅导、个别辅导、教育教学中的心理辅导以及家庭心理辅导等多种形式，帮助学生自我认识，自我接纳，自我调节，从而充分开发自身潜能，促进其心理健康与人格和谐发展的一种教育活动。学校心理辅导应有以下几方面的内容：

（一）学习辅导

学习辅导有广义与狭义之分。广义的学习辅导是对学习者学习过程中发生的各种问题（如认知技能、知识障碍、动机、情绪等）进行辅导，狭义的学习辅导是对学生经历了学习挫折和困难时产生的心理困扰和行为障碍进行辅导。从培养学生良好的心理素质意义上讲，广义学习辅导更具有积极意义，它符合学校心理辅导以发展性目标为主的精神。值得注意的是，这里的学习辅导与现时家长请"家教"帮助孩子"补缺"或"加压"是完全不同的两个概念。也和教师课后对学生进行辅导有区别，但后者是学习辅导的一小部分。学习辅导主要是对学生的学习技能、学习动机、学习情绪与学习习惯进行训练与辅导。

（二）人格辅导

这里的人格是指与个人对己、对人、对事方面的个性心理品质。它着重对学生的自我意识、情绪的自我调适、意志品质、人际交往与沟通，以及群体协作技能进行辅导，以培养学生良好的个性心理与社会适应能力。

（三）生活辅导

它主要是通过休闲辅导、消费辅导和日常生活技能辅导等，培养学生健康的生活情趣、乐观的生活态度和良好的生活技能。这对于学生将来获得幸福而充实的生活具有潜在的影响，同时对他们发展个性、增长才干、提高学习效率也具有有力的迁移作用。

（四）职业辅导

升学与择业是人生发展的必然过程，是事关个人前途的重要事件。职业辅导是为学生未来的生活作准备的教育活动，旨在帮助学生在了解自己的能力、特长、兴趣和社会就职条件的基础上，确立自己的职业志向，进行职业的选择和准备，为今后顺利地踏上社会打下良好的基础。

二、心理辅导的主要方法

（一）强化法

强化法又称"操作条件疗法"，是应用强化手段增进某些适应行为，以减弱或消除某些不适应行为的方法，这是中小学常用的心理健康教育的方法。

（二）系统脱敏法

系统脱敏法的创立者是南非的精神病学家沃尔普，主要用于当事人在某一特定的情境下产生的超出一般紧张的焦虑或恐怖状态。系统脱敏法包含三个步骤：一是训练来访者松弛肌肉；二是建立焦虑层次（从最轻微的焦虑到引起最强烈的恐惧依次安排）；三是让来访者在肌肉松弛的情况下，从最低层次开始想象产生焦虑的情境，这样直到来访者能从想象情境转移到现实情境，并能在原引起恐惧的情境中保持放松状态，焦虑情绪不再出现为止。

（三）理性—情绪疗法

1. 概述

理性—情绪治疗（rational emotive therapy，简称 RET）是 20 世纪 50 年代由埃利斯在美国创立的。理性—情绪治疗是认知心理治疗中的一种疗法，它也采用行为治疗的一些方法，故被称之为一种认知行为治疗的方法。

2. 理论基础

理性—情绪治疗（RET）的理论要点是：情绪不是由某一诱发性事件本身所引起的，而是由经历了这一事件的个体对这一事件的解释和评价所引起的。这一理论又被称作 ABC 理论。在 ABC 理论的模型中，A 是指诱发性事件（activating events）；B 是指个体在遇到诱发事件之后相应而生的信念（beliefs），即他对这一事件的看法、解释和评价；C 是指在特定情景下，个体的情绪及行为的结果（consequences）。通常，人们会认为人的情绪及行为反应是直接由诱发性事件 A 引起的，即是 A 引起。RET 的 ABC 理论指出，诱发性事件 A 只是引起情绪及行为反应的间接原因，而 B 即人们对诱发性事件所持的信念、看法、解释才是引起人的情绪及行为反应的更直接的起因。人们所持有的不合理的信念，有三个明显特征，这就是：绝对化的要求，过分概括化和糟糕至极。

3. 工作程序

（1）心理诊断阶段

根据 ABC 理论对求助者的问题进行初步分析和诊断，通过与求助者交谈，找出他情绪困扰和行为不适的具体表现 C 以及与这些反应相对应的诱发性事件 A，并对两者之间的不合理信念 B 进行分析。

（2）领悟阶段

首先，咨询师进一步明确求助者的不合理信念。默兹比区分合理与不合理信念的五条标准是：①合理的信念大都是基于一些已知的客观事实，不合理信念包含主观臆测。②合理的信念能保护自己，愉快地生活；不合理信念则产生情绪困扰。③合理信念能使人更快达到目标，不合理信念则因为达不到目标而苦恼。④合理信念可使人不介入他人的麻烦，不合理信念则难以阻止人介入他人的麻烦。⑤合理信念可阻止和消除情绪冲突，不合理信念使人情绪困扰很长时间并产生不适应反应。然后，使求助者进一步领悟对自己的问题及其与自身的不合理信念的关系。

咨询师需要帮助求助者达到三种领悟：①使他们认识到是信念引起了情绪及行为后果，而不是诱发事件本身。②他们因此对自己的情绪和行为反应应负有责任。③只有改变了不合理信念，才能减轻或消除他们目前存在的各种症状。

（3）修通阶段（最主要阶段）

本阶段的任务是运用多种技术，使求助者修正或放弃原有的非理性观念，并代之以合理的信念，从而使症状得以减轻或消除。

本阶段的方法与技术：

① 与不合理信念辩论。黄金规则：像你希望别人如何对待你那样去对待别人。

② 合理情绪想象技术。三步骤：第一，使求助者在想象中进入产生不良情绪的情境中，体验情绪反应；第二，帮助求助者改变不适当的情绪体验，并体验适度的情绪反应；第三，停止想象。

③ 布置家庭作业，促使学生在面谈咨询结束后，继续进行思考。

（4）再教育阶段

治疗的最后阶段，为了进一步帮助病人摆脱旧有思维方式和非理性信念，还要探索是否还存在与本症状无关的其他非理性信念，并与之辩论，使病人学习到并逐渐养成与非理性信念进行辩论的方法，用理性方式进行思维的习惯，这样就能建立新的情绪：如解决问题的训练、社会技能的训练，以巩固这一新的目标。

（四）来访者中心疗法

来访者中心治疗是由美国心理学家罗杰斯创立的，是人本主义心理疗法的主要代表。来访者中心疗法具有同其他疗法不同的新的特点，主要体现在以下几方面：

（1）充分相信人的潜力，认为来访者有能力找出更好的应付现实生活的方法，而无需治疗者来干涉。强调只有来访者本人最了解自己，只有他自己才能找到什么是更适当的行为。

（2）在治疗过程中，咨询员不是指导者，也不是权威或专家，而是一个有专业知识的伙伴或朋友。在来访者谈话时，咨询员要以热情的态度倾听，不打断、不解释，不把自己的观点强加给对方，也不妄加评论，只是对来访者的发言表示兴趣、理解和耐心。应把主动权交给来访者，以来访者为核心。

（3）强调咨询员与来访者之间应建立融洽的关系。

（4）在整个治疗过程中咨询者不给予指导，这也是来访者中心疗法与其他心理疗法最根本的区别。

（5）关于咨询的内容，不是把重点放在来访者的过去，不一定要追究来访者的病史，而是直接处理来访者现在的情况，尤其是当前的情绪困扰。

（6）成功的咨询表现为来访者生活能力不断提高，能妥善处理生活中的问题；缓解了情绪困扰与内心的紧张和焦虑；变得更有信心；与他人的关系更融洽，行为也更成熟。此外，来访者的心理适应能力也增强了，能勇敢面对困难与挫折。

拓展阅读 ·· >>>>>

欣赏自己

在中德催眠班参加培训时，经常会听到方新老师讲这样一个故事：

在很久以前，有一家出版公司滞销了一批《圣经》，卖不出去，所以他们打算招聘一名推销员，解决这个问题。面试那一天，人山人海，很多人都过来面试。有名牌大学毕业生，有行业精英等等，其中在人群中有一小伙子，其貌不扬，并且他竟然是一名口吃。很多人都特别惊讶，怎么口吃也来面试，所有人都明白，如果你想成为一名推销员，你必须得口齿伶俐，表达清晰。所有人都认为他是打酱油的，不会给他们带来竞争威胁。但是几天以后公布的面试结果却惊讶了所有的人,他成为唯一的入选者。众人不解,到底发生了什么。

原来面试那一天,经理给了每人一批书籍,一周以后来汇报业绩。在一周后的汇报业绩中,很多人取得了非常出众的成绩,当所有的人都汇报了自己的业绩后,大家都把目光放在了那名口吃者身上,因为只有他没有汇报,但是他的回答惊讶了所有的人,并且让人群中产生了质疑之声,那个口吃者说他卖光了所有的《圣经》。众人不信,经理也不相信。为了打消大家的疑虑,经理决定再给他一批《圣经》,如果这次成绩还是这么好的话,就会聘用他。口吃者显得从容自信,他接受了这个挑战。

只见第二天,口吃者抱着一摞《圣经》,推开了一家商店大门,经理在后面偷偷跟着,看他是怎么销售《圣经》的,应门的是一个老板娘,"先生,请问,有什么可以帮您的吗?""请……问……,您是……愿……意……听我给您……读……圣经呢? 还是……把它……买……下来?"听了口吃者的话,老板娘感觉要被逼疯掉了,便当场就买了下来。很快,他便销售完了所有的《圣经》,经理明白了一切,便当场聘用了他。

其实,刚刚生下来的婴儿对自己的身体和这个世界是无条件接纳的,他们泰然自若地欣赏着自己的身体,甚至是排泄物。慢慢地,在成长过程中,开始接受人类文明的熏陶,开始明白这个世界有好坏之分,有高低之别。在期末拿成绩单时,老师会告诉每一个人身上的优点和缺点。在家庭生活中,慢慢从妈妈的眼睛和面孔,可以觉察出,自己身上一部分是受欢迎的,另一部分是被排斥的,所以内心慢慢有了冲突,我们开始排斥自己身上的一部分,自己与自己作斗争,生活的宁静不再,内心的平和远去。而这个故事恰恰让我们回到生命的本初,坦然地欣赏自己身上的每一个部分,我们不再作价值评价,不再作文明诊断,我们全然地接纳自己身上的每一个部分,接纳自己的优缺点,把自己当作整体对待,再一次回到婴儿本初的状态,就像老子在《道德经》所言,复归于婴儿。有人说,人最大的敌人是自己;也有人说,人最好的朋友是自己。

其实,每个人都在用自己的方式跟这个世界发生链接。而链接得好的人,往往都是那些坦然接纳自己的人。有时用接纳这个词都不是特别恰当,因为接纳这个词带有人为因素。所以,亲爱的朋友,幸福,从欣赏自己开始,从与自己相遇开始。

思考与训练

一、单项选择题

1. 心理发展可以因进行的速度、到达的时间和最终达到的高度而表现出多样化的发展模式,体现了心理发展的(　　)特征。

A. 连续性与阶段性　　　　　　　　B. 定向性与顺序性

C. 不平衡性　　　　　　　　　　　D. 差异性

2. 中学生智力迅速发展,(　　)逐步占据主导地位。

A. 感知觉能力　　　　　　　　　　B. 抽象逻辑思维能力

C. 记忆能力　　　　　　　　　　　D. 想象能力

3. 情绪消极、悲伤、颓废、淡漠是（　　）的表现。

A．焦虑症 　　　　　　　　　　　　B．恐怖症

C．抑郁症 　　　　　　　　　　　　D．人格障碍

4. 心理健康的人能够有效地发挥个人的潜力以及（　　）。

A．发展潜能 　　　　　　　　　　　B．积极的社会功能

C．应有的权利感 　　　　　　　　　D．应有的道德面貌

5. 个人的情绪是由个体的（　　）决定的。

A．思想 　　　　　B．意识 　　　　　C．环境 　　　　　D．言行

6. 在对学生进行心理辅导时，常使用的"强化法"属于（　　）。

A．行为改变法 　　　　　　　　　　B．认知改变法

C．精神分析法 　　　　　　　　　　D．运动改变法

7. 焦虑是由紧张、不安、焦急、忧虑、恐怖交织而成的一种情绪状态。中学生常见的焦虑反应是（　　）。

A．生活焦虑 　　　B．睡眠障碍焦虑 　　　C．交友焦虑 　　　D．考试焦虑

二、判断题

1. 异性向往期主要发生在青春发育的初期。（　　　）

2. 厌学主要是指学习成绩差的同学不愿意学习。（　　　）

3. 性偏差属于性心理障碍。（　　　）

4. 有心理障碍的学生毕竟是少数，因此学校心理辅导是面对个别学生的。（　　　）

三、简答题

1. 简述中学生性心理特点。

2. 什么是心理健康？

3. 在学校开展心理辅导的原则是什么？

4. 中学生容易产生的心理健康问题有哪些？

四、材料分析题

阅读材料，回答问题。

小明是一名初中生，小学时成绩优秀，而且小升初是以全县第一的成绩考入初中的。进入初中后，因学习不适应，成绩逐渐下降到二十几名，这给了小明很大的打击。从此，小明来学校时总把衣服的衣链拉得很高，将头藏进衣服里，不愿见人。

问题：小明这种状况属于什么心理现象？造成这一问题的原因是什么？如何帮助小明摆脱这种困境？

参考文献

［1］张大均.教育心理学［M］北京：人民教育出版社，2005.

［2］彭聃龄.普通心理学（第4版）［M］北京：北京师范大学出版社，2012.

第十三章　教　师　心　理

1. 了解教师的心理特征,包括认知特征、人格特征等;
2. 了解现代社会对教师的角色期待以及教师威信的形成;
3. 掌握促进教师心理健康的方法。

教师是随着学校的产生而出现的,是社会职业中最古老的职业之一。教师一词有着两重含义,既指一种社会角色,又指这一角色的承担者。广义的教师是泛指传授知识、经验的人;狭义的教师是指受过专门教育和训练的人,并在教育(学校)中担任教育、教学工作的人。《中华人民共和国教师法》明确规定:"教师是履行教育教学的专业人员。承担教书育人,培养社会主义事业建设者和接班人,提高民族素质的使命。"教师在教育系统中是知识经验的所有者和传授者,其职能在于把人类社会所积累的知识经验传授给教育系统中的接受者学生,从而使他们获得一定的知识、技能和行为规范,形成一定的心理结构和健全人格,使人类社会得以延续和发展。当代教师的职责和使命比以往任何时候都显得重要,同时社会对教师的素质与能力也提出了更高的要求,教师面临着严峻的挑战。因此加强对教师心理的研究是十分重要的,对于教师的成长和培养有着不可忽视的作用。

第一节　教师的角色心理

一、现代教师的角色观

教学是通过文化的传承来培养新的社会成员的过程,而教师在这一过程中是社会文化的代言人。在传统教学中教师的角色是由教师的社会地位决定的,并为社会期望的行为模式所制约。也即教师角色代表教师个体在社会团体中的地位和身份,同时包含着许多社会期望。

心理学家认为,教师要充当知识传授者、团体的领导者、模范公民、纪律的维护者、家长的代理人、亲密朋友、心理辅导者等诸种角色。学生把教师看成是知识传授者,他们希望教师具有精通教学业务、兴趣广泛、知识渊博、语言明了等特征;如果学生把教师看成团体领导者和纪律维护人,他们希望教师表现出公正、民主、合作、处事有伸缩性等特征;如果他们把教师看成是模范公民,则要求教师言行一致、幽默、开朗、直爽、守纪律等;如果学生把教师看成是家长的代理人,他们希望教师具有仁慈、体谅、耐心、温和、亲切、易接近等特征;如果学生将教师看成是朋友、心理辅导者,则他们希望教师表现出同情、理解、真诚、关心、值得信赖等特征。总之,学生喜欢的教师不仅需要具有一般公民需要的良好品质,而且需要具备教师职业所需要的特殊品质。

教师的角色意识,就是指教师对相应的社会角色规范的认知和体验。教师的角色意识是教师自我意识的一项重要内容,只有形成明确的角色意识,教师群体才能形成一个符合社会要求的职业行为规范,教师个体也才能不断地调节、完善自己的职业行为,以取得社会的全面认可。

教师角色意识的心理结构通常包括以下三部分内容:

(一) 角色认知

角色认知是指角色扮演者对角色的社会地位、作用及行为规范的实际认识和对与社会的其他角色的关系的认识。

任何一种角色行为只有在角色认知十分清晰的情况下,才能使角色得以实现,角色认知是角色扮演的先决条件,一个人能否成功地扮演各种角色,取决于角色认知的程度。作为一个认识过程,它贯穿于角色行为的整个过程中。对于教师来说,只有具有清晰的角色认知才能按照相应的身份在各种社会情景中恰当地行事,达到良好的适应。教师的角色认知就是教师通过学习、职业训练、社会交往等,了解社会对教师角色的期望和要求。

(二) 角色体验

角色体验是指个体在扮演一定角色的过程中,由于受到各方面的评价与期待而产生的一种情绪体验。一般来说,这一体验因主体行为是否符合角色规范并因此受到不同评价而有积极与消极之分。如责任感、自尊感或自卑感都是教师在角色扮演过程中产生的情绪体验。

(三) 角色期待

角色期待是指角色扮演者对自己和对别人应表现出什么样的行为或应成为什么样的角色的想法和期望。它是因具体人和情境的不同而变化的。

教师的角色期待是教师自己和他人对其行为的期望。在角色期待里,一是自我形象,即个人对自己的行为期望;二是公共形象,指他人对某一特殊角色的期望。这两者是相互作用和相互影响的。教师只有对教师角色的社会期待不断地认同与内化,才能尽快地把社会期望转化为自我期待,从而减少角色混淆与角色冲突。角色期望的水平越高,角色行为的水平也就越高。

二、现代社会对教师的角色期待

(一) 设计者

教师作为教学的设计者,他要回答这样三个问题:

(1) 我们要到哪里去?(教学目标是什么?)

(2) 怎样才能到那里去?(选择什么样的教学策略和教学方法?)

(3) 怎样知道我们是否已经到达目的地?(选择什么测验手段?)

教师是教学的"工程师",教师要分析教材,理清自己的逻辑思路。这一角色是传统的教师就具有的。但现在,教师还要更多地考虑学生因素,在理解和灵活运用各种教学策略和原则的基础上,针对学生的特点、特定的教学内容等,创设一定的学习环境。其中包括教学中的各种社会性的相互作用,包括师生间的相互作用(如提问与反馈引导等)、学生间的相互作用(如合作性问题解决等);另外还要设计学生与教学内容、媒体、实物之间的相互作用。特别是随着教育技术的发展,教师不再是单凭一支粉笔、一张嘴进行教学,投影、录音、录像,特别是计算机逐渐在教学中广泛应用,给教学提供了更广阔的空间,同时也给教学设计提出了更高的要求。教师要选择合适的教学媒体并进行相应的设计,发挥各种媒体在教学中的潜在优势,为学生提供用以使其学习得以深入的支架,使学生既能在原有知识的基础上理解新知识,又能进一步在宽松、合作的环境中,通过自己的探索活动来组织、改组知识,乃至发现新知识。最后教师还要设计出一定的测验手段,来检查教学和学习的效果,针对其中的不足作出相应的调整和补救。

(二)开发利用者角色

教师根据学校、自己所面对学生的实际情况,依据自己对课程的理解以及自己的教学经验、教学风格等,对课程进行第二次开发。充分利用课程资源,突破传统教科书、传统课堂的狭隘限制;同时结合各种社会资源、自然资源和网络资源带给学生多方面的感官刺激。有意识地将自己当作开发的主体,充分调动学生参与的积极性、激发学生的兴趣。

(三)引导促进者角色

新课程把教学看成师生积极互动的过程。主张的是重过程、重体验、重探究,并倡导一系列的学习方式,如自主学习、合作学习、探究学习,这就需要教师与学生建立对话的民主关系,切实尊重学生的人格,走进学生的心理世界。

在学习方面,教师在课堂上要由独白者转变为对话者。教师不应仅仅把知识用独白式的语言告诉学生,而应对知识进行批判性的分析,将知识转化为与学生交往、对话的素材,转化为学生探究的问题或问题情境。教师与学生教学的过程就是师生间共享智慧、彼此对话的过程。此外教师要放下管理者的架子,走近学生,建立真正意义上的师生民主平等关系。同时要关心学生的身心发展状态,善于倾听学生。其次就是要将自己融入学生之中,多与学生交往,多创设空间和平台和他们沟通,这样才可能了解学生的所思所想。最后就是要善于体验学生的生存方式,多从学生的角度考虑问题,把握学生的生活感受,贴近学生的思想和行为实际。

(四)示范者角色

教师的言行是学生学习和模仿的榜样。夸美纽斯曾很好地解释了这种角色特点,他说,教师的职务是用自己的言行教育学生。学生具有向师性的特点,教师的言论、行动、为人处世的态度,对学生具有耳濡目染、潜移默化的作用。

(五)评价者角色

评价不仅要关注学生的学业成绩,而且要发现和发展学生多方面的潜能。因此,教师对学生的评价应坚持发展性、多样性和情感性的原则。发展性原则,即教师在评价学生时,要具有发展的眼光,既要看到学生当下的知识、能力和品德等方面的不足,也要看到学生在这些方面巨大的提升、发展空间。多样性原则,即教师在评价学生时,应针对不同学生个体使用弹性化的评价尺度,有意识地模糊学生在量化考试中成绩差异的区分度,重视学生发展的个性差异和基础差异。情感性原则，即对学生的评价应多用鼓励性的话语，充分表达教师对学生发展的期待，使学生深受鼓舞而激发出探索求知的激情。

（六）研究者角色

教师的研究主要是针对自身教育教学过程中出现的问题、困惑，采取行动研究的方法，重在解决教育教学过程中的实际问题。教师工作的对象是充满生命力的个体，传授的内容是不断发展变化的科学知识和人文知识，这就决定了教师不能以千篇一律的态度对待自己的工作，而要以一种变化发展的观点、研究的态度对待自己的工作对象、工作内容和各种教育活动，不断学习新知识、新理论，不断反思自己的实践，不断发现新的特点和问题，以使自己的工作适应不断变化的形势，有所创新，并提高教育教学水平。

三、教师的威信

（一）教师威信的含义

教师威信是指教师个人或者组织改变、控制人们心理和行为的影响力，主要包括教师职业威信和人格威信两个方面。作为一名教师，在职业活动中，常常会因其优良的心理素质而赢得学生的信赖与尊敬。而学生的这种信赖与尊敬就成为教师威信的具体表征。教师威信既是客观的，又是主观的。

从教师角度来说，它不是教师自我感觉有威信就有威信的，而是因为个人具有某种优良的心理品质和人格魅力而对学生产生一种必然的影响力，因此，它是客观存在的；从学生角度来说，教师威信的高低，是由他在学生心目中的地位和影响力的大小来衡量的，是学生对教师的主观看法，因而教师威信又是主观的。威信是教师知识、能力和个性品质在学生的心理上产生的效应，是以教师良好的品质、作风、知识、能力自然地影响学生，使学生自觉自愿信服、尊重教师。因此，威信并不等同于威严，以教师的职权威慑、压服学生，只能使学生产生惧怕和回避心理，这样不仅不可能在学生心目中产生威信，反而压抑了学生的身心发展，损害了教师的形象，对教育教学起到负面的作用。

（二）教师威信的功能

教师威信的高低是直接影响教育教学效果的重要因素之一。作为一种无形的教育力量，教师威信会在教育教学中起到以下作用：

首先，教师的威信影响学生的认识，是学生接受其教诲的前提。有威信的教师能使学生产生信任的心理感受，对于他们的指导学生会更积极主动地接受。

其次，教师的威信影响学生的思想品德和行为习惯。有威信的教师常常被学生自觉或不自觉地视为心目中的榜样而加以模仿，所以有威信的教师一言一行都能起到教育作用，这样的"言传"和"身教"，无形当中塑造着学生的思想品性。

最后，教师的威信影响学生的情感体验。有威信的教师的表扬，能引起学生的愉快感和自豪感，其批评也能引起学生的悔悟、自责和内疚感。这样的情感体验有利于强化学生的行为方式，对思想和行为的塑造具有推波助澜的作用，因而能够放大教育的效果。

（三）教师威信的形成

教师威信的形成取决于一系列主客观因素。党和国家对教师的重视和关怀、社会对教师劳动的尊重、教师的社会地位和物质待遇的提高、学生及家长对教师的态度等都是影响教师威信形成的客观条件。而教师的主观因素则是威信形成的根本性的决定因素。影响教师威信形成的主观因素有以下几种：

（1）良好的道德品质、渊博的知识、高超的教育教学艺术是教师获得威信的基本条件。教师良好的道德品质集中地表现在对自己所从事的工作有较强的自豪感和责任感。要求学生做到的，自己首先做到；要求学生不做的，自己坚决不做。只有这样，学生对教师才能心悦诚服。在教学中，能深入浅出侃侃而谈，能帮助学生解决难点，能结合教学内容谈今论古，能介绍学科发展的新成果，有很高的智力、应付能力以及教育艺术和教育机智的教师，就是学生理想的榜样，能被学生看成是智慧的化身，自然能在学生中享有崇高的威望。

（2）在与学生长期交往中能否适当满足学生的需要，对教师威信形成具有重大影响。教师的威信是在与学生长期交往中形成的。教师经常不断地满足学生各种合理需要，是教师能在学生中建立威信的心理基础。如果教师能爱护、关心、体贴学生，师生情感会很融洽，教师威信也能迅速地在学生中建立起来。有威信的教师如果对自己要求不严，或是在与学生交往中犯有过错而又不认真改正，威信就会因此下降，甚至丧失。相反，威信不高的教师，由于努力改正与学生交往的方法，能很好地满足学生各种合理的需要，威信也就随之提高。

（3）教师的仪表、生活、作风和习惯对获得威信有重要影响。教师的仪容姿态、作风、生活习惯，并非微不足道的细枝末节。教师仪容不整、生活懒散、不讲卫生以及自己意识不到的习惯性的不雅观的语言动作会损害教师的威信。可以通过录像、录音，让教师看到自己上课时的言语、教态、仪容、表情等，使之意识到自己言行姿态的不当之处，从而有效地纠正自己的缺点。

（4）教师给学生的第一印象，对教师威信形成有一定影响。在头几次见面的关键时期，学生对教师的一言一行都特别敏感。由此而产生的先入为主的印象以及有关的态度，往往成为影响教师威信的重要心理条件。如果教师开头几次课都做好了充分准备，态度沉着、自然而亲切，教学内容丰富，教育方法得当，能取得"第一次感知效果"，就能初步树立起威信；反之，就会使学生大失所望。在大多数情况下，恢复丧失的威信要比获得威信困难得多。

第二节　教师心理特征

教师的心理特征是指教师在长期的教育教学实践活动中扮演的各种不同的角色，使其逐渐形成的特有的心理品质。这些心理品质是从事教师这一职业的人所共有的和典型的特征。

在教育过程中，教师的心理特征对学生心灵的影响，是任何其他教育手段无法代替的。它不仅表现为一种教育才能，直接影响着教师教育教学工作的成败，而且作为一种巨大的教育力量潜移默化地影响着学生的人格。

一、教师的认知特征

教师的认知特征主要包括三个方面：观察力特征、思维特征和注意力特征。

（一）观察力特征

教师的观察力是了解学生个性特征、发挥教育机智、因材施教的前提，因此，善于观察学生是教师教育能力结构的基本要素。

教师的观察力应具有以下三个特点：（1）客观性，教师在对学生的表现进行观察时，应尽量排除主观因素的干扰，全面地、实事求是地看待学生的行为；（2）敏锐性，要求教师从人们司空见惯的现象中洞察学生的思维，从转瞬即逝的变化中判断学生的情绪，从而发现问题、解决问题；（3）精细性，要求教师能够明察秋毫、见微知著，能从笼统的事物特征中区分细微特征，及时了解学生的变化。

（二）思维特征

教师从观察中获得的材料，必须经过思维的加工才能形成教育决策，因此思维能力是教师职业素养的重要标志。

教师的思维能力应具有以下两个特点：

（1）逻辑性，要求教师在考查问题时要遵循严格的逻辑顺序，有充分的逻辑依据，从而得出更准确的结论，并培养学生的逻辑思维能力。

（2）创造性，要求教师在解决问题时，能将已有的知识和信息加以发散思考，得出新知识。教师思维的创造性表现在对已有知识的再创造，对传统思维模式的改变，促进学生创造性思维的发展和创造教育教学的艺术等方面。

教师思维的创造性表现在如下几个方面：

① 对传授的知识要进行再创造。教师传授的知识经验本身虽然是人类千百万年来积累下来的、已有的知识经验，但传授知识并不是照本宣科，传授知识的过程也并不是固定不变的。教师在传授知识的过程中，要刻意求新，要把凝固的文化激活。

② 教师要改变传统的思维模式。在教育教学活动中，教师要从既有的思维模式和观念中超脱出来，善于向学生提出课本中没有的新设想和表明自己对某些现成结论的疑惑，同时还要敢于对教改问题进行探索或试验。

③ 要促进学生创造性思维的发展。教师思维有了创造性，才会启发学生思考，激励学生产生创造意念；才会使学生扩大视野，开拓思索的领域；才能产生举一反三的教学效果。教师对学生在课堂上表现出的创造力应该感到由衷的喜悦，哪怕学生提出与自己不同的见解甚至只有很少合理的成分，也要给予鼓励，并不把自己的意见强加于学生。

④ 要创造教育教学的艺术。教师要根据不同的学生运用不同的教育教学方法，要用"一把钥匙开一把锁"。教育工作不是千篇一律的，教育条件不可能毫无差异地重复出现，也不会有两个完全相同的教育对象，就是同一个学生，在不同时间、不同年龄，也不会停留在同一水平、同一身心状态。特别是对于偶发事件的巧妙处理，也需要教师具有随机应变的能力，这里面都凝结着教师的智慧，体现着教师思维的创造性。

（三）注意力特征

注意力对于教师的教育教学活动具有增强清晰度和调控的功能，可以使教师在教育教学活动中进行细致的观察，提高感受性，准确记忆，思维敏锐，从而提高教育教学效果。

教师注意力的特点集中表现在注意的分配能力上。注意分配能力是指教师在同一时间内能够把自己的意识集中在主要对象,又能分散注意到其他对象的能力。教学是一项复杂的活动,它要求教师拥有较强的注意分配能力。教师可以通过熟练掌握教材、充分做好课前准备、保持良好情绪以及加强注意分配练习等方法来提高注意分配能力。

二、教师的人格特征

教师工作的一切都建立在教师人格的基础上,教师的人格是教师职业最重要的本质特征。教师的人格特征主要体现在情感特征、意志特征和领导方式方面。

(一)情感特征

教育过程是情感交流的过程,对教师的情感有较高的要求。教师对学生的热爱不仅是进行教育工作的强大动力,也会直接感染学生的情绪,激起其学习的兴趣和活动的积极性、创造性,从而影响教育教学的效果。

优秀教师的情感特征一般表现为以下四个方面:爱岗敬业,积极进取;热爱学生,关心每一个学生的成长;情绪稳定,充满自信;品德高尚,具有强烈的道德感和责任意识。

(二)意志特征

教师良好的意志品质是决定教育工作成败重要的主观因素,是教师运用自己的全部力量克服工作困难的内部条件,也直接影响着学生意志品质的形成。

教师良好的意志品质主要表现在以下几个方面:目标明确,执著追求;明辨是非,坚定果断;处事沉稳,自制力强;充沛的精力和顽强的毅力。

(三)领导方式

教师的领导方式对班风的形成有决定性影响,此外还对课堂教学气氛、学生的社会学习、价值观、个性发展以及师生关系有不同程度的影响。教师的领导方式可分为专断型、放任型和民主型。其中,民主型的领导方式对学生发展的促进作用最大,是比较理想的领导方式。

第三节 教师成长心理

从一名新教师成长为一名合格的教师需要经历一个过程,一个主动成长的教师在不同的成长阶段所关注的问题不同。福勒和布朗根据教师的需要和不同时期所关注的焦点问题,把教师的成长划分为关注生存、关注情境和关注学生三个阶段。

一、关注生存阶段

这是教师成长的第一个阶段,集中表现为非常需要被认可和肯定。教师非常关注自己的生存适应性,经常关心的问题是:学生喜欢我吗?同事们怎么看我?领导是否觉得我干得不错?等等。一般来说,师范生和新教师比老教师更关心这类问题。由于这种生存忧虑,某些教师可能会把大量的时间都花在如何与学生搞好个人关系上,而不是教他们;有些教师则可能想方设法控制学生,而不是更多地考虑如何让学生获得学习上的进步。所有这些都是为了得到领导和同事的认可和关注，说明新教师的成就欲望很强。

二、关注情境阶段

当教师感到自己在新的工作岗位上站稳了脚跟时，便开始把关注的焦点投向了提高学生的成绩，即进入了关注情境阶段。在这一阶段，教师所关注的是如何教好每一堂课的内容，他们总是关心诸如班级大小、时间的压力和核对材料是否充分等与教学情境有关的问题。一般来说，在职教师比师范生更关心这一类问题，老教师比新教师更关注此阶段。

三、关注学生阶段

当教师顺利地适应了前两个阶段后，将进入关注学生阶段。在这个阶段，教师将考虑学生的个别差异，认识到不同发展水平的儿童有着不同的社会和情感需要，某些材料不适合某些学生，即应该针对学生的实际情况合理选择教学材料和方式。因此教师应该因材施教，有针对性地选择适当的教学材料和方式。能否自觉关注学生是衡量一个教师是否成长、成熟的重要标志之一。

第四节　教师心理健康

百年大计，教育为本；教育大计，教师为本。可见教师的作用之重，责任之大。教师群体不仅直接影响着学生的生命状态，也影响着国家的前途、人类的未来。其中最关键的因素之一是教师自身的心理健康问题。

一、教师心理健康概述

教师的心理健康是指教师的思维方式、处世态度要与社会的要求相协调，为社会所容纳，并具有创造的思想，即教师必须有广泛的生活兴趣、融洽的人际关系、健康的情绪体验、积极的进取精神、稳定的工作热情。因此，只有重视教师的心理研究，才有利于更好地维护学生的心理健康。

（一）教师心理健康的标准

教师心理健康的标准：对教师角色的认同；具有健全的人格，具有良好和谐的人际关系；能正确地了解自我、体验自我悦纳；具有教育独创性；在工作和生活中，能真实地感受、控制情绪。

（二）教师心理健康的意义

健康是每个人不断追求的目标之一，健康对教师职业来说尤为重要，是教育教学工作正常进行的基本保证。心理健康是健康的重要内涵，心理健康也是对教师心理素质的最低要求。

1. 教师的心理健康是从事教育工作的必要条件

心理健康与身体健康一样，都是人们正常生活、工作和学习的基本条件。不健康的心理和不健康的身体一样会直接影响人的各种活动的正常进行。对于那些以物为工作对象的人而言,他们的心理不健康会带来一定的经济损失。而对于以人为工作对象的教师来说,他们的心理健康会直接影响年轻一代身心的健康成长。教师既是学生行为的榜样,又是学生心中的楷模。也可以说,教师对学生的影响是在日常生活、学习过程中潜移默化进行的。教师一旦出现某些心理健康问题,作为被教育的学生,就不可避免会受到直接的影响。因为教师如果出现心理健康问题,就会直接影响到正常的教学工作,使教学工作不能顺利地进行;其次会间接地影响到学生接受知识、掌握知识的水平,从而影响到教学效果。可见,教师的心理健康水平是从事教育工作的必要条件。

2. 教师的心理健康会间接影响学生认知能力的发展

教育心理学研究指出,学生的学习并非一个消极被动地接受知识的过程,而是一个积极主动地建构知识的过程,所以教师应该是学生学习的指导者,而不仅仅是学生知识的灌输者。这一职责要求教师在指导学生掌握基础知识和基本技能的同时,还要指导学生学会如何学习和如何发展各种认知能力,从而保证在未来的社会生活中能不断自觉开发自己的认知潜力,去适应不断变化的社会环境,应付生活中、工作中出现的新问题。如果教师的心理健康有问题,就会直接影响到正常的教学工作,直接影响到教师作为学生学习指导者的角色职责,从而间接影响学生认知能力的发展。

3. 教师的心理健康是学生人格和心理发展的需要

学生在自身发展的过程中,总是要承受来自环境和成长带来的压力与矛盾。这些困惑、不解、矛盾、压力,难免会使学生产生一定的心理冲突,有时甚至会因无法排解一些积郁在心中的困惑而加剧心理冲突,出现某些心理障碍。这时,教师应随时随地帮助学生排忧解难、消除疑惑,最终达到维护学生的心理健康和促进学生健康人格形成的目标。从这一层面上也可以看出,教师的心理健康是学生人格和心理健康发展的需要。同时,教师对学生的态度也是影响学生心理发展的重要因素。心理学家曾做过一个试验,把学生分成几个班级,各班级学生所做的作业相同,但各班教师对学生的态度却不一致,有的表现出一种独裁的态度,有的对学生特别友爱。实验表明,前者学生都变得精神沮丧,同学互相倾轧,不能合作,并把对教师的怨恨报复在无辜的同学身上;后者学生则彼此和谐相处,在公平、和谐、正直、互助、合作等社会性品质方面,也获得充分的发展。

4. 教师的心理健康会影响正常的师生关系

一项调查表明,有近半数学生对部分教师感到害怕。有的教师以能让学生害怕为荣,以能把学生管老实为能,为了达到这一目的,有时甚至不择手段,什么训斥、责骂、讽刺、挖苦、罚站、罚值日、打耳光、拧耳朵、搧嘴巴直至拳打脚踢,各种方法五花八门,无所不用其极。教师和学生之间应该是平等的合作的关系,可是在这些心态不正常、心理不健康的教师的班里,学生感受到的师生关系却是"猫和老鼠"、"警察与小偷"、"法官与罪犯"的关系。

二、促进心理健康的方法

应从以下三个层面促进教师的心理健康:

（一）教师个人

（1）调整认知方式，增强耐压性。教师要积极调整、修正自己在现实生活中存在的一些模糊的认识或不切实际的观念，这有助于增强教师的耐压性，变心理压力为心理动力，变逆境困境为发展机遇。

（2）掌握科学方法，提高自己调节情绪的能力。不良情绪是心理上的垃圾，是产生心理障碍的直接诱因。为此，教师应学会一些积极调节情绪的技术和方法，如合理宣泄法、理智法、转移法、适度让步法等，及时调整自己的情绪，使自己恢复身心平衡状态。

（3）乐于交往，取得社会支持。教师因工作方式的相对独立性，容易形成人际交往的有限性和自我封闭性，致使教师在面对压力和挫折情境时深感孤独失落和无助。因此，教师应自觉培养自己的交往意识和积极坦率的社会交往方式，提高人际沟通技能，形成融洽的人际关系，使自己在遇到挫折和困难时能获得来自同事、朋友、亲属等强有力的社会支持，以减轻或化解心理压力。

（4）采取合理有效的工作方式，学会休闲。首先，教师要在工作中逐渐形成一种积极乐观的生活和工作态度，这是教师心理健康的最基本、最重要的条件。其次，教师应掌握时间管理技巧，避免陷入琐碎而又毫无目的与章法的"瞎忙"状态。再次，教师还应当注意适度用脑，避免持续疲劳，同时还要注意饮食营养，关心脑健康。最后，工作之余要学会休闲，根据自己的兴趣爱好参加各种活动，使业余生活丰富多彩，以调整情绪，增进心理健康。

（二）学校

（1）学校应推行以人为本的管理模式，创设良好的学校人际环境，减少教师的压力。学校的各项制度、政策或规章的制定都必须以教师的心理需求为基础，并力求满足教师各方面的心理需要。学习管理者要以服务的态度对待全体教师，讲求公平公正原则，尊重教师的合理意见。学校各种改革措施的实行必须考虑本校实际，对教师的适应过程要实事求是地评估，特别是对于那些在角色转换方面较为迟缓的中老年教师应持宽容的态度，以减轻教师的心理压力。学校应关注教师的各种需求，积极为教师排忧解难。

（2）学校应树立教师心理教育观念，健全教师心理教育机制。首先，要建立教师心理状况定期检查和心理素质测查制度，让教师了解自己的心理健康状况，为调整自己的心态提供依据。其次，采取听讲座、观看录像等多种形式，让教师掌握一些心理保健、心理卫生等方面的知识，使他们能够有效地进行自我调适。最后，应建立教师心理健康咨询、服务机构，为教师的不良情绪和心理障碍提供疏导、排解渠道。

（三）社会

（1）把心理健康作为教师任职资格的重要条件。教师的心理健康不仅影响教师自身工作、生活的质量，而且对他们的教育行为有重要的影响，进而影响到我国开展素质教育的质量。

（2）切实提高教师的经济和社会地位。社会要全面正确地理解教师，不能只强调奉献和责任，也要重视教师作为一个平凡人的需要。提倡全社会都来关心、支持、配合教师做好教育工作，以此提高教师工作的积极性，减少并消除教师的消极心理。

（3）健全评估制度，制定科学合理的评估教师教育教学成绩的评价体系。对教师的评价

心理学新编

应该全面,即从职业道德、教育思想、教学态度、教学行为、教学基本功、科学文化知识水平以及教育科研能力等方面全面考查。

(4)积极有效地推进教育改革。教育改革不可逆转,是大势所趋。然而改革的进行应采取恰当的方式,改革的步伐、范围、程度要切合实际,这样才能使广大教师以积极健康的心态迎接改革,推动改革。

教师作为学校心理健康教育的主力军和推动者,其心理健康状况将直接影响其教育职能的实现、教育价值的体现,关系到学校心理健康教育的成败,关系到下一代的健康成长。因此,教师的心理健康问题是一个不容忽视的问题,应当引起教育部门乃至整个社会的广泛关注。

拓展阅读 >>>>>

他是我最喜欢的老师

我知道一位了不起的老师,他就是希普利先生。希普利先生曾经是我上六年级时的老师。他教科学、社会研究和自修课。这个人是我最喜欢的老师。原因有很多。

第一节课是科学课。由于我认为这门课并不是最有趣的课,所以我讨厌这门课,而且对老师讲的东西也没兴趣,但希普利先生有时会做出一些疯狂和滑稽的举动,使人从恍惚中回到课堂。我为此而感谢他。

希普利先生总是善解人意,与小孩似乎有一种特别的联系。第六节课时,我正上自修课,此时是七年级学生的自由活动时间。这个时间很自由,你可以想干什么就干什么。所以,他们总会走来走去和他谈话。(当然,他们会从他课桌里那有名的贮藏处要一本《快活的牧牛工》)。我钦佩他,看到他与以前的学生还有如此亲密的关系,我惊讶不已。

希普利先生不仅有趣、善解人意,而且是一位各方面都了不起的老师。他相信我,对我有信心。我知道其他老师也相信我,也对我有信心,但他们很少表达出来。他的课以及语言艺术课,我总是得 A 或 A+。但数学对我来说就像一场搏斗,我总是只能得 B+。我努力,再努力,总想由 B+ 到 A,可我不能,所以,每次报成绩时,除了数学得 B+,其他功课全部得 A 或 A+。我努力学习了整整一年,希望得到 4 分(成绩全优),可我的平均分数只有 3.899 分。希普利先生总是说我"下次会得 A"。我真的得到了。现在我是七年级学生,平均分数是 4 分,成绩全优,包括数学。我还是一名网球队员,一流的双打队员。希普利先生一直相信我,所以,我的好成绩很大程度上要归功于他。

希普利先生——一个风趣的人,一个善解人意的人,一个信赖他人的人。他是我最喜欢的老师。

思考与训练

1. 请简述教师的角色构成。

2. 教师有哪些心理特征?

3. 分析教师的成长阶段,说明通过哪些途径可以促进教师的成长与发展?

4. 请简述教师威信的形成与建立途径。

5. 请简述维护教师心理健康的途径。

参考文献

［1］（美）奥姆罗德.教育心理学[M].彭运石,译.西安：陕西师范大学出版社,2005.

［2］皮连生.教育心理学(第三版)[M].上海：上海教育出版社,2004.

［3］陈琦,刘儒德.当代教育心理学[M].北京：北京师范大学出版社,1998.

［4］肖爱芝.当代教育心理学[M].呼和浩特：内蒙古人民出版社,2005.